Collection complè
de l'Abbé d
Volume 2

Gabriel Bonnot de Mably

(Contributor: Gabriel Brizard)

(Editor: Guillaume Arnoux)

Alpha Editions

This edition published in 2024

ISBN : 9789361477393

Design and Setting By
Alpha Editions
www.alphaedis.com
Email - info@alphaedis.com

As per information held with us this book is in Public Domain.
This book is a reproduction of an important historical work. Alpha Editions uses the best technology to reproduce historical work in the same manner it was first published to preserve its original nature. Any marks or number seen are left intentionally to preserve its true form.

Contents

Contents
- SUITE DU LIVRE IIIme. .... - 1 -
  - CHAPITRE III. .... - 2 -
  - CHAPITRE IV. .... - 9 -
  - CHAPITRE V. .... - 14 -
  - CHAPITRE VI. .... - 21 -
  - CHAPITRE VII. .... - 26 -
- LIVRE QUATRIÈME. .... - 36 -
  - CHAPITRE PREMIER. .... - 37 -
  - CHAPITRE II. .... - 42 -
  - CHAPITRE III. .... - 47 -
  - CHAPITRE IV. .... - 56 -
  - CHAPITRE V. .... - 61 -
  - CHAPITRE VI. .... - 70 -
- LIVRE CINQUIÈME. .... - 78 -
  - CHAPITRE PREMIER. .... - 79 -
  - CHAPITRE II. .... - 86 -
  - CHAPITRE III. .... - 99 -
  - CHAPITRE IV. .... - 106 -
  - CHAPITRE V. .... - 122 -
- LIVRE SIXIÈME. .... - 130 -
  - CHAPITRE PREMIER. .... - 131 -
  - CHAPITRE II. .... - 137 -
  - CHAPITRE III. .... - 146 -
- REMARQUES ET PREUVES DES *Observations sur l'histoire de France.* ..... - 153 -

SUITE DU LIVRE IIIme.	- 154 -
REMARQUES ET PREUVES DES *Observations sur l'histoire de France.*	- 177 -
LIVRE QUATRIÈME.	- 178 -
REMARQUES ET PREUVES DES *Observations sur l'histoire de France.*	- 207 -
LIVRE CINQUIÈME.	- 208 -
REMARQUES ET PREUVES DES *Observations sur l'histoire de France.*	- 240 -
LIVRE SIXIÈME	- 241 -

SUITE DU LIVRE IIIme.

CHAPITRE III.

Devoirs respectifs des suzerains et des vassaux.—De la jurisprudence établie dans les justices féodales.—Son insuffisance à maintenir une règle fixe et uniforme.

A la manière dont les suzerains étoient parvenus à faire reconnoître leurs droits, il ne devoit y avoir aucune uniformité dans les devoirs auxquels les vassaux se soumirent. Les uns ne faisoient point difficulté de servir à la guerre pendant 60 jours, et les autres vouloient que leur service fut borné à 40, tandis que d'autres les restreignoient à 24 jours et même à 15. Ceux-ci exigeoient une espèce de solde, et ceux-là prétendoient qu'il leur étoit permis de se racheter de leur service, en payant quelque légère subvention. Tantôt on ne vouloit marcher que jusqu'à une certaine distance, ou quand le suzerain commandoit en personne ses forces. Plusieurs vassaux ne devoient que le service de leur personne, d'autres étoient obligés de se faire suivre de quelques cavaliers, mais on ne convenoit presque jamais de leur nombre, et en général les vassaux les plus puissans devoient proportionnellement leur contingent le moins considérable.

Il n'y avoit aucun seigneur, à l'exception de ceux qui possédoient les arrière-fiefs de la dernière classe, dont aucune terre ne relevoit, qui ne fût à la fois vassal et suzerain. Les Capétiens eux-mêmes, dont la royauté étoit une seigneurie allodiale, ou un alleu qui ne relevoit que de Dieu et de leur épée, occupoient différens fiefs dans les seigneuries mêmes de leurs vassaux; ils en rendoient hommage, et étoient obligés d'en acquitter les charges. Il arriva même souvent qu'on fit pour la possession d'un fief le serment de fidélité à la même personne de qui on l'avoit reçu pour une autre terre. De ces coutumes, propres à établir une certaine égalité entre les suzerains et les vassaux, il se forma une jurisprudence beaucoup plus raisonnable qu'on n'auroit dû l'attendre de leur orgueil et de l'indépendance qu'ils affectoient. Les droits de la suzeraineté et les devoirs du vasselage se confondirent en quelque sorte, et se mitigèrent réciproquement. Leurs intérêts furent moins séparés; on entrevit la nécessité de l'union, et ce fut même une règle fondamentale des fiefs, *que li sires,* pour me servir des expressions de Beaumanoir, «doit autant foi et loïaté à son home come li home fet à son seigneur.»

Le vassal étoit coupable de félonie, et encouroit par conséquent la peine de perdre son fief, quand après trois sommations il refusoit l'hommage, ou désavouoit de relever de son seigneur. Il s'exposoit à subir le même châtiment, s'il s'emparoit de quelque domaine de son seigneur, s'obstinoit à ne le pas suivre à la guerre quand il en avoit été requis, ne se rendoit pas aux assises de sa cour pour y juger les affaires qu'on y portoit, ou ne l'aidoit pas de sa personne à défendre son château contre ses ennemis. Porter la main sur son seigneur, le frapper, à moins que ce ne fût à son corps défendant, lui faire la guerre pour tout autre grief que le déni de justice; et dans ce cas-là même armer contre lui d'autres hommes que ses propres vassaux, ses parens et ses sujets, l'accuser de trahison sans soutenir juridiquement son accusation, c'étoit *fausser sa foi*.

Les mœurs dans ces temps barbares étoient respectées. Ce que nous ne nommons aujourd'hui que galanterie, fut regardé alors comme une félonie. Un commerce avec la femme[98] ou la fille de son seigneur, et même avec une autre personne qu'il auroit confiée à la garde de son vassal, entraînoit la perte de son fief. Sans doute que si l'on n'étoit pas alors discret par honneur, on le devenoit par intérêt; aussi fut-il toujours enveloppé de mystère, et la discrétion poussée au-delà des bornes que prescrit la raison. De-là cette galanterie raffinée et romanesque de nos anciens chevaliers, qui étoit sans doute bizarre, et qui nous paroîtroit cependant moins ridicule, si des hommes agréables, mais sans mœurs, ne nous avoient presque persuadé qu'il y a quelque gloire à déshonorer des femmes.

Le suzerain, de son côté, pour conserver sa suzeraineté, étoit également obligé à respecter la vertu de la femme et des filles de son vassal. Il perdoit encore tous ses droits sur lui, si, au lieu de le protéger contre ses ennemis, il lui faisoit quelque injure grave, le vexoit dans ses possessions, ou lui refusoit le jugement de sa cour. Le vassal cessoit alors de relever de son seigneur direct, et portoit immédiatement son hommage au suzerain, dont il n'avoit été jusques-là que l'arrière-vassal ou le vavasseur.

Comme il arrivoit tous les jours qu'on possédât deux fiefs, en vertu desquels on devoit l'hommage-lige à deux seigneurs différens qui pouvoient se faire la guerre, et requérir à la fois du même vassal le service militaire, il s'établit à cet égard différentes[99] maximes dans le royaume. Tantôt le vassal n'étoit tenu qu'à servir le seigneur auquel il avoit prêté le premier son hommage, et tantôt il n'étoit obligé à aucun service, et restoit neutre. Par certaines coutumes, car elles varioient presque dans chaque province, on n'avoit aucun égard à l'ancienneté de l'hommage; et le vassal fournissoit son contingent au seigneur qui étoit attaqué, contre celui qui avoit commencé les hostilités. Quelquefois aussi le vassal donnoit des secours aux deux parties belligérantes.

C'étoit l'usage, quand on déclaroit la guerre à un seigneur, qu'elle fût en même-temps censée déclarée à ses parens et à ses alliés; et cette coutume étoit aussi ancienne que la monarchie; les François l'avoient apportée de Germanie; mais on distingua utilement pour les vassaux, les guerres que les suzerains soutenoient en leur nom et pour l'intérêt de leur seigneurie, de celles où, n'étant pas parties principales, ils ne se trouvoient engagés que sous le titre d'alliés ou d'auxiliaires. Dans les premières, un seigneur fut en droit d'exiger de ses vassaux, non-seulement qu'ils le défendissent dans sa terre, mais qu'ils le suivissent encore sur les domaines de son ennemi, s'il jugeoit à propos d'y entrer pour le punir et se venger. Dans les secondes, il ne pouvoit demander autre chose à ses vassaux, que de défendre ses possessions, et d'en fermer l'entrée à ses ennemis.

Un seigneur, dit[100] Beaumanoir, n'est pas le maître de conduire ses vassaux hors de sa seigneurie pour attaquer ses voisins; parce que des vassaux, ajoute-t-il, sont simplement obligés à servir leur suzerain quand il est attaqué, et non pas à l'aider de leurs forces, lorsqu'il entreprend une guerre étrangère et offensive. Mais ce que dit Beaumanoir n'est applicable qu'à la seconde espèce de guerre dont je viens de parler; ou si cette coutume étoit générale de son temps, c'étoit sans doute une nouveauté, et le fruit des soins que S. Louis avoit pris de mettre des entraves au droit de guerre, et de le restreindre dans des bornes plus étroites. Henri I, roi d'Angleterre, convenoit lui-même en 1101, que le comte de Flandre étoit tenu, sous peine de perdre son fief, de suivre le roi de France en Angleterre, s'il y faisoit une descente.

Un seigneur n'avoit d'autorité que sur ses vassaux immédiats. Ses arrière-vassaux ne lui prêtant ni la foi ni l'hommage, ne lui devoient rien, et ne reconnoissoient en aucune manière sa supériorité, parce que la foi donnée et reçue étoit le seul lien de la subordination, et l'hommage, le seul principe du droit politique. Lorsqu'on possédoit plusieurs seigneuries, on ne pouvoit exiger le service que des vassaux qui relevoient de la terre même pour laquelle on faisoit la guerre. Si les Capétiens, par exemple, avoient eu le droit, en qualité de rois, de convoquer et d'armer les vassaux de la couronne pour les querelles particulières qu'ils avoient, comme ducs de France, comtes de Paris et d'Orléans, ou seigneurs de quelque autre fief moins considérable, ils n'auroient jamais eu de guerre qu'ils n'eussent conduit contre leurs ennemis les plus foibles, les seigneurs les plus puissans du royaume. Les fiefs d'un ordre inférieur auroient été bientôt détruits, l'économie du gouvernement féodal auroit été renversée; et toutes les forces du royaume se trouvant entre les mains des possesseurs des plus grands fiefs, il se seroit élevé une ou plusieurs monarchies indépendantes.

Ce ne fut pas vraisemblablement cette considération qui décida le droit des Français dans cette conjoncture. Ils connoissoient peu l'art de prévoir les dangers et de lire dans l'avenir. Il est plus naturel de penser que les seigneurs suivirent, à l'égard du service militaire, la même règle qu'ils s'étoient faite par rapport à l'administration de la justice. Comme les vassaux n'étoient convoqués à la cour du suzerain que pour juger leurs pairs, ils imaginèrent qu'il y avoit de la dignité à ne remplir le service militaire des fiefs que contre eux. Tout étoit bon pour s'exempter d'un devoir qui paroissoit onéreux, et par point d'honneur on ne voulut point se battre contre un seigneur inférieur en dignité, de même qu'on ne le voulut point reconnoître pour son juge.

Quoi qu'il en soit, on distingua dans les Capétiens leur qualité de roi ou de seigneur suzerain du royaume, de celle de seigneur particulier de tel ou de tel domaine. Pour faire une semonce aux vassaux immédiats de la couronne, il falloit qu'il s'agît d'une affaire générale contre quelque puissance étrangère, et qui intéressât le corps entier de la confédération féodale, ou que la guerre fût déclarée à un de ces mêmes vassaux qui se seroit rendu coupable de la félonie. Quand Hugues-Capet et ses premiers successeurs agissoient en qualité de ducs de France, ils faisoient marcher sous leurs ordres les barons de leur duché, qui auroient pu refuser de les suivre, si le prince n'eût voulu châtier que quelque seigneur qui relevoit des comtés de Paris ou d'Orléans; et cette coutume sert à expliquer comment des seigneurs aussi peu puissans que ceux du Puiset et de Montlhery donnèrent tant de peine à Louis-le-Gros.

Les devoirs respectifs des suzerains et des vassaux, et les peines différentes de perte de suzeraineté, de confiscation de fief, ou de simple amende, qu'ils encouroient en les violant, supposent un tribunal où les opprimés pussent porter leurs plaintes, et fussent sensés trouver la force qui leur manquoit pour repousser la violence ou punir l'injustice. Indépendamment des assises, dans lesquelles chaque seigneur jugeoit par lui-même, ou par le ministère de son bailli ou de son prévôt, les sujets de sa terre, il y eut donc des justices féodales, qui connoissoient de toutes les matières concernant les fiefs et la personne des suzerains et de leurs vassaux.

Les seigneurs à qui un grand nombre de fiefs devoit l'hommage, tenoient leur cour de justice à des temps marqués. Ils y présidoient en personne, et leurs vassaux, seuls conseillers de ce tribunal, étoient obligés de s'y rendre, sous peine de perdre leur fief, à moins qu'ils n'eussent quelque raison légitime de s'absenter. Le droit de juger étoit tellement inhérent à la possession d'une seigneurie, que les femmes, qui jusques-là n'avoient exercé aucune fonction publique, et qui étoient même exemptes d'acquitter en personne le service militaire de leurs fiefs, devinrent magistrats en possédant des seigneuries[101]. Elles tinrent leurs assises ou leurs plaids, y présidèrent, et jugèrent dans la cour de leurs suzerains. Tout le monde sait qu'en 1315, Mahaut, comtesse d'Artois, assista comme pair de France, au jugement rendu contre Robert, comte de Flandre. C'est à ces assises que se portoient les affaires qu'avoient entre eux les vassaux d'une même seigneurie, quand ils préféroient la voie de la justice à celle de la guerre, pour terminer leurs différends, et les procès que leur intentoit quelque seigneur étranger; car c'étoit alors une règle invariable que tout défendeur fût jugé dans la cour de son propre seigneur.

Le roi et les autres seigneurs les plus puissans du royaume tenoient leur cour avec beaucoup de pompe et d'éclat; ils convoquoient tous leurs vassaux, pour y jouir du spectacle de leur grandeur. Les simples barons n'assembloient pour la plupart leur cour, que quand ils en étoient requis par quelqu'un de leurs vassaux. Le nombre des juges nécessaires pour porter un jugement, varioit suivant les différentes coutumes. Pierre de Fontaine dit qu'il suffit d'en assembler quatre, et Beaumanoir vouloit qu'il y en eût au moins deux ou trois, sans compter le suzerain ou le président du tribunal. Si un seigneur n'avoit pas assez de vassaux pour tenir ses assises, il en empruntoit de quelque seigneur voisin; ou bien, ayant recours à la justice de son propre suzerain, quand elle étoit assemblée, il y traduisoit son vassal pour y recevoir son jugement. On pouvoit donc quelquefois être jugé par des seigneurs d'un rang supérieur au sien, c'est-à-dire, par les pairs du suzerain dont on relevoit, et la vanité des vassaux étoit flattée de cet ordre; mais il falloit toujours être ajourné par deux de ses pairs.

Lorsqu'un seigneur croyoit avoir reçu une injure ou quelque tort de la part d'un de ses vassaux, il ne lui étoit pas permis de confisquer ses possessions, sans y être autorisé par une sentence. Il devoit porter sa plainte à sa propre[102] cour, qui ajournoit et jugeoit l'accusé; et la guerre n'étoit regardée comme légitime, qu'autant qu'elle étoit nécessaire pour contraindre la partie condamnée à se soumettre au jugement qu'elle avoit reçu. Un vassal, de son côté, qui avoit à se plaindre de quelque entreprise injuste de son seigneur, ou à réclamer quelque privilége féodal, requéroit qu'il tînt sa cour[103] pour juger leur différend; et le suzerain ne pouvoit le refuser, sans se rendre coupable du déni de justice, s'exposer à perdre sa suzeraineté, et mettre son vassal dans le droit de lui déclarer la guerre. S'il s'agissoit entre eux de quelque matière personnelle et non féodale, le seigneur étoit ajourné par ses vassaux à la cour de son suzerain; parce que les vassaux, juges compétens de leur seigneur dans les affaires relatives à la dignité, aux droits et aux devoirs des fiefs, n'avoient point la faculté de le juger dans les autres cas.

Telles étoient en général les coutumes qui formoient le droit public des Français à l'avènement de Louis-le-Gros au trône. Elles étoient avouées et reconnues par les suzerains et les vassaux dans les temps de calme, où aucun intérêt personnel ni aucune passion ne les empêchoient de sentir le besoin qu'ils avoient de se soumettre à une sorte de police et de règle. Mais au moindre sujet de querelle qui s'élevoit entre eux, un droit plus puissant, le droit de la force, faisoit disparoître toute espèce de subordination. Les passions, qui n'étoient point gênées, se portoient à des excès d'autant plus grands, que le vassal étoit souvent aussi puissant, plus habile, plus courageux et plus entreprenant que son suzerain. On ne consultoit alors que son courage, son ressentiment et ses espérances. La victoire ne rend jamais compte de ses entreprises; et elle étoit d'autant plus propre à tout justifier en France, qu'on s'y faisoit un point d'honneur de se conduire arbitrairement, et que la justice n'y fut jamais plus mal administrée, et n'y eut jamais moins de pouvoir, que quand chaque seigneur étoit magistrat, et que chaque seigneurie avoit un tribunal souverain.

Nos pères, stupidement persuadés que Dieu est trop juste et trop puissant pour ne pas déranger tout l'ordre de la nature, plutôt que de souffrir qu'un coupable triomphât d'un innocent, étoient parvenus sur la fin de la seconde race, à regarder le duel judiciaire en usage chez les Bourguignons, comme l'invention la plus heureuse de l'esprit humain. Déjà familiarisés avec les absurdités les plus monstrueuses, par l'usage des épreuves du fer chaud, de l'eau bouillante ou de l'eau froide, la procédure de Gomdebaud parut préférable à des soldats continuellement exercés au maniement des armes. Étoit-on accusé? on offroit de se justifier par le duel. Faisoit-on une demande? on proposoit d'en prouver la justice en se battant. Le juge ordonnoit le combat; et après un certain nombre de jours, les plaideurs comparoissoient en champ clos. On prenoit les plus grandes, c'est-à-dire, les plus puériles précautions pour empêcher que leurs armes ne fussent enchantées, ou qu'ils n'eussent sur eux quelque caractère magique capable de déranger les décrets de la Providence, et ils combattoient sous les yeux d'une foule de spectateurs qui attendoient en silence un miracle.

Les mineurs, les hommes qui avoient 60 ans accomplis, les infirmes, les estropiés et les femmes ne se battoient pas; mais ils choisissoient des champions pour défendre leurs causes, et ces avocats athlètes avoient le poing coupé, lorsqu'ils succomboient. Produisoit-on des témoins? la partie contre laquelle ils alloient déposer, arrêtoit le premier d'entre eux qui ne lui étoit pas favorable, l'accusoit d'être suborné et vendu à son adversaire, et le combat de ce témoin, en décidant de sa probité, décidoit aussi du fond du procès. Les juges eux-mêmes ne furent pas en sûreté dans leur tribunal, quand l'un d'eux prononçoit son avis, le plaideur qu'il condamnoit, lui disoit que son jugement étoit faux et déloyal, offroit de prouver, les armes à la main, qu'il s'étoit laissé corrompre par des présens ou des promesses, et on se battoit.

Quelque grande que fût la loi des Français, ils entrevoyoient, malgré eux, que le courage, la force et l'adresse étoient plus utiles dans un combat que la justice, l'innocence et le bon droit. Quand ils en étoient réduits à ne pouvoir se déguiser que le coupable ne fût quelquefois vainqueur, ils imaginoient, pour sauver l'honneur de la Providence, qu'elle avoit dérogé par une loi particulière à sa sagesse générale, dans la vue de punir un champion qui avoit l'impiété de plus compter sur lui-même que sur la protection et le secours de la Vierge et St. George. Ils pensoient que Dieu se servoit de cette occasion pour punir quelque péché ancien et caché du vaincu.

Malgré ces absurdes subtilités, dont nos pères se contentoient, la manière dont la justice étoit administrée, exposoit à trop d'inconvéniens et de périls, pour qu'elle pût leur inspirer une certaine confiance. Quelque brave qu'on fût, ce ne devoit être qu'à la [dernière]{.underline} extrémité, et quand on n'étoit pas en état de vider ses différends par la voie de la guerre, qu'on avoit recours à des tribunaux où il étoit impossible de plaider, de juger ou de témoigner, sans s'exposer au danger d'un combat singulier. Plus l'administration de la justice étoit insensée et cruelle, plus elle devoit nuire au maintien et à l'établissement de la police et de l'ordre. Moins les Français étoient disposés à terminer leurs querelles par les formes judiciaires, plus l'esprit de violence devoit s'accréditer dans l'anarchie: aussi ne voit-on jamais à la fois tant de guerres particulières, et tant de tribunaux pour les prévenir. Aucune procédure ne précédoit ordinairement les hostilités des seigneurs les plus puissans; ou bien, ne répondant que d'une manière vague aux sommations de leurs pairs, ils se préparoient à la guerre, au lieu de comparoître devant la cour qui devoit les juger. Les rois de France et les ducs de Normandie, par exemple, ne cherchoient qu'à se surprendre; toutes nos histoires en font foi; et souvent l'un de ces princes n'étoit instruit que l'autre lui avoit déclaré la guerre, qu'en apprenant qu'un canton de ses domaines avoit été pillé, ou qu'un de ses châteaux étoit brûlé.

CHAPITRE IV.

Des fiefs possédés par les ecclésiastiques.—De la puissance que le clergé acquit dans le royaume.

CHAQUE seigneur laïc avoit gagné personnellement à la révolution qui forma le gouvernement féodal; mais les évêques et les abbés en devenant souverains dans leurs terres, perdirent au contraire beaucoup de leur pouvoir et de leur dignité. Ils ne rendirent point hommage[104] pour leurs fiefs; ils auroient cru, par cette cérémonie, dégrader Dieu ou le patron de leur église, au nom de qui ils les possédoient; ils ne prêtèrent que le serment de fidélité. Malgré cette distinction, qui sembloit devoir être suivie des plus grandes prérogatives, ils furent soumis à tous les devoirs du vasselage. Ils se rendirent à la cour de leurs suzerains, quand ils y furent convoqués pour tenir des assises. Ils furent tous obligés de fournir leur contingent pour la guerre[105], et quelques-uns de servir en personne. Si leurs possessions ne pouvoient jamais être confisquées, pour cause de félonie, c'étoit un avantage pour l'église, et non pour les ecclésiastiques, qu'on punissoit de leur forfaiture, par des demandes, et la saisie de leur temporel.

Quoique quelques évêques, plus guerriers et plus entreprenans que les autres, eussent repris les armes sous le règne des derniers Carlovingiens, fait la guerre et augmenté leur fortune, le corps entier du clergé se trouvoit dégradé et appauvri. A l'exception des prélats qui ayant pris, ou obtenu du roi, le titre de comtes ou de ducs de leur ville, relevèrent immédiatement[106] de la couronne, tous les autres étoient devenus vassaux de ces mêmes comtes ou ducs, qu'ils avoient jusques-là précédés, et sur lesquels les lois leur donnoient autrefois le pouvoir le plus étendu. Réduits à la dignité de leurs fiefs, dont les forces étoient peu considérables, depuis les déprédations que les biens ecclésiastiques avoient souffertes, pendant les troubles de l'état, ils ne furent plus que des seigneurs du second ordre, et se virent contraints, pour conserver le reste de leur fortune, de mendier la protection de leurs suzerains. L'hospitalité, qui n'avoit été qu'un devoir de politesse et de bienséance, fut convertie en droit de gîte; presque toutes les églises se soumirent[107] à la régale envers le seigneur dont leurs terres relevoient; et plusieurs prélats aliénèrent encore quelques parties en faveur d'un des seigneurs les plus puissans de leur diocèse, pour s'en faire un protecteur particulier, sous le nom de leur Vidame ou de leur Avoué.

Plus le clergé avoit fait de pertes, plus il étoit occupé du soin de les réparer. Le crédit que la religion donne à ses ministres, leur fournissoit des ressources; et profitant, avec adresse, du peu d'attention que les seigneurs toujours armés donnoient à leurs justices, auxquelles on recouroit rarement, ils étendirent leur juridiction beaucoup au-delà des anciennes bornes qu'elle avoit eue sous le règne de Charlemagne.

Les progrès des ecclésiastiques furent rapides. Leurs tribunaux s'attribuèrent la connoissance de toutes les accusations touchant la foi, les mariages et les crimes de sacrilége, de simonie, de sortilége, de concubinage et d'usure. Tous les procès des clercs, des veuves et des orphelins, leur étoient dévolus; et sous le nom de clercs, on ne comprenoit pas seulement les ministres les plus subalternes de l'église, mais même tous ceux qui ayant été admis à la cléricature, se marioient dans la suite, et remplissoient les emplois les plus profanes. Les évêques mirent les pélerins sous leur sauve-garde, et les croisés eurent bientôt le même avantage. A l'occasion du sacrement de mariage, le juge ecclésiastique prit connoissance des conventions matrimoniales, de la dot de la femme, de son douaire, de l'adultère et de l'état des enfans. Il décida que toutes les contestations nées au sujet des testamens lui appartenoient; parce que les dernières volontés d'une personne qui avoit déjà subi le jugement de Dieu, ne pouvoient raisonnablement être jugées que par l'église.

Avec quelque docilité que les seigneurs se contentassent des plus mauvaises raisons pour laisser dégrader leurs justices, dont la ruine devoit avoir pour eux, les suites les plus fâcheuses, il parut incommode aux ecclésiastiques d'avoir à chercher un nouvel argument, toutes les fois qu'ils vouloient attirer à eux la connoissance d'une nouvelle affaire. Ils imaginèrent donc un principe général qui devoit les rendre les maîtres de tout. L'église, dirent-ils, en vertu du pouvoir des clefs que Dieu lui a donné, doit prendre connoissance de tout ce qui est péché, afin de savoir si elle doit remettre ou retenir, lier ou délier. Or, en toute contestation juridique, une des parties soutient nécessairement une cause injuste, et cette injustice est un péché; l'église, conclurent-ils, a donc le droit de connoître de tous les procès, et de les juger; ce droit, elle le tient de Dieu même, et les hommes ne peuvent y attenter, sans impiété.

Des soldats qui ne savoient que se battre, n'avoient rien à répondre à cet argument. Les seigneurs n'étoient déjà plus les juges de leurs sujets, et il étoit d'autant plus facile au clergé de porter atteinte aux justices féodales, et de se rendre l'arbitre des querelles des suzerains et des vassaux, qu'ils étoient liés les uns aux autres, par un serment, dont l'infraction étoit un[108] parjure. Cette entreprise étoit de la plus grande importance, son succès devoit donner aux évêques un empire absolu, tandis que les seigneurs se ruineroient par des guerres continuelles, pour conserver les droits souverains de leurs terres. Autant que l'ame, disoient les ecclésiastiques, est au-dessus du corps, et que la vie éternelle est préférable à ce misérable exil que nous souffrons sur la terre; autant la juridiction spirituelle est-elle au-dessus de la temporelle. L'une est comparée à l'or, et l'autre au plomb; et de ce que l'or est incontestablement plus précieux que le plomb, le clergé étendoit tous les jours à un tel point, la compétence de ses tribunaux, que les justices seigneuriales devinrent enfin, à charge[109] à leurs possesseurs; et que les évêques, qui s'étoient fait une sorte de seigneurie dans leur diocèse entier, furent, au contraire, forcés d'avouer que les émolumens de leur officialité faisoient leurs plus grandes richesses, et qu'ils seroient ruinés, si on les en privoit.

Les usurpations des ecclésiastiques produisirent un événement bien extraordinaire; elles rendirent le pape, le premier et le plus puissant magistrat du royaume. Pour comprendre les causes d'une révolution que tous les autres états de la chrétienté éprouvèrent également, et qui devint une source de divisions entre le sacerdoce et l'Empire, il faut se rappeler que la cour de Rome avoit abandonné depuis long-temps, la sage discipline que l'église tenoit des apôtres; et que le clergé de France, cédant à la nécessité des conjonctures, avoit oublié les maximes par lesquelles il se gouvernoit encore, quand les Français firent leur conquête.

Les anciens canons étoient alors respectés dans les Gaules, et les évêques continuèrent, sous la première race, à tenir souvent des conciles nationaux et provinciaux, dont les canons concernant la discipline, n'avoient besoin que d'être revêtus de l'autorité du prince et de la nation, pour acquérir force de lois. Quoique l'église gallicane, en reconnoissant la primatie du saint-siége, s'y tînt attachée, comme au centre de l'union, elle n'avoit point poussé la complaisance jusqu'à adopter les canons du concile de Sardique, qui, dès le quatrième siècle, autorisoient les appels au pape, et soumettoient les évêques à sa juridiction. Le pape Vigile, en 545, honora Auxanius, évêque d'Arles, de la dignité de son légat dans les Gaules; et par le bref[110] qu'il écrivit dans cette occasion au clergé, il paroissoit s'établir son juge souverain; mais cette entreprise n'eut aucun succès. On lit, au contraire, dans Grégoire[111] de Tours, que Salonne et Sagittaire, ces deux prélats, dont j'ai déjà eu occasion de parler, ayant été déposés par un concile tenu à Lyon, n'osèrent se pourvoir devant le pape, et lui demander à être rétablis dans leurs siéges, qu'après en avoir obtenu la permission de Gontran.

C'est par zèle pour la maison de Dieu, que les papes étendirent, en quelque sorte, leur sollicitude pastorale, sur tout le monde chrétien. On les vit d'abord occupés des besoins des églises particulières. Ils donnèrent aux princes et aux évêques, des conseils qu'on ne leur demandoit pas; et ces pontifes dignes, s'il est possible, de la sainteté de leur place, par leurs mœurs et leurs lumières, tandis que l'ignorance et la barbarie se répandoient sur toute la chrétienté, en devinrent les oracles, et obtinrent, je ne sais comment, la réputation d'être[112] infaillibles.

Il n'en fallut pas davantage, pour les rendre moins attentifs sur eux-mêmes: l'écueil le plus dangereux pour le mérite, c'est la considération qui l'accompagne. Parce qu'on avoit suivi les conseils des papes, dans quelques affaires importantes, on prit l'habitude de les consulter sur tout, et il fallut bientôt obéir à leurs ordres. Leur fortune naissante leur fit des flatteurs, qui, pour devenir eux-mêmes plus puissans, travaillèrent à augmenter le pouvoir du saint-siége. Ils fabriquèrent les fausses décrétales, dont personne alors n'étoit en état de connoître la supposition; et ces pièces, qu'on publia sous le nom des papes des trois premiers siècles, n'étoient faites que pour justifier tous les abus que leurs successeurs voudroient faire de leur autorité. Plusieurs papes furent eux-mêmes les dupes de la doctrine que contenoient les fausses décrétales, et crurent encore marcher sur les traces d'une foule de saints révérés dans l'église, quand ils sapoient les fondemens de tout ordre et de toute discipline.

Le despotisme que les papes vouloient substituer au gouvernement primitif de l'église, devoit faire des progrès d'autant plus rapides, que Pepin et Charlemagne leur avoient prodigué des richesses, qui ne furent que trop propres à leur inspirer de l'orgueil, de l'avarice et de l'ambition. Louis-le-Débonnaire hâta le développement de ces passions, en donnant à Pascal I, une sorte de souveraineté[113] dans Rome, et à laquelle ce pontife croyoit avoir déjà des droits, en vertu d'une donation de Constantin. On avoit vu Grégoire IV s'ériger en juge des différends que Louis-le-Débonnaire eut avec ses fils. Nicolas I voulut déposer l'empereur Lothaire; Charles-le-Chauve crut que les évêques qui l'avoient sacré, étoient ses juges, et il acheta l'empire de Jean VIII par des lâchetés.

Après tant de succès, les papes accoutumés à humilier les rois, se regardèrent comme les dépositaires de tout le pouvoir de l'église, et ne doutèrent point que les anciens canons, faits pour d'autres temps et d'autres circonstances, ne dussent être abrogés par leurs bulles et leurs brefs. Plus les désordres des nations exigeoient qu'on se tînt rigidement attaché aux anciennes règles, plus la cour de Rome avoit de moyens pour réussir dans ses entreprises. Sous prétexte de remédier aux maux publics et de rétablir l'ordre, elle se livroit à des nouveautés dangereuses, auxquelles la situation présente des affaires, ne permettoit d'opposer que de foibles obstacles. Quand Hugues-Capet monta sur le trône, les souverains pontifes ne traitoient plus les évêques comme leurs frères et leurs coopérateurs dans l'œuvre de Dieu; mais comme des délégués ou de simples vicaires de leur siége. Ils s'étoient attribué[114] la prérogative de les transférer d'une église à l'autre, de les juger, de les déposer ou de les rétablir dans leurs fonctions; de connoître par appel, des sentences de leurs tribunaux et de les réformer.

Tout ce que les évêques de France avoient usurpé sur la justice des seigneurs, tourna donc au profit de la cour de Rome. Les papes ne connurent pas seulement des appels interjetés des sentences des métropolitains, ils autorisèrent même les fidelles à s'adresser directement à eux en première instance, ou du moins après avoir subi un jugement dans le tribunal ecclésiastique[115] le plus subalterne. L'autorité que les évêques avoient acquise, auroit pu être utile aux Français, en contribuant à établir une police et un ordre, auxquels la jurisprudence des justices féodales s'opposoit; mais l'usurpation de la cour de Rome sur la juridiction des évêques, ne servit qu'à augmenter la confusion dans le royaume. On ne vit plus la fin des procès, et les officiers du pape n'eurent égard, dans leurs jugemens, qu'à ses intérêts particuliers, ou aux passions d'une puissance qui s'essayoit à dominer impérieusement sur toute la chrétienté.

CHAPITRE V.

Des causes qui concouroient à la décadence et à la conservation du gouvernement féodal.— Qu'il étoit vraisemblable que le clergé s'empareroit de toute la puissance publique.

PAR le tableau que je viens de faire de la situation de la France, sous les premiers successeurs de Hugues-Capet, il est aisé aux personnes mêmes les moins instruites des devoirs de la société et de la fin qu'elle se propose, de juger quelle foule de vices attaquoit notre constitution politique. Toutes les parties de l'état, ennemies les unes des autres, tendoient non-seulement à se séparer, mais à se ruiner réciproquement. Tout seigneur et tout particulier se trouvoit mal à son aise avec un gouvernement qui réunissoit à la fois tous les inconvéniens de l'anarchie et du despotisme. Le peuple, avili et vexé, n'étoit pas moins intéressé à le voir anéantir, que toute la petite noblesse qui, placée entre les seigneurs et les bourgeois, étoit méprisée des uns, haïe des autres, et les détestoient également. Les seigneurs eux-mêmes, partagés en différentes classes, avoient les uns contre les autres la jalousie la plus envenimée. Les plus foibles vouloient être égaux aux plus puissans, qui, à leur tour, tâchoient de les détruire. Tout changement, quel qu'il fût, devoit paroître avantageux; et les Français, toujours avides de nouveautés, parce qu'ils étoient toujours las de leur situation, s'accoutumoient à n'être que légers, inconstans et inconsidérés.

Il étoit impossible que le gouvernement eût quelque consistance, tant que les coutumes ne pourroient acquérir aucune autorité, et que des événemens contraires augmenteroient ou diminueroient tour à tour les droits et les devoirs respectifs des suzerains et des vassaux, de même que leurs craintes, leurs espérances et leurs prétentions. Sans règle, sans principes, sans ordre, ils étoient obligés d'avoir une conduite différente, selon la différence des conjonctures. Après s'être soumis à l'hommage-lige, un vassal qui avoit obtenu quelque succès, ne vouloit plus prêter que le simple. Les mêmes seigneurs qui reconnoissent aujourd'hui la supériorité du roi, et s'engagent à remplir à son égard, les devoirs les plus étroits de vasselage, voudront demain se rendre indépendans; ils feront entre eux, des ligues et des alliances perpétuelles à son préjudice, et n'inséreront même dans leurs traités, aucune clause qui indique ou suppose la subordination des fiefs.

Philippe-Auguste, qui parle en maître à Jean-sans-Terre, n'avoit paru que le vassal de Richard, en traitant avec lui. On diroit qu'il ne jouit, ou du moins n'ose jouir, sans sa permission, du droit qu'avoit tout seigneur[116] de fortifier à son gré des places dans ses domaines. Il se soumet à la condition humiliante de ne donner aucun secours au comte de Toulouse, que Richard vouloit opprimer; et Philippe, qui, en violant ainsi ses devoirs de suzerain, affranchit ses vassaux des leurs, affectera dans une autre occasion, le pouvoir le plus étendu.

Rien ne conserve la même forme; rien ne subsiste dans la même situation. J'en citerai un exemple remarquable. Les vassaux immédiats de la couronne, tous pairs et égaux en dignité, ne furent pas long-temps sans se faire des prérogatives différentes. Les plus puissans prirent sur les autres une telle supériorité, que du grand nombre de seigneurs laïcs qui relevoient immédiatement de la couronne sous Hugues-Capet, il n'y en avoit plus que six qui prissent la qualité de pairs du royaume de France, quand Philippe-Auguste parvint au trône. Nos historiens, jusqu'à présent, n'ont pu fixer l'époque de ce changement, et on s'en prend au temps, qui nous a fait perdre la plupart des monumens les plus précieux de notre histoire. On a tort. Comment n'a-t-on pas senti que, dans une nation qui n'avoit ni lois ni puissance législative, et où l'inconstance des esprits et l'incertitude des coutumes préparoient et produisoient sans cesse de nouvelles révolutions, l'établissement des douze pairs doit ressembler aux autres établissemens de ce temps-là, qui se formoient, par hasard, d'une manière lente et presqu'insensible, et se trouvoient enfin tout établis à une certaine occasion, sans qu'il fût possible de fixer l'époque précise de leur naissance.

Le gouvernement des fiefs auroit bientôt fait place à un gouvernement plus régulier, si quelques-uns de ses vices mêmes n'eussent concouru à conserver, dans le royaume, l'anarchie générale qui en étoit l'ame, tandis que les désordres, dont il étoit sans cesse agité, menaçoient en particulier, chacune de ses parties, d'une ruine prochaine. Quatre causes contribuoient à la fois à maintenir le gouvernement féodal, au milieu des révolutions qu'il éprouvoit; et, si j'ose parler ainsi, ces quatre appuis des fiefs, c'étoient l'asservissement dans lequel le despotisme des seigneurs tenoit le peuple, et qui les rendoit les maîtres absolus de sa fortune et de ses forces; la souveraineté de leurs justices, à laquelle étoit attachée l'espèce de puissance législative[117] qu'ils exerçoient sur leurs sujets, et qui ne permettoit pas qu'un juge supérieur, en éclairant leur conduite et réformant leurs sentences, les dépouillât de leurs priviléges; le droit de guerre, toujours ennemi de l'ordre et de la dépendance; et enfin, une sorte d'égalité dans les forces des principaux seigneurs qui auroient pu former le projet de tout envahir: et cette égalité les contenant les uns par les autres, empêchoit qu'aucun ne voulût s'ériger en maître, et donner des lois à la nation.

Il semble d'abord, que le droit de guerre, au lieu de protéger, auroit dû détruire la puissance des seigneurs; mais comme chaque bourg et, pour ainsi dire, chaque village étoit fortifié et défendu par un château; qu'on ne connoissoit dans tout le royaume, qu'une manière de faire la guerre, les mêmes armes et la même discipline; qu'à l'exception de quelques seigneurs, les autres n'avoient pas assez de troupes pour faire des siéges, et qu'aucun ne pouvoit retenir assez long-temps ses vassaux sous ses ordres, pour former quelqu'entreprise importante, et ruiner son ennemi, en profitant d'un premier avantage; la guerre, réduite à n'être qu'une sorte de piraterie, ne devoit naturellement produire aucun de ces événemens décisifs qui changent quelquefois en un jour, toute la constitution d'un état. Si, dans une province, elle portoit quelqu'atteinte au gouvernement féodal, elle contribuoit à le fortifier dans une autre; et le corps entier de la nation, malgré quelques changemens survenus aux droits et aux devoirs réciproques de quelques suzerains et de quelques vassaux, se conduisoit toujours par les mêmes principes.

J'ai parlé d'une coutume qui ordonnoit la confiscation d'un fief, au profit du suzerain, dans le cas de félonie de la part de son vassal, et qui autorisoit un vassal vexé par son seigneur à n'en plus relever, et à porter son hommage au suzerain, dont il n'avoit été jusques-là que l'arrière-vassal. Le roi, qui étoit le dernier terme de tous les hommages, seroit enfin devenu l'unique seigneur de tout le royaume; ou bien les fiefs devoient enfin s'affranchir de toute espèce de vassalité, et si cet usage eût été fidellement observé, il n'auroit fallu que trois ou quatre injustices, dans un temps où elles étoient très-communes, pour qu'un seigneur qui voyoit entre le roi et lui, trois ou quatre seigneurs intermédiaires, relevât immédiatement de la couronne; et alors, une injustice de la part du prince, ou une félonie de celle de son vassal, auroit donné au fief une entière indépendance, ou englouti sa seigneurie dans celle du roi.

Le droit de guerre empêcha que cette coutume destructive du gouvernement féodal ne fût suivie à la rigueur, du moins à l'égard des seigneurs qui étoient en état de se défendre, et dont les forces étoient les vrais soutiens de l'indépendance des fiefs. Les querelles vidées par la voie des armes, se terminoient par des traités, dans lesquels, alors, comme aujourd'hui, on consultoit moins le droit, les coutumes et la justice, que les succès et les forces des parties belligérantes. Elles se faisoient quelques sacrifices réciproques, et en se réconciliant, rentroient dans l'ordre des coutumes féodales.

Il faut avouer cependant que cet appui des fiefs devoit ne conserver aucune force, dès qu'il ne seroit plus lui-même aidé et soutenu par les trois autres soutiens du gouvernement féodal dont j'ai parlé; et les seigneurs français se comportoient de la manière la plus propre à les détruire.

Il est enfin un terme fatal à la tyrannie. Quand, à force d'injustices et de vexations, les seigneurs auront réduit leurs sujets à la dernière misère, ils en craindront la révolte, ou du moins la source de leurs richesses sera nécessairement tarie, et leur pauvreté les dégradera. Ne trouvant plus rien à piller dans les campagnes ni dans les villes, de quel secours leur sert alors le droit de guerre, pour conserver cette souveraineté et cette indépendance dont ils sont si jaloux?

Tous les jours les justices seigneuriales étoient resserrées dans de plus étroites bornes par les entreprises du clergé; et les seigneurs, qui n'avoient pas su défendre leurs droits sous les prédécesseurs de Louis-le-Gros, ne devoient pas vraisemblablement se conduire dans la suite avec plus d'habileté. En effet, quand l'excès des abus leur ouvrit enfin les yeux, et qu'ils entreprirent d'y remédier, ils conférèrent avec les évêques; mais personne ne connoissoit les droits des ecclésiastiques, ni les principes d'un bon gouvernement. Des mauvais raisonnemens qu'on s'opposa de part et d'autre, il résulta un concordat ridicule que les barons et le clergé firent ensemble, sous la médiation de Philippe-Auguste, et par lequel on convint que les justices féodales connoîtroient des causes[118] féodales, et que cependant il seroit permis aux juges ecclésiastiques de condamner à des aumônes les seigneurs qui seroient convaincus d'avoir violé le serment des fiefs.

Le clergé, dont ce traité légitimoit en partie les prétentions, alla en avant, et les querelles, au sujet de la juridiction, devinrent plus vives que jamais. Les seigneurs sentoient l'injustice des évêques; mais étant trop ignorans pour opposer des raisons à leurs raisonnements, ils répondirent par des injures et des voies de fait. «Le clergé, dirent-ils, croit-il que ce soit son arrogance, son orgueil et ses chicanes, et non pas notre courage et notre sang qui aient fondé la monarchie? Qu'il reprenne l'esprit de la primitive église, qu'il vive dans la retraite quand nous agirons, et qu'il s'occupe à faire des miracles dont il a laissé perdre l'usage.»

Quelques seigneurs, d'un caractère plus ardent que les autres, ou plus vexés par les entreprises des évêques, et qui en prévoyoient peut-être les suites, s'assemblèrent, suivant la coutume alors usitée, pour délibérer sur leurs affaires, et invitèrent leurs amis à se rendre à cette espèce de congrès qu'on nommoit dans ce temps-là[119] parlement: ils s'adressèrent au pape pour le prier de réprimer des usurpations dont il retiroit le principal avantage. Ils défendirent à leurs sujets, sous peine de mulctation, ou de la perte de leurs biens, de s'adresser aux tribunaux ecclésiastiques. Ils convinrent de se défendre, formèrent des ligues et des associations, nommèrent des espèces de syndics pour veiller à ce que le clergé ne pût rien entreprendre contre leurs justices, et promirent de les aider de toutes leurs forces à la première sommation. Mais tout cet emportement ne devoit produire qu'un vain bruit. Les évêques, qui avoient fait un mélange adroit et confus du spirituel et du temporel, étoient plus forts avec des excommunications que les seigneurs avec des soldats. Les uns n'avoient qu'un objet, et étoient unis; les autres en avoient mille, et ne pouvoient agir de concert. Un remords détachoit un allié de la ligue, pendant que l'autre l'abandonnoit par légèreté, ou pour ne s'occuper que de la guerre qu'il faisoit à un de ses voisins.

D'ailleurs, il falloit que les Français ouvrissent enfin les yeux sur la jurisprudence du duel judiciaire; car l'absurdité en étoit extrême, et les tribunaux ecclésiastiques leur offroient le modèle d'une procédure toute différente et beaucoup plus sage, quoiqu'encore très-vicieuse. Ils étoient donc toujours à la veille d'une révolution à cet égard; et à juger de l'avenir par le passé, qui oseroit répondre que la réforme qui devoit se borner à changer la procédure des justices des seigneurs, et leur manière de juger, n'en détruiroit pas la souveraineté même?

L'égalité de force, entre les principaux seigneurs, ne pouvoit elle-même subsister long-temps sans un concours heureux de circonstances, sur lequel il auroit été imprudent de compter. Les Français, aveugles sur les dangers dont leur gouvernement étoit menacé, n'avoient pris aucune précaution pour les écarter et conserver leur indépendance. Conduits au hasard par les événemens, la fortune qui les gouvernoit, ne les avoit pas assez bien servis pour amener des circonstances qui eussent contribué à faire régler par la coutume, que les seigneuries, du moins les plus importantes, ne seroient jamais réunies sur une même tête. Plusieurs exemples avoient au contraire établi l'usage opposé; et la France n'ayant aucun fief[120] masculin, les alliances et les mariages pouvoient porter dans une maison d'assez grandes possessions pour rompre toute espèce d'équilibre. Si cet événement arrivoit en faveur de quelqu'un des grands vassaux de la couronne, ne devoit-il pas enfin s'affranchir de tous les devoirs embarrassans du vasselage, et son exemple n'auroit-il pas été contagieux? Si de grands héritages fondoient au contraire dans la maison des Capétiens, ne devoient-ils pas se servir de la supériorité de leurs forces pour les augmenter encore, changer la nature des fiefs, diminuer les devoirs des suzerains, et contraindre peu à peu leurs vassaux à devenir leurs sujets? C'est l'histoire de la ruine de ces quatre appuis du gouvernement féodal, qui forme en quelque sorte toute l'histoire des Français jusqu'au règne de Philippe-de-Valois.

Mais cette révolution devoit être très-lente; les appuis de l'indépendance des fiefs ne pouvant, par la nature même du gouvernement, être détruits subitement et à la fois, les seigneurs les plus à portée d'établir leur autorité sur les ruines de l'anarchie féodale, ou de profiter de leurs forces, devoient se voir contraints à ne faire que des progrès insensibles. Après avoir renversé les fondemens de la licence des seigneurs, il faudra encore combattre contre les préjugés que cette licence même leur aura donnés. Après s'être trop avancé, il faudra revenir sur ses pas; et en ne précipitant point les événemens, donner le temps aux esprits de s'accoutumer avec les nouveautés et de prendre de nouvelles habitudes.

Mais pendant ce flux et reflux de révolutions contraires, il étoit d'autant plus à craindre que le clergé, de jour en jour plus puissant, ne parvînt à s'emparer de toute la puissance publique, que tout l'occident, occupé des croisades, de la conquête de la Terre-Sainte, de la ruine du mahométisme, d'indulgences et d'excommunications, regardoit les papes comme les généraux de toutes les entreprises sur terre, et les arbitres du salut dans l'autre vie.

Les premiers abus que la cour de Rome fit de son crédit, dans les temps mêmes où il subsistoit encore des lois et une puissance dans les nations, annonçoient tout ce qu'elle oseroit entreprendre, quand l'anarchie auroit donné naissance au gouvernement féodal, et que de toutes parts de simples évêques se seroient érigés en souverains. Grégoire VII, contemporain de notre Philippe I, avoit prétendu qu'il n'y avoit point d'autre puissance dans le monde que la sienne. Faisant à l'égard des empereurs et des rois les mêmes raisonnemens que les évêques employoient pour étendre la compétence de leurs justices, il voulut les accoutumer à ne se croire que les vassaux-liges de son sacerdoce. Magistrat général de toute la chrétienté, il crut qu'il pouvoit seul se revêtir des ornemens impériaux, et faire de nouvelles lois, auxquelles on devoit obéir sans examen. Il ordonna aux rois de se prosterner à ses pieds, et pensa que Saint Pierre avoit obtenu pour ses successeurs le privilége insigne de devenir impeccables.

C'est aux écrivains qui traitoient l'histoire d'Allemagne, comme je traite l'histoire de France, à nous présenter le tableau funeste de la rivalité du sacerdoce et de l'Empire, et leurs combats; car les rois de Germanie, en portant leurs armes en Italie, offensèrent les premiers les prétentions que les papes s'étoient faites de disposer de toutes les couronnes, et attirèrent principalement sur eux la colère ambitieuse de la cour de Rome. Les souverains pontifes ménagèrent, il est vrai, la France, pendant qu'ils troubloient l'Empire; et en s'appliquant à faire reconnoître leur autorité en Allemagne et en Italie, ils eurent la prudence de ne se pas faire des ennemis implacables dans les autres états de la chrétienté; mais les instrumens de leur puissance étoient répandus de toute part, et par-tout ils inspiroient la terreur. Les maux que la cour de Rome faisoit aux empereurs qui avoient l'audace de lui résister, l'extrême misère dans laquelle mourut Henri IV, et l'humiliation de Frédéric I et de Henri VI, étoient des leçons bien effrayantes pour quiconque entreprendroit en France de résister à la puissance ecclésiastique. On avoit eu occasion d'en pressentir les suites dangereuses. Le roi Robert, excommunié par Grégoire V, étoit devenu odieux à son royaume, et se vit en quelque sorte abandonné par ses propre domestiques qui craignoient de l'approcher. Qui ne peut pas craindre les excès où se porte la religion, quand elle dégénère en fanatisme? Enfin, on peut voir dans tous les historiens avec quelle modération Philippe-Auguste lui-même se comporta à l'égard de la cour de Rome, combien il avoit peur de l'offenser, et redoutoit son ressentiment.

C'est avec cette masse énorme de pouvoir que la cour de Rome protégeoit les usurpations du clergé de France. Tout devoit, ce semble, en être accablé; et si les papes et nos évêques avoient eu cette politique profonde ou subtile que leur supposent quelques écrivains, il n'est point douteux qu'étant maîtres des consciences et des tribunaux, et par conséquent des pensées, des coutumes et des lois, leur autorité ne se fût affermie sur les ruines de l'anarchie féodale. Les circonstances favorables où les ecclésiastiques se trouvèrent, ont tout fait pour eux; et quand elles changèrent, leur grandeur, ainsi qu'on le verra, s'évanouit.

Je le remarquerai en finissant ce chapitre; les prétentions de la cour de Rome et des évêques, qui nous paroissent aujourd'hui monstrueuses, n'avoient rien d'extraordinaire dans le temps où régnoient les premiers Capétiens; elles n'étoient que trop analogues aux préjugés absurdes que le droit des fiefs avoit fait naître sur la nature de la société, et à la manière dont chacun se faisoit des priviléges et des prérogatives. L'ignorance profonde où on étoit plongé, laissoit paroître tout raisonnable, et rendoit tout possible. Le clergé pouvoit se faire illusion à lui-même; ne voyant aucune loi ni aucune autorité respectées, ne trouvant par-tout que les ravages de la barbarie et de l'anarchie, il regardoit peut-être son pouvoir comme le seul remède qu'il fût possible d'appliquer avec succès aux maux de l'état. Peut-être croyoit-il devoir se rendre tout-puissant pour détruire le duel judiciaire, accréditer les trèves qu'il ordonnoit d'observer dans les jours que la religion consacre d'une façon plus particulière au culte de Dieu, inspirer le goût pour la paix, et jeter les semences d'une police plus régulière. On a fait trop d'honneur à l'humanité, en exigeant que le clergé se comportât avec plus de retenue, quand tout concouroit à tromper son zèle et servir son ambition. Au lieu de déclamer avec emportement contre les entreprises des papes et des évêques, il n'auroit fallu que plaindre l'aveuglement de nos pères et les malheurs des temps.

CHAPITRE VI.

Ruine d'un des appuis du gouvernement féodal, l'égalité des forces.—Des causes qui contribuèrent à augmenter considérablement la puissance de Philippe-Auguste.

DU principe incontestable qu'on ne pouvoit être jugé que par ses pairs dans les justices féodales, et jamais par des vassaux d'une classe inférieure, il résulte que chaque suzerain auroit dû avoir autant de cours différentes de justice qu'il possédoit de seigneuries d'un ordre différent. La cour des assises du roi, aussi ancienne que la monarchie, et que l'on commença à nommer parlement vers le milieu du treizième siècle, n'étant, par la nature du gouvernement féodal, et ne devant être composée que des seigneurs qui relevoient immédiatement de la couronne, auroit dû être toujours distinguée des autres cours de justice que Hugues-Capet et ses premiers successeurs tenoient en qualité de ducs de France ou de comtes de Paris et d'Orléans. Il auroit donc fallu ne former le parlement que des pairs du royaume, et en fermer l'entrée aux simples barons du duché de France, qui auroient assisté de leur côté aux assises de la seigneurie dont ils relevoient.

Tant de précision ne convenoit ni au caractère inconsidéré des seigneurs Français, ni à leur ignorance, ni à la manière dont leur gouvernement s'étoit formé. Les Capétiens ayant confondu toutes leurs dignités, et ne prenant plus que le titre de rois, il arriva, quels que fussent les seigneurs qu'ils convoquoient pour tenir leurs plaids, que cette cour fut appelée la cour du roi, et une équivoque de mot suffit pour détruire un des principes le plus essentiel du gouvernement féodal, ainsi que les tracasseries de la famille de Louis-le-Débonnaire avoient autrefois suffi pour l'établir. Les vassaux immédiats de la couronne savoient qu'ils ne pouvoient être jugés qu'à la cour du roi; mais voyant en même-temps qu'on appeloit de ce nom les assises où les Capétiens invitoient indifféremment tous les seigneurs, dont ils recevoient l'hommage à différent titre, ils ne firent aucune difficulté d'y comparoître, lorsqu'ils ne voulurent pas terminer leurs différens par la voie de la guerre, et reconnurent ainsi pour juges compétens, des seigneurs d'un ordre inférieur.

Cette imprudence énorme, mais qui peint si bien le caractère de notre nation, fut la première cause de la décadence du gouvernement féodal. Dans le temps que les vassaux les plus puissans de la couronne affectoient des distinctions particulières, dédaignoient de se confondre avec leurs pairs dont les terres étoient moins considérables, et réussirent à former une classe séparée des seigneurs qui relevoient comme eux, immédiatement de la couronne; par quelle inconséquence[121] souffroient-ils qu'une cour, qui devoit juger leurs querelles, se remplît des simples barons du duché de France ou du comte d'Orléans? Pourquoi leur vanité n'en étoit-elle pas blessée? D'ailleurs, ces seigneurs du second ordre étoient, je l'ai déjà dit, jaloux de la supériorité et de la puissance des grands vassaux; et ne pouvant s'élever jusqu'à eux, ils auroient voulu les dégrader pour devenir leurs égaux. Étoit-il donc difficile de prévoir que ces juges, aussi attachés aux intérêts du roi que son chancelier, son chambellan, son boutillier et son connétable, qui, par un plus grand abus encore, siégèrent aussi au parlement, ne consulteroient pas toujours dans leurs jugemens les règles d'une exacte justice, et se feroient un devoir de dégrader la dignité des premiers fiefs?

La confiance que les grands vassaux avoient en leurs forces, les empêcha sans doute d'être attentifs à la forme que prenoit le parlement, auquel ils avoient rarement recours. Mais s'ils étoient alors en état de ne pas obéir à ses arrêts, ils devoient craindre que les circonstances ne changeassent, que la situation de leurs affaires ne leur permît pas toujours d'entreprendre une guerre, et d'opposer la force des armes à un jugement qui les blesseroit. Il eût été prudent de se préparer une ressource à la faveur des détours et des longueurs de procédure auxquels une cour de justice est toujours assujettie. Dans l'instabilité où étoit le droit français, les grands vassaux devoient craindre mille révolutions; et pour les prévenir, devoient ne pas permettre que les barons, qui n'étoient pas pairs du royaume, fussent les juges des prérogatives de la pairie.

Jamais, en effet, leurs justices n'auroient souffert une atteinte aussi considérable que celle qui leur fut portée sous le règne de Philippe-Auguste, par l'établissement «de l'appel en déni[122] de justice, ou défaute de droit», si le parlement n'avoit pas été rempli de seigneurs, toujours portés, par leur jalousie, à accréditer la jurisprudence et les nouveautés les plus contraires à la dignité et aux intérêts des grands vassaux. Jamais les pairs n'auroient permis que leurs vassaux eussent violé la majesté de leur cour, en les citant à celle du roi. Jamais ils ne se seroient dégradés au point d'autoriser Louis VIII à faire ajourner la comtesse de Flandre par deux simples chevaliers.

Une vanité mal entendue mit le comble à leur imprudence. Les pairs laïcs, trop puissans pour se conduire avec la circonspection timide des pairs ecclésiastiques, et préférer comme eux les voies de paix à celles de la guerre, se persuadèrent qu'il n'étoit plus de leur dignité de venir se confondre avec les seigneurs du second ordre dans la cour du roi. Quand ils y furent convoqués, ils ne manquèrent presque jamais d'une excuse pour ne pas s'y rendre; et le prince, qui craignoit leur présence, avoit intérêt de trouver leur absence légitime. Dès-lors, ils n'eurent aucune occasion de conférer ensemble, et en s'aidant mutuellement de leurs lumières et de leurs conseils, de prévoir les dangers qu'ils avoient à craindre, d'y remédier d'avance, d'affirmer les coutumes, et de s'unir par des traités qui ne leur donnassent qu'un même intérêt, ou qui leur apprissent du moins à soupçonner qu'ils n'en devoient avoir qu'un.

Toujours jaloux, au contraire, les uns des autres, autant que du roi, et toujours trompés par des espérances éloignées, ou par quelque avantage présent et passager, ils ne comprirent pas que de la postérité de chacun en particulier dépendoit le salut de tous. C'est de cette erreur que devoit naître un gouvernement plus régulier en France, parce qu'elle devoit multiplier les vices et les désordres des fiefs. Au lieu d'entretenir entre eux de fréquentes négociations, et d'assembler souvent des congrès, ainsi qu'on avoit coutume de faire, quand il s'agissoit de préparer une expédition dans la Terre-Sainte, ou de s'opposer aux entreprises du clergé, ils en sentirent moins l'importance, parce qu'ils se voyoient moins fréquemment, et travaillèrent au contraire à se ruiner mutuellement. Cependant le roi profitoit sans peine de leur absence, pour engager les barons à porter les jugemens les plus favorables à ses intérêts, ou plutôt il n'y convoqua que des prélats et des seigneurs dévoués à ses volontés. Il étoit le maître de faire autoriser toutes ses démarches par des arrêts de sa cour. Ses ennemis, qu'on regardoit comme des vassaux rebelles et félons, devenoient odieux; on les accusoit de troubler la paix publique, tandis que le roi paroissoit respecter les coutumes et les protéger.

Philippe-Auguste, prince jaloux de ses droits, avide d'en acquérir de nouveaux, assez hardi pour former de grandes entreprises, assez prudent pour en préparer le succès, profita habilement de ces avantages; et l'autorité royale, jusqu'à lui pressée, foulée, bornée de toutes parts, commença à prendre un ascendant marqué, quoique Richard I, avec les mêmes passions, des talens aussi grands, et des forces considérables, l'empêchât d'abord de se livrer à son ambition. Le roi d'Angleterre, si je puis parler ainsi, étoit le tribun des fiefs en France. Richard mourut, et Philippe, impatient d'étendre sa puissance, se vengea sur Jean-sans-Terre de la contrainte où il avoit été retenu.

Le successeur de Richard avoit ces vices bas et obscurs qui excluent tous talens. Moins Jean-sans-Terre étoit capable de conserver sa fortune, d'imiter ses prédécesseurs et de défendre les droits de ses fiefs, plus l'intérêt commun auroit dû lui donner d'alliés et de défenseurs. Personne cependant ne voulut ou n'osa embrasser sa défense. Prêt à succomber sous les armes de Philippe-Auguste, il ne lui reste d'autre ressource que de se jeter entre les bras de la cour de Rome. Tandis qu'il implore sa protection, en dégradant la couronne d'Angleterre, et qu'il engage le pape à menacer le roi de France de censures ecclésiastiques, s'il refuse de faire la paix ou une trêve, le duc de Bourgogne et la comtesse de Champagne, ses ennemis, rassurent Philippe, l'invitent à poursuivre son entreprise, lui donnent des secours, et s'engagent, par un traité, à ne se prêter sans lui à aucun accommodement avec la cour de Rome. Toute la France se livra à la passion du roi, qui fit rendre dans son parlement cet arrêt célèbre par lequel Jean-sans-Terre fut condamné à mort pour le meurtre de son neveu Artus, duc de Bretagne, et qui déclaroit tous les domaines qu'il possédoit en deçà de la mer, confisqués au profit de la couronne.

Aucune loi n'autorisoit un pareil jugement. En suivant l'esprit des coutumes féodales, on ne pouvoit punir Jean-sans-Terre que par la perte de sa suzeraineté sur la Bretagne, qui étoit un fief du duché de Normandie; on devoit accorder un dédommagement aux Bretons, en leur abandonnant quelques terres importantes de Jean-sans-Terre, qui étoit coupable envers son vassal, et non pas envers son seigneur. Mais il s'étoit rendu à la fois trop odieux et trop méprisable; Philippe étoit trop puissant, et la Bretagne avoit trop peu de crédit pour que l'on consultât avec une certaine exactitude les règles et les intérêts du gouvernement féodal. On condamna Jean-sans-Terre par emportement à perdre la vie et ses fiefs, sans songer qu'on fournissoit aux suzerains un nouveau moyen de s'enrichir des dépouilles de leurs vassaux, et qu'on donnoit un exemple funeste aux droits et à l'indépendance de tous les seigneurs. L'indignation indiscrète qui avoit dicté ce jugement, augmenta encore par l'impuissance où Philippe-Auguste étoit de le faire exécuter. La haine contre Jean-sans-Terre fit faire des efforts extraordinaires, qui ne servirent qu'à ébranler le gouvernement féodal, en faisant passer entre les mains du roi la plus grande partie des domaines de son ennemi.

Sans doute qu'après l'acquisition de la Normandie, de l'Anjou, du Maine, de la Tourraine, du Poitou, de l'Auvergne, du Vermandois, de l'Artois, etc. le règne de Philippe-Auguste auroit été l'époque de la ruine entière du gouvernement des fiefs, si le roi Robert et Henri I ne se fussent pas autrefois désaisis du duché de[123] Bourgogne qui leur avoit appartenu, et que Louis-le-Jeune, moins délicat en amour, n'eût pas perdu, en répudiant Éléonore d'Aquitaine, les états considérables que cette héritière porta dans la maison des ducs de Normandie. Philippe-Auguste, riche, puissant, victorieux, dont les seigneuries et les domaines auroient enveloppé tout le royaume, auroit pu parler en maître à ses barons, parce qu'il auroit intimidé par sa puissance les comtes de Flandre, de Toulouse et de Champagne, à qui la situation de l'Europe ne permettoit pas d'espérer les secours étrangers. Les prérogatives royales, jusqu'alors équivoques, incertaines et contestées, seroient devenues des droits certains et incontestables. Les coutumes, en s'affermissant, auroient préparé les esprits à être moins audacieux et moins inconstans. A force d'examiner et de rechercher les devoirs auxquels la foi donnée et reçue doit obliger une nation qui veut jouir de quelque tranquillité, on seroit parvenu à connoître la nécessité de substituer des lois à des coutumes, d'établir une puissance législative, et les moyens de la faire respecter.

Après les succès que Philippe-Auguste avoit obtenus sur Jean-sans-Terre, il n'y avoit plus d'égalité de force entre le roi et chacun des grands vassaux en particulier; cependant ces derniers étoient encore assez puissans pour se faire craindre. Il falloit, en les ménageant, ne pas leur faire sentir la faute qu'ils avoient faite d'abandonner les intérêts du duc de Normandie, qui, par la position de ses domaines, étoit plus propre que tout autre seigneur à imposer au roi. Leur union pouvoit encore suspendre la fortune des Capétiens, dont les progrès seuls pouvoient faire cesser l'anarchie. Les seigneurs les plus puissans comprirent qu'il falloit commencer à avoir des complaisances pour le roi. Philippe sentit qu'il ne devoit pas en abuser. Assez riche pour ne plus se contenter du service de ses vassaux; il eut des troupes à la solde, nouveauté pernicieuse aux fiefs, et qui le mit en état de faire la guerre en tout temps, et de profiter de ses avantages. Jugeant dès-lors que sa famille étoit désormais affermie sur le trône, il négligea, comme un soin superflu, de faire consacrer son fils avant sa mort. Son règne, en un mot, annonçoit une révolution d'autant plus prochaine dans les principes du gouvernement, qu'un autre appui de la souveraineté des fiefs étoit ébranlé, je veux parler de l'établissement des communes, qui s'accréditoit de jour en jour, et faisoit perdre aux seigneurs l'autorité qu'ils exerçoient sur leurs sujets.

CHAPITRE VII.

De l'établissement et du progrès des communes.—Ruine d'un troisième appui de la police féodale; les justices des seigneurs perdent leur souveraineté.

LES seigneurs qui furent les premiers appauvris par leurs guerres domestiques, leur défaut d'économie, et la misère dans laquelle la dureté de leur gouvernement fit tomber leurs sujets, n'imaginèrent point d'autre ressource pour subsister et se soutenir, que d'entrer à main armée sur les terres de leurs voisins, d'en piller les habitans, ou d'exercer une sorte de piraterie sur les chemins, en mettant les passans à contribution. Les seigneurs, dont le territoire avoit été violé, ne tardèrent pas à user de représailles; et sous prétexte de venger leurs sujets, pillèrent à leur tour ceux de leurs voisins.

Ce brigandage atroce, dont le peuple étoit toujours la victime, et qui portoit les maux de la guerre dans toutes les parties du royaume, étoit en quelque sorte devenu un nouveau droit seigneurial; lorsque Louis-le-Gros, dont les domaines n'étoient pas plus respectés que ceux des autres seigneurs, et occupé d'ailleurs par une foule d'affaires, pensa à mettre ses sujets en état de se défendre par eux-mêmes contre cette tyrannie. Peut-être comprit-il, ce qui demanderoit un effort de raison bien extraordinaire dans le siècle où ce prince vivoit, qu'en rendant ses sujets heureux, il se rendroit lui-même plus puissant et plus riche. Peut-être ne traita-t-il avec ses villes de leur liberté, que gagné par l'appas de l'argent comptant qu'on lui offrit; et dans ce cas là même, il faudroit encore le louer de ne l'avoir pas pris sans rien accorder. Quoi qu'il en soit, il rendit son joug plus léger, et leur vendit comme des privilèges, des droits que la nature donne à tous les hommes; c'est ce qu'on appelle le droit de[124] commune ou de communauté. A son exemple, les seigneurs, toujours accablés de besoins, et ravis de trouver une ressource qui rétablissoit leurs finances, ne tardèrent pas à vendre à leurs sujets la liberté qu'ils leur avoient ôtée.

Les bourgeois acquirent le droit de disposer de leurs biens, et de changer à leur gré de domicile. On voit abolir presque toutes ces coutumes barbares auxquelles j'ai dit qu'ils avoient été assujettis; et suivant qu'ils furent plus habiles, ou eurent affaire à des seigneurs plus humains ou plus intelligens, ils obtinrent des chartes plus avantageuses. Dans quelques villes on fixa les redevances et les tailles que chaque habitant payeroit désormais à son seigneur. Dans d'autres on convint qu'elles n'excéderoient jamais une certaine somme qui fut réglée. On détermina les cas particuliers dans lesquels on pourroit demander aux nouvelles communautés des aides ou subsides extraordinaires. Quelques-unes obtinrent le privilége de ne point suivre leur seigneur à la guerre; d'autres, de ne marcher que quand il commanderoit ses forces en personne, et presque toutes, de ne le suivre qu'à une distance telle que les hommes, commandés pour l'arrière-ban, pussent revenir le soir même dans leurs maisons.

Les villes devinrent en quelque sorte de petites républiques; dans les unes les bourgeois choisissoient eux-mêmes un certain nombre d'habitans pour gérer les affaires de la communauté; dans d'autres le prévôt ou le juge du seigneur nommoit ces officiers connus sous les noms de maire, de consuls ou d'échevins. Ici les officiers en place désignoient eux-mêmes leurs successeurs, ailleurs ils présentoient seulement à leur seigneur plusieurs candidats, parmi lesquels il élisoit ceux qui lui étoient les plus agréables. Ces magistrats municipaux ne jouissoient pas par-tout des mêmes prérogatives; les uns faisoient seuls les rôles des tailles et des différentes impositions; les autres y procédoient conjointement avec les officiers de justice du seigneur. Ici ils étoient juges, quant au civil et au criminel, de tous les bourgeois de leur communauté, là ils ne servoient que d'assesseurs au prévôt, ou n'avoient même que le droit d'assister à l'instruction du procès. Mais ils conféroient par-tout le droit de bourgeoisie à ceux qui venoient s'établir dans leur ville, recevoient le serment que chaque bourgeois prêtoit à la commune, et gardoient le sceau dont elle scelloit les actes.

Les bourgeois se partagèrent en compagnies de milice, formèrent des corps réguliers, se disciplinèrent sous des chefs qu'ils avoient choisis, furent les maîtres des fortifications[125] de leur ville, et se gardèrent eux-mêmes. Les communes, en un mot, acquirent le droit de guerre, non pas simplement parce qu'elles étoient armées, et que le droit naturel autorise à repousser la violence par la force, quand la loi et le magistrat ne veillent pas à la sûreté publique; mais parce que les seigneurs leur cédèrent à cet égard leur propre autorité, et leur permirent expressément de demander, par la voie des armes, la réparation des injures ou des torts qu'on leur feroit.

Dès que quelques villes eurent traité de leur liberté, il se fit une révolution générale dans les esprits. Les bourgeois sortirent subitement de cette stupidité où la misère de leur situation les avoit jetés. On auroit dit que quelques-uns distinguoient déjà les droits de la souveraineté, des rapines de la tyrannie. Dans une province alors dépendante de l'Empire, mais où les coutumes avoient presque toujours été les mêmes qu'en France, quelques communes forcèrent leur seigneur à reconnoître que les impôts qu'il avoit levés sur elles, étoient autant d'exactions tyranniques. Ce ne fut qu'à ce prix que les habitans du Briançonnois exemptèrent Humbert II de leur restituer les impositions qu'il les avoit contraint de payer, et poussèrent la générosité jusqu'à lui remettre le péché qu'il avoit commis par son injustice.

L'espérance d'un meilleur sort fit sentir vivement au peuples la misère présente. Prêt à tout oser et à tout entreprendre, il paroissoit disposé à profiter des divisions des seigneurs pour s'affranchir, par quelque violence, d'un joug qui lui paroissoit plus insupportable, depuis qu'il commençoit à sentir les douceurs de la liberté. Quelques villes durent peut-être leur affranchissement à une révolte; mais il est sûr du moins que plusieurs n'attendirent pas une charte de leur seigneur pour se former[126] en commune. Elles se firent des officiers, une juridiction et des droits; et lorsqu'on voulut attaquer leurs priviléges, elles ne se défendirent pas en rapportant des chartes, des traités ou des conventions, mais en alléguant la coutume. Elles demandèrent à leur seigneur de représenter lui-même le titre sur lequel il fondoit son droit, et le contraignirent à respecter leur liberté.

Le pouvoir que venoient d'acquérir les bourgeois, loin de nuire à la dignité des fiefs, l'auroit augmentée et affermie, si les seigneurs avoient traité de bonne foi. Le peuple, toujours trop reconnoissant des bontés stériles dont les grands l'honorent, auroit adopté la main qui l'avoit délivré du joug; et trop heureux de servir ses maîtres, il ne seroit devenu plus fort et plus riche que pour leur prêter ses forces et ses richesses. Mais les seigneurs, qui n'étoient humains et justes que par un vil intérêt, en accordant des chartes, laissèrent pénétrer leur dessein de violer leurs engagemens, quand ils le pourroient sans danger. Jaloux des biens qu'une liberté naissante commençoit à produire, ils se repentirent de l'avoir vendue à trop bon marché. Ils chicanèrent continuellement les communes, firent naître des divisions dans la bourgeoisie, ou du moins les fomentèrent, dans l'espérance de recouvrer les droits qu'ils avoient aliénés, et qu'ils vouloient reprendre pour les revendre encore. De là cette défiance des villes qui les porta quelquefois à demander que le roi[127] fût garant des traités qu'elles passoient avec leurs seigneurs. Les craintes de ces communes étoient si vives et si bien fondées, que quelques-unes consentirent même à lui payer un tribut annuel, afin qu'il prît leurs priviléges sous sa protection. Cette garantie des Capétiens devint entre leurs mains un titre pour se mêler du gouvernement des seigneurs dans leurs terres; et ce nouveau droit leur servit à se faire de nouvelles prérogatives, et accréditer les nouveautés avantageuses qu'ils vouloient établir.

Plus les communes prenoient de précautions contre leurs seigneurs, plus elles s'accoutumoient à les regarder comme leurs ennemis, et le devenoient en effet. Ces haines d'abord cachées se montrèrent sans ménagement, après que Philippe-Auguste eut dépouillé Jean-sans-Terre de la plus grande partie de ses domaines. Les seigneurs perdirent alors tout le pouvoir dont les bourgeois s'étoient emparés, parce que les communes ne voulurent plus dépendre que du roi, qu'elles regardoient comme un protecteur désormais assez puissant pour leur conserver les droits qu'elles avoient acquis. Toujours prêtes, sous le plus léger prétexte, à désobéir à leurs seigneurs et à leur nuire, elles favorisèrent en toute rencontre les entreprises du prince, qui avoit le même intérêt d'abaisser les seigneurs. Louis VIII, trompé par son ambition et le dévouement de la bourgeoisie à ses ordres, crut en effet être le maître[128] de toutes les villes où la commune étoit établie, et laissa à ses successeurs le soin de réaliser cette prétention.

Il semble que les milices bourgeoises et le droit de guerre dont les villes jouissoient, auroient dû augmenter les troubles et les désordres de l'état en multipliant les hostilités; au contraire, elles devinrent plus rares. Des bourgeois, occupés de leurs arts et de leur commerce, et qui vraisemblablement n'auroient pu faire des conquêtes que pour le profit de leur seigneur ou du protecteur de leurs droits, ne devoient pas, en sortant de la servitude, devenir ambitieux et conquérans. Favoriser la culture des terres, protéger la liberté des chemins, et les purger des douanes et des brigands qui les infestoient, c'étoit l'unique objet de leur politique. Les forces des communes durent même rendre moins fréquentes les hostilités que les seigneurs faisoient les uns contre les autres. Ceux qui étoient assez puissans pour faire la guerre dans la vue de s'agrandir, durent être moins entreprenans, parce qu'ils ne trouvèrent plus de villes sans défense et qu'il fût aisé de surprendre et de piller. Les difficultés qui se multiplioient, mirent des entraves à leur ambition, en même temps qu'ils avoient besoin d'un plus grand nombre de troupes et de les retenir plus long-temps rassemblées; parce que les opérations de la guerre devenoient plus difficiles et plus importantes, ils pouvoient moins rassembler de soldats, et éprouvoient plus d'indocilité de la part de leurs sujets.

A l'égard des seigneurs d'une classe inférieure, qui ne prenoient les armes que pour butiner, ils ne trouvèrent plus le même avantage à faire cette guerre odieuse. Plus foibles que les communes, ils apprirent à les respecter, ou plutôt à les craindre. Obligés de renoncer à une piraterie qui avoit fait leur principal revenu, ils ne furent plus en état de se fortifier dans leurs châteaux, et le droit de guerre, qui ne devoit servir désormais qu'à leur faire sentir leur foiblesse, leur devint à charge. C'est de cette révolution dans la fortune des seigneurs, que prirent vraisemblablement naissance les appels en déni «déni de justice ou défaute de droit»; au lieu de déclarer la guerre à son suzerain qui refusoit de juger, on aima mieux porter ses plaintes au seigneur dont il relevoit. Cet usage, s'accréditant peu à peu dans les dernières classes des fiefs, fut ensuite avidement adopté par quelques barons qui cherchoient à dégrader la justice de leurs suzerains, et devint enfin sous le règne de Louis VIII une coutume générale du royaume, et contre laquelle les plus grands vassaux même n'osèrent se soulever.

C'est aussi dans ce temps-là, et par les mêmes raisons, que se forma la nouvelle jurisprudence des[129] assuremens; c'est-à-dire, que quand un seigneur craignoit qu'un de ses voisins ne formât quelque entreprise contre lui, il l'ajournoit devant la justice de son suzerain, et le forçoit à lui donner un acte par lequel il s'engageoit à ne lui faire aucun tort ni directement ni indirectement. En violant son assurement, un vassal cessoit d'être sous la protection de son suzerain, qui, pour venger l'honneur de sa justice outragée lui faisoit la guerre de concert avec son ennemi, et le faisoit périr du dernier supplice, s'il se saisissoit de sa personne. Cette première nouveauté en produisit une seconde encore plus favorable à la tranquillité publique. Les barons, toujours attentifs à se faire de nouveaux droits, n'attendirent pas d'en être requis pour ordonner des assuremens. Ils ajournèrent leurs vassaux à leur tribunal, lorsqu'ils voyoient s'élever entre eux quelque sujet de querelle, et les forcèrent à se donner des assuremens réciproques.

Il est un certain bon ordre dont la politique fait peu de cas ; c'est celui qui est plutôt l'ouvrage de la force ou de la foiblesse, que de la raison ou d'une loi fixe qui instruise les citoyens de leurs devoirs, et leur fasse aimer leur situation en la rendant heureuse. Depuis l'établissement des communes et les conquêtes de Philippe-Auguste, le gouvernement féodal produisoit moins de maux sans avoir moins de vices. Toujours sans règle, toujours sans principe de stabilité, toujours abandonné à des coutumes incertaines et inconstantes, il ne falloit encore qu'un prince foible et quelques seigneurs habiles et entreprenans, pour renverser les usages salutaires qui commençoient à s'établir, et pour replonger le royaume dans sa première anarchie. Le gouvernement ressembloit à ces hommes méchans, dont on contraint la liberté, mais dont on ne change pas le caractère, et qui commettront de nouveaux forfaits, s'ils peuvent rompre leurs fers.

Telle étoit la situation des Français, lorsque S. Louis, mieux instruit que ces prédécesseurs des règles que la providence s'impose dans le gouvernement de l'univers, proscrivit des terres de son domaine, l'absurde procédure des duels judiciaires. Il ordonna[130], quel que fût un procès, soit en matière civile, soit en matière criminelle, qu'on prouveroit son droit ou son innocence par des chartes, des titres ou des témoins. Comme il ne fut plus permis de se battre contre sa partie ni contre les témoins qu'elle produisoit, on défendit à plus fortes raisons de défier ses juges et de les appeler au combat. Saint-Louis, cependant, conserva l'ancienne expression «d'appel de faux jugement,» qui désignoit un combat en champ clos, pour signifier la forme nouvelle des appels qu'il établit dans ses justices, et dont les tribunaux ecclésiastiques lui donnèrent l'idée.

La partie qui crut que ses juges ne lui avoient pas rendu justice, appela de leur jugement, mais sans ajouter à son appel aucune expression injurieuse. Le juge respecté par le plaideur, ne descendit plus en champ clos pour lui prouver, parce qu'il étoit brave, qu'il avoit jugé avec équité ; mais toutes les pièces du procès furent portées à un juge supérieur en dignité, qui, après les avoir examinées, cassa ou confirma la sentence. Des prévôts[131], par exemple, que les Capétiens avoient répandus dans les différentes parties de leurs domaines, pour y percevoir leurs revenus, commander la milice du pays et y administrer la justice en leur nom, on appeloit aux baillis, magistrats supérieurs que Philippe-Auguste avoit créés pour avoir inspection sur la conduite des prévôts, lorsqu'il supprima la charge de sénéchal de sa cour; et de ceux-ci on remontoit par un nouvel appel jusqu'au roi.

Malgré quelques inconvéniens toujours inséparables d'un établissement nouveau, et qui portèrent Philippe-le-Bel à autoriser encore le duel judiciaire dans de certains cas où il y avoit de fortes présomptions contre un accusé, sans qu'il fût possible de le convaincre par des témoins, la nouvelle jurisprudence de S. Louis eut le plus grand succès. La piété éminente de ce prince ne permit pas de penser que sa réforme fût une censure de la providence. Tout le monde ouvrit les yeux, et la plupart des seigneurs, étonnés d'avoir été attachés pendant si long-temps à une coutume insensée, adoptèrent dans leurs terres la forme des jugemens qui se pratiquoit dans les justices royales.

Mais en faisant une chose très-sage, et dont les suites devoient être très-utiles à la nation, ils commirent une faute énorme, s'ils ne consultèrent que les intérêts de leur dignité. Il leur étoit facile d'interdire le duel judiciaire, et de conserver en même temps la souveraineté de leurs justices: il ne falloit que ne pas adopter l'usage du nouvel appel dans toute son étendue. S'il étoit raisonnable pour contenir les juges dans le devoir, de les exposer à l'affront de voir réformer leurs jugemens, quand ils auroient mal jugé, ne suffisoit-il pas d'autoriser les parties condamnées à demander, à la cour même qui les auroit jugées, un simple amendement de jugement ou la révision du procès? Cette jurisprudence étoit pratiquée, je ne dis pas au parlement, c'est-à-dire, à la cour féodale du roi, mais à cette espèce de tribunal[132] domestique que S. Louis s'érigea, et où il jugeoit avec ses ministres les appels que les sujets de ses domaines interjetoient des sentences de ses baillis.

Les seigneurs voyant que les justices royales, auparavant souveraines, chacune dans son ressort, n'étoient point avilies par la gradation des appels établis entre elles, et que les baillis armés chevaliers ne regardoient pas comme un affront qu'on examinât et réformât leurs sentences, laissèrent introduire la coutume d'appeler de la cour d'un vassal à celle de son suzerain; et les affaires furent ainsi portées successivement de seigneurs en seigneurs jusqu'au roi, dont on ne pouvoit appeler, parce qu'il étoit le dernier terme de la supériorité féodale. Cette nouvelle forme de procédure étoit moins propre à rendre les juges attentifs et intègres, qu'à vexer les plaideurs en les consumant en frais, et établir dans les tribunaux laïcs des longueurs aussi pernicieuses que celles qu'on éprouvoit dans les cours ecclésiastiques. Si les seigneurs ne comprirent pas que permettre d'appeler graduellement de leurs justices à celle du roi, c'étoit avilir leurs tribunaux, et rendre le roi maître de toute la jurisprudence du royaume; s'ils ne sentirent pas que la souveraineté dont ils jouissoient dans leurs terres, dépendoit de la souveraineté de leurs justices; s'ils ne virent pas que le prince, qui auroit droit de réformer leurs jugemens, les forceroit à juger suivant sa volonté, à se conformer par conséquent dans leurs actions aux coutumes qu'il voudroit accréditer, et deviendroit enfin leur législateur, c'est un aveuglement dont l'histoire, il faut l'avouer, n'offre que très-peu d'exemples. Il est vraisemblable qu'ils ne prévirent rien; car ils n'auroient pas consenti à sacrifier leur puissance au bien public.

Il est nécessaire, en finissant ce livre, de rechercher les différentes causes qui contribuèrent à cette révolution, d'autant plus extraordinaire, que ses progrès ne furent point successifs, mais si prompts et si généraux, que sous le règne de Philippe-le-Hardy, les justices des plus puissans vassaux de la couronne ressortissoient déjà à la cour du roi. On ne sauroit en douter, le temps nous a conservé des[133] lettres patentes de ce prince, qui prouvent le droit de ressort qu'il exerçoit sur les tribunaux mêmes d'Edouard I, roi d'Angleterre et duc d'Aquitaine.

Avant le règne de S. Louis, les justices des seigneurs avoient déjà éprouvé plusieurs changemens considérables. Sans répéter ici ce que j'ai dit des entreprises du clergé, de l'indifférence avec laquelle on les vit d'abord, et des efforts inutiles qu'on fit dans la suite pour les réprimer; les barons[134], dans quelques provinces, n'étoient plus obligés de prêter des juges à ceux de leurs vassaux qui n'avoient pas assez d'hommes de fief pour tenir leur cour; ou ne permettoient pas que ces seigneurs d'une classe inférieure procédassent dans leurs terres au duel judiciaire. Quelques barons au contraire avoient tellement négligé leur justice, qu'ils n'avoient plus la liberté d'y présider; et d'autres, dans la crainte qu'on ne faussât leur jugement, avoient pris l'habitude d'appeler à leurs assises des juges de la cour du roi, que par respect il n'étoit pas permis de défier au combat, depuis que la prérogative royale avoit commencé à faire des progrès.

Les pairs mêmes du royaume avoient reconnu l'appel en défaute de droit; et il est encore certain qu'en Normandie on appeloit des justices des seigneurs à la cour de l'échiquier, lorsque les procès n'étoient pas jugés par la voie du combat; et on n'avoit point recours au duel judiciaire, quand il s'agissoit d'un fait notoire et public, ou qu'il n'étoit question que d'un point de droit dont plusieurs jugemens avoient déjà réglé la jurisprudence. Cette variété dans les coutumes les affoiblissoit toutes, et aucune révolution ne doit paroître ni extraordinaire ni dangereuse, quand les esprits ne se sont attachés à aucun principe uniforme et général.

Les seigneurs devoient être fort éloignés d'établir dans leurs justices féodales l'amendement du jugement dont je viens de parler; parce que cette procédure n'avoit été en usage que pour les[135] roturiers. En l'adoptant pour eux-mêmes, ils auroient cru déroger à leur dignité. Nous qui croyons aujourd'hui que la magistrature, l'emploi sans doute le plus auguste parmi les hommes, ne peut honorer que des bourgeois, excusons nos pères d'avoir pensé que la jurisprudence des bourgeois déshonoreroit des gentilshommes faits pour se battre. S. Louis condamna à une amende[136] envers le premier juge, les parties qui seroient déboutées de leur appel; l'appas étoit adroit; et la plupart des seigneurs, trompés par l'espérance d'avoir des amendes, furent les dupes de leur avarice. Si quelques-uns plus clair-voyans, ou moins dociles que les autres, voulurent conserver la souveraineté de leurs justices, ce prince, toujours conduit par ses bonnes intentions, ne se fit point un scrupule de les contraindre[137] à reconnoître l'appel de leurs tribunaux aux siens.

La bataille de Taillebourg consomma l'ouvrage. S. Louis victorieux pouvoit peut-être chasser Henri III de l'Aquitaine et des autres provinces qu'il possédoit encore en-deçà de la mer, et il lui accorda la paix, en restituant le Limousin, le Quercy, le Périgord, &c. On regarde communément ce traité comme une preuve des plus éclatantes de la piété, de la justice et de la générosité de S. Louis, et je crois qu'on a raison. Mais si ce prince eût eu la réputation d'être plus politique que bon chrétien, peut-être que cette générosité ne passeroit que pour le sage procédé d'un intérêt bien entendu. La restitution que fit S. Louis ne lui valut pas l'amitié du roi d'Angleterre, comme il s'en étoit flatté, mais elle lui soumit ce prince. Henri reconnut les appels; cet exemple en imposa à la vanité de la nation, et aucun seigneur n'osa affecter une indépendance dont un aussi puissant vassal que Henri III ne jouissoit plus dans ses domaines.

Fin du livre troisième.

OBSERVATIONS
SUR
L'HISTOIRE DE FRANCE.

LIVRE QUATRIÈME.

CHAPITRE PREMIER.

Des changemens survenus dans les droits et les devoirs respectifs des suzerains et des vassaux. —— Progrès de la prérogative royale jusqu'au règne de Philippe-le-Hardi.

Quoique le gouvernement féodal fût menacé d'une ruine prochaine par l'établissement des communes, les conquêtes de Philippe-Auguste et la jurisprudence des appels, les barons croyoient leur fortune plus affermie que jamais : ils se faisoient aisément illusion, parce qu'ils avoient conservé leur droit de guerre ; et qu'ayant abusé de leurs forces, ils étendirent et multiplièrent leurs droits sur leurs vassaux, pendant que le roi augmentoit sa prérogative.

OBSERVATIONS
SUR
L'HISTOIRE DE FRANCE.

LIVRE QUATRIÈME.

CHAPITRE PREMIER.

Des changemens survenus dans les droits et les devoirs respectifs des suzerains et des vassaux.—Progrès de la prérogative royale jusqu'au règne de Philippe-le-Hardi.

QUOIQUE le gouvernement féodal fût menacé d'une ruine prochaine par l'établissement des communes, les conquêtes de Philippe-Auguste et la jurisprudence des appels, les barons croyoient leur fortune plus affermie que jamais: ils se faisoient aisément illusion, parce qu'ils avoient conservé leur droit de guerre; et qu'ayant abusé de leurs forces, ils étendirent et multiplièrent leurs droits sur leurs vassaux, pendant que le roi augmentoit sa prérogative. Quand Louis VIII monta sur le trône, les baronies, les seigneuries qui en relevoient immédiatement, et les fiefs d'un ordre inférieur, n'étoient plus soumis les uns à l'égard des autres aux simples coutumes dont j'ai rendu compte dans les premiers chapitres du livre précédent. Cette loyauté et cette protection que les suzerains devoient à leurs vassaux, avoient été de toutes les coutumes féodales les plus méprisées. Si on parloit encore quelquefois le même langage sous le règne de S. Louis, ce n'étoit que par habitude, et pour ne pas effaroucher les seigneurs qu'on vouloit assujettir.

On a déjà vu que les hauts-justiciers cessèrent de prêter des juges à ceux de leurs vassaux qui n'avoient pas assez d'hommes pour tenir leurs assises; et cette nouveauté dut anéantir une foule de justices féodales. Le duel judiciaire ne se tint plus que dans les cours des barons; et le droit de[138] prévention qu'ils s'attribuèrent en même-temps sur les justices de leurs vassaux, à l'égard des délits dont elles avoient pris jusqu'alors connoissance, en dégrada les tribunaux, et les laissa en quelque sorte sans autorité. Enfin, la jurisprudence des assuremens inspira un tel orgueil aux barons, qu'accoutumés à parler en maîtres dans leurs justices, ils ne firent plus ajourner leurs vassaux que par de simples sergens. C'étoit les insulter, et révolter tous les préjugés du point d'honneur. Quand une injure devient un droit de sa dignité, et qu'on est parvenu à ne plus respecter l'opinion publique, il n'y a point d'excès auxquels on ne puisse se porter: aussi les seigneurs qui tenoient leurs terres en baronie, se firent-ils tous les jours de nouvelles prérogatives.

Un baron, sous le règne de S. Louis, pouvoit déjà s'emparer du château de son vassal, y renfermer ses prisonniers, et y mettre garnison pour faire la guerre avec plus d'avantage à ses ennemis, ou sous le prétexte souvent faux de défendre le pays. Si ce vassal possédoit quelque portion d'héritage qui fût à la bienséance de son suzerain, on ne le forçoit pas à la vendre, mais il étoit obligé de consentir à un échange. Il ne fut plus le maître d'aliéner une partie de sa terre pour former un fief. Il ne lui fut pas même permis d'accorder des priviléges à ses sujets, ou d'affranchir un serf de son domaine, sans le consentement de son suzerain, parce que c'eût été diminuer, ou, selon l'expression de Beaumanoir, «apeticer son fief.» On imagina les droits de rachat de lods et ventes; et sur le faux principe que tous les fiefs avoient été dans leur origine autant de bienfaits du seigneur dont ils relevoient, il parut convenable d'exiger des subsides de ses vassaux, ou du moins de lever une aide sur les habitans de leur fief, lorsque le suzerain armoit son fils aîné chevalier, marioit sa fille aînée, ou qu'étant prisonnier de guerre, il falloit payer sa rançon. Les barons s'arrogèrent sur les fiefs qui relevoient d'eux, un certain droit d'inspection qui donna naissance à la coutume appelée la garde noble. Les mineurs leur abandonnèrent en quelque sorte la jouissance de leurs terres, pour les payer d'une prétendue protection qui étoit dégénérée en une vraie tyrannie. Si le vassal ne laissoit qu'une héritière de ses biens, le suzerain pouvoit exiger qu'on ne la mariât pas sans son consentement, ou du moins sans son conseil.

Ce qui avoit principalement contribué à l'agrandissement de la puissance des barons, c'est que leur seigneurie n'étant point sujette à aucun[139] partage, passoit en entier au fils aîné; et que les terres qui en relevoient, se divisoient au contraire en différentes parties pour former des apanages à tous les enfans. Dans un temps où la force et les richesses décidoient de tout, les barons étoient toujours également riches et également puissans, tandis que leurs vassaux devenoient de jour en jour plus pauvres et plus foibles; ils devoient donc enfin parvenir à s'en rendre les maîtres. Les terres assujetties au démembrement pour doter les cadets, avoient conservé leur dignité et leurs droits, tant que les portions qui en furent détachées, continuèrent à en être autant de fiefs, et durent remplir à leur égard les devoirs du vasselage. Par-là le seigneur principal se trouvoit en quelque sorte dédommagé des partages que sa terre avoit soufferts, et s'il perdit une partie de son revenu, il conserva ses forces. Mais quelques cadets jaloux, selon les apparences, de la fortune de leur frère aîné, prétendirent bientôt ne lui devoir aucun service pour les parties qui composoient leurs apanages; ils lui refusèrent la foi et l'hommage, consentirent simplement de contribuer pour leurs parts au service que la terre entière devoit à son suzerain, et leur prétention devint bientôt un droit certain.

Les parties démembrées d'une seigneurie n'auroient dû jouir de cette indépendance, qu'autant qu'elles auroient été possédées par des frères du principal seigneur, puisque l'égalité que la naissance a mise entre des frères, avoit servi de prétexte pour établir cette égalité contraire aux maximes féodales; mais la coutume en ordonna autrement. Les enfans des cadets apanagés voulurent conserver le même privilége que leurs pères; et leurs possessions ne cessèrent en effet d'être tenues en parage, comme on parloit alors, ou ne commencèrent à être tenues en frérage, c'est-à-dire, à redevenir des fiefs de la terre dont elles avoient été séparées, que dans trois cas seulement: si elles passoient dans une famille étrangère; lorsque leur possesseur en prêtoit hommage à quelque seigneur étranger sous le consentement de celui dont il étoit parageau; ou quand les degrés de parenté finissoient entre les branches qui avoient fait le partage.

Cette coutume s'accrédita en peu de temps, soit parce qu'il y avoit plus de cadets que d'aînés, soit parce que les barons cherchoient avec soin à affoiblir les fiefs qui relevoient d'eux, pour y faire reconnoître plus aisément les droits qu'ils affectoient. Elle seroit même devenue générale, si pendant le règne de Philippe-Auguste, il ne s'en étoit établi une encore plus dure dans quelques provinces. Toutes les parties qui furent démembrées d'une terre, quelle que fût la cause de ce démembrement, devinrent des fiefs immédiats de la seigneurie à laquelle la terre, dont elles étoient détachées, devoit la foi et l'hommage.

Les barons continuoient toujours à étendre et multiplier leurs prérogatives, sans s'apercevoir que les forces du prince, qui étoient considérablement augmentées, le mettroient bientôt en état de se faire contre eux un titre de leurs usurpations, et de les contraindre à reconnoître en lui la même autorité qu'ils avoient obligé leurs vassaux de reconnoître en eux. Telle doit être la marche des événemens dans une nation où le droit public, loin d'être fondé sur les lois de la nature et des règles fixes, n'a d'autre base que des exemples et des coutumes mobiles et capricieuses. En effet, S. Louis employa contre les barons la même politique dont ils s'étoient servis contre leurs vassaux. Ce prince se hâta de les affoiblir et de les dégrader, en autorisant l'abus naissant qui tendoit à assujettir leurs terres au partage, de même que celles d'un ordre inférieur. On publia que les portions qui en seroient détachées par des partages[140] de famille, seroient elles-mêmes des baronies. Le roi s'arrogea le droit d'en conférer le titre à de simples seigneuries; et il suffit enfin qu'un seigneur eût dans sa terre un péage ou un marché, pour être réputé baron.

Parce que les Capétiens avoient été requis de donner leur garantie à quelques chartes des communes, et qu'en conséquence ils avoient pris sous leur protection quelques communautés de bourgeois, ils l'accordèrent à d'autres avant qu'on la leur demandât. Ils imaginèrent ensuite avoir une autorité particulière sur les villes de leurs barons; et pour rendre incontestable ce droit équivoque et contesté, ils se firent une prétention encore plus importante. Ils essayèrent de débaucher, ou plutôt de s'approprier quelques-uns des sujets de leurs vassaux, par ces fameuses lettres de[141] sauve-garde dont il est si souvent parlé dans nos anciens monumens, et qui, en exemptant ceux à qui elles avoient été accordées, de reconnoître la juridiction du seigneur dans la terre duquel ils avoient leur domicile et leurs biens, limitoient de toutes parts la souveraineté des seigneurs dans leurs propres seigneuries, et donnoient de nouveaux sujets au roi dans toute l'étendue du royaume.

Cette nouvelle prérogative passa à la faveur d'un droit encore plus extraordinaire que le prince acquit, et qui, dans un état moins mal administré, auroit troublé tout l'ordre des justices, et rendu les tribunaux inutiles; mais qui dans l'anarchie où les Français vivoient, devoit les préparer à la subordination, et contribuer à établir une sorte de règle et une espèce de puissance publique. Il suffisoit qu'un homme à qui on intentoit un procès, déclarât qu'il étoit sous la garde du roi, pour que les juges royaux fussent saisis de l'affaire, jusqu'à ce que les juges naturels eussent prouvé la fausseté de cette allégation. Enfin, tout homme ajourné devant une justice royale, fut obligé d'y comparoître, quoiqu'il n'en fût pas justiciable; et il ne pouvoit plus décliner cette juridiction, si malheureusement il avoit fait quelque réponse qui donnât lieu au juge de présumer que le procès étoit entamé à son tribunal.

Pour faciliter les appels auxquels les seigneurs avoient eu la complaisance de consentir, S. Louis changea tout l'ordre établi par son aïeul dans les baillages royaux. La juridiction des baillis n'avoit embrassé que les domaines du prince, elle s'étendit alors sur tout le royaume. On assigna à chacun de ces officiers des[142] provinces entières, d'où on devoit porter à leur tribunal les appels interjetés des justices seigneuriales. Ces magistrats, dont la puissance, suspecte à tous les barons, se trouvoit si considérablement accrue, devinrent les ennemis les plus implacables des seigneurs compris dans leur ressort. Ils jugèrent conformément aux intérêts du roi et de leur tribunal. Les exemples ayant toujours l'autorité que doivent avoir les seules lois, à peine un bailli avoit-il fait une entreprise contre les droits de quelque seigneur, qu'il étoit imité par tous les autres. Une prérogative nouvellement acquise étoit pour eux un titre suffisant pour en prétendre une nouvelle. Il n'y eut aucune affaire dont ils ne voulussent prendre connoissance, ils établirent qu'il y avoit des cas[143] royaux, c'est-à-dire, des cas privilégiés qui appartenoient de droit aux seules justices royales; ou plutôt, ils imaginèrent qu'il devoit y en avoir, et n'en désignèrent aucun.

D'abord les cas royaux varièrent, diminuèrent ou se multiplièrent dans chaque province, suivant que les circonstances furent plus ou moins favorables aux entreprises des baillis. L'autorité royale, qui ne s'étoit pas fait un système plus suivi d'agrandissement que les barons dans le cours de leurs usurpations, n'obtenoit que ce qu'elle pouvoit prendre par surprise de côté et d'autre, et en employant plutôt la ruse et la patience que la force. Tel seigneur, parce qu'il étoit timide, ou qu'il ressortissoit à un bailli adroit et entreprenant, voyoit presque anéantir sa juridiction et sa seigneurie; tandis qu'un autre plus hardi et plus habile, qui n'avoit affaire qu'à un bailli moins intelligent, les conservoit toutes entières: chaque jour le nombre des cas royaux augmenta, mais le grand art de la politique de ce temps-là fut de n'en jamais définir la nature, pour se conserver un prétexte éternel de porter de nouvelles atteintes à la justice des barons. Louis X lui-même ayant été supplié long-temps, par les seigneurs de Champagne, de vouloir bien enfin, s'expliquer sur ce qu'il falloit entendre par les cas royaux, répondit mystérieusement qu'on appeloit ainsi, «tout ce qui, par la coutume, ou par le droit, peut et doit appartenir exclusivement à un prince souverain.»

Les barons inquiétés par les baillis succombèrent enfin, sous l'autorité du roi, dès que leurs vassaux se trouvèrent autorisés à porter à sa cour[144] les plaintes qu'ils pourroient former contre eux, au sujet des droits ou des devoirs des fiefs. Ces seigneurs, d'une classe inférieure, regardèrent le prince comme leur protecteur contre la tyrannie des barons; et ceux-ci, qui n'étoient plus en état de défendre les restes languissans de leur souveraineté, se hâtèrent d'acheter par des complaisances, la faveur de leur juge. Ils devinrent dociles à son égard, pour qu'il leur fût permis d'être injustes à celui de leurs vassaux; et l'autorité royale fit subitement des progrès si considérables, que l'on commença à croire que S. Louis, pour me servir de l'expression de Beaumanoir, «étoit souverain[145] par-dessus tous;» c'est-à-dire, avoit la garde des coutumes, dans toute l'étendue du royaume, et le droit de punir les seigneurs qui les laissoient violer dans leurs terres. En conséquence de cette doctrine, Philippe-le-Hardi eut, en montant sur le trône, le droit exclusif d'établir de nouveaux marchés dans les bourgs, et des communes dans les villes. Il régla tout ce qui concernoit les ponts, les chaussées, et généralement tous les établissemens qui intéressent le public.

Les grands vassaux de la couronne auroient dû protéger les barons, dont la fortune servoit de rempart à la leur. Plus ceux-ci seroient grands, moins les autres, qui leur étoient supérieurs en dignité et en force, auroient craint l'accroissement de la puissance royale. Ils auroient trouvé des alliés puissans contre le prince; mais travaillant, au contraire, à humilier leurs propres barons, ils sentirent, à leur tour, le contre-coup de toutes les pertes qu'avoient faites les baronies. Ils furent exposés aux entreprises des baillis, que leurs succès rendoient tous les jours plus inquiets et plus hardis. On exigea d'eux les mêmes devoirs auxquels les barons étoient soumis. On commença par attaquer leurs droits les moins importans, ou du moins ceux dont ils paroissoient les moins jaloux; et aimant mieux faire de légers sacrifices, que de s'exposer aux dangers de la guerre, avec des forces inégales, leur souveraineté fut insensiblement ébranlée et entamée de toutes parts.

CHAPITRE II.

De la puissance législative attribuée au roi.—Naissance de cette doctrine, des causes qui contribuèrent à ses progrès.

Depuis les révolutions arrivées dans les coutumes anarchiques des fiefs, on ne peut se déguiser que la France ne fût beaucoup moins malheureuse, qu'elle ne l'avoit été avant le règne de Philippe-Auguste. A mesure qu'une subordination plus réelle s'étoit établie, les désordres devenus plus rares, avoient des suites moins funestes. Par combien d'erreurs, les hommes sont-ils condamnés à passer, pour arriver à la vérité! De combien de maux n'est pas semé le chemin long et tortueux qui conduit au bien! Les Français établis dans les Gaules, depuis sept siècles, étoient parvenus à oublier ces premières notions de société et d'ordre, que leurs pères avoient eues dans les forêts même de la Germanie. Lassés enfin, de leurs dissensions domestiques, ils commencèrent sous le règne de Louis VIII à soupçonner qu'il étoit nécessaire d'avoir dans l'état, une puissance qui en mût, resserrât et gouvernât, par un même esprit, toutes les parties diverses. Ce prince fit quelques règlemens généraux; mais il se garda bien de prendre la qualité et le ton d'un législateur, il auroit révolté tous les esprits. Ses prétendues ordonnances ne sont, à proprement parler, que des traités[146] de ligue et de confédération, qu'il passoit avec les prélats, les comtes, les barons et les chevaliers qui s'étoient rendus aux assises de sa cour.

S. Louis suivit cet exemple dans les premières années de son règne; mais la confiance qu'inspirèrent ses vertus, contribua, sans doute, beaucoup à faire penser, par quelques personnes plus éclairées et plus sages que leur siècle, qu'il ne suffisoit pas que ce prince fût le gardien et le protecteur des coutumes du royaume. Rien, en effet, n'étoit plus absurde que d'avoir une puissance exécutrice, avant que d'avoir établi une puissance législative. Il falloit des lois, pour qu'on pût obéir, parce que sans législateur, rien n'est fixe, et que, par leur nature, les coutumes toujours équivoques, incertaines et flottantes, obéiront invinciblement à mille hasards et à mille événemens contraires, qui doivent sans cesse les altérer. Quand le prince auroit réussi à donner une sorte de stabilité aux coutumes, quel auroit été le fruit de sa vigilance? Le royaume retenu dans son ignorance et sa barbarie, auroit continué à éprouver les mêmes malheurs. Puisque tous les ordres de l'état étoient mécontens de leur situation, il falloit donc la changer. Ce sentiment confus, dont on n'étoit pas encore en état de se rendre raison, faisoit entrevoir le besoin d'un législateur, qui, au lieu de maintenir simplement les coutumes, fût en droit de corriger et d'établir à leur place des lois certaines et invariables. Beaumanoir n'ose pas dire que le prince ait entre les mains la puissance[147] législative; soit que ses idées ne fussent pas assez développées sur cette matière, soit qu'il craignît d'offenser les barons, dont il reconnoît encore la souveraineté, il se contente d'insinuer que le roi peut faire les lois qu'il croit les plus favorables au bien général du royaume, et se borne à conseiller d'y obéir, en présumant qu'elles sont l'ouvrage d'une sagesse supérieure.

Pour favoriser cette opinion naissante, S. Louis eut la prudence, en hasardant des lois générales, de ne proscrire d'abord que les abus dont le monde se plaignoit. Tous ses règlemens sont sages, justes et utiles au bien commun. En tentant une grande entreprise, il ne se pique point de vouloir la consommer. Il corrige sa nation en ménageant ses préjugés. Au lieu de chercher à faire craindre son pouvoir, il le fait aimer. Il eut l'art d'intéresser à l'acceptation de ses règlemens, les seigneurs qui auroient pu s'y opposer; il leur abandonna les amendes[148] des délits qui seroient commis dans leurs terres. Cette conduite prudente et modérée de la part de S. Louis, fut un trait de lumière pour toute la nation; puisse-t-elle servir de modèle à tous les princes, et leur apprendre combien ils sont puissans, quand ils gouvernent les hommes par la raison! On sentit davantage la nécessité de la puissance législative, et le vœu public alloit bientôt la placer dans les mains du prince.

Le clergé, qui croyoit gagner beaucoup si le gouvernement féodal, c'est-à-dire, l'empire de la force et de la violence étoit entièrement détruit, travailla avec succès à développer la doctrine que Beaumanoir osoit à peine montrer. Les évêques reprirent, au sujet de la royauté, leur ancienne opinion,[149] qu'ils avoient oubliée pendant qu'ils faisoient les mêmes usurpations que les seigneurs laïcs. Ce fut en suivant une sorte de système, qu'ils travaillèrent à humilier les seigneurs: ils ne songèrent pas à devenir plus forts qu'eux, ils ne vouloient que les rendre foibles et dociles.

Mais rien ne contribua davantage à conférer au roi la puissance législative, que la révolution occasionnée par la nouvelle jurisprudence des appels établis par S. Louis, et dont j'ai déjà eu occasion de faire entrevoir les suites par rapport à la souveraineté des seigneurs dans leurs terres.

La proscription du duel judiciaire exigeoit nécessairement de nouvelles formalités dans l'ordre de la procédure. Les magistrats durent entendre des témoins, consulter des titres, lire des chartes et des contrats; il fallut penser, réfléchir, raisonner; et les seigneurs, dont les plus savans savoient à peine signer leur nom, devinrent incapables et se dégoûtèrent de rendre la justice. Dans ce même parlement, où, sous le règne de Louis VIII, on avoit contesté au chancelier, au boutillier, au connétable et au chambellan du roi, le droit d'y prendre séance et d'opiner dans les procès des pairs, il fallut admettre sous celui de Philippe-le-Hardi, des hommes[150] qui n'avoient d'autres titres que de savoir lire et écrire, et que la routine des tribunaux ecclésiastiques mettoit en état de conduire, selon de certaines formalités, la procédure qui s'établissoit dans les tribunaux laïcs. Au parlement de 1304,[151] ou de l'année suivante, on trouve encore dans la liste des officiers qui le composoient, plusieurs prélats, plusieurs barons et des chevaliers distingués par leur naissance, qui avoient la qualité de conseillers-jugeurs. Mais quoiqu'ils parussent posséder toute l'autorité de cette cour, puisqu'ils en faisoient seuls les arrêts, ils n'y avoient cependant qu'un crédit très-médiocre.

Les conseillers-rapporteurs, hommes choisis dans l'ordre de la bourgeoisie, ou parmi les ecclésiastiques d'un rang subalterne, n'étoient entrés dans le parlement que pour préparer, instruire et rapporter les affaires. Quoiqu'ils n'eussent pas voix délibérative, ils étoient cependant les vrais juges; ils dictoient les avis et les jugemens d'une cour qui ne voyoit que par leurs yeux, et ces rapporteurs qui, par la nature de leur emploi, étoient l'ame du parlement, ne tardèrent pas à s'en rendre les maîtres. Ces magistrats, qui donnèrent naissance à un état nouveau de citoyens, que nous appelons la robe, arrachèrent à la noblesse, une fonction à laquelle elle devoit son origine, et qui avoit fait sa grandeur. Les évêques mêmes les gênèrent, et sous prétexte que la résidence dans leurs diocèses, étoit un devoir plus sacré pour eux, que l'administration de la justice, ils les écartèrent, et ne leur permirent plus de siéger[152] parmi eux.

Il étoit aisé aux seigneurs de sentir combien ils devoient perdre à n'être plus leurs propres juges. Peut-être le comprirent-ils; mais ne leur restant, dans leur extrême ignorance, aucun moyen d'empêcher une révolution nécessaire, ils imaginèrent, pour se consoler, que l'administration de la justice, réduite à une forme paisible et raisonnable, étoit un emploi indigne de leur courage. La naissance roturière des premiers magistrats de robe avilit, si je puis parler de la sorte, la noblesse de leurs fonctions; et cette bizarrerie, presque inconcevable, a établi un préjugé ridicule qui subsiste encore dans les grandes maisons, et que les bourgeois anoblis ont adopté par ignorance ou par vanité. Si les seigneurs n'étoient plus en état d'être les ministres et les organes de la justice, il semble que ceux qui, par la dignité de leurs fiefs, étoient conseillers de la cour du roi, auroient dû s'arroger le droit de nommer eux-mêmes des délégués pour les représenter, exercer le pouvoir qu'ils abandonnoient, et juger en leur nom. S'ils avoient pris cette précaution, ils auroient donné un appui considérable au gouvernement féodal, ébranlé de toutes parts, et menacé d'une ruine prochaine. Heureusement ils n'y pensèrent pas; et en laissant au roi, comme par dédain, la prérogative de nommer à son gré les magistrats du parlement, ils lui conférèrent l'autorité la plus étendue.

Les gens de robe tinrent leurs offices du prince, et ne les possédoient pas à vie;[153] car à la tenue de chaque parlement, le roi en nommoit les magistrats. Le désir de plaire, de faire leur cour, et de conserver leur place dans le prochain parlement, devoit donc les porter à étendre l'autorité royale. D'un autre côté, le mépris injuste que leur marquoient des seigneurs qui se faisoient encore la guerre et se piquoient d'être indépendans, les irrita. Ces sentimens déguisés sous l'amour du bien public et dont peut-être ils ne se rendoient pas compte, parurent devenir le mobile de leur conduite; ils regardèrent la nation comme un peuple de révoltés, qui avoit secoué l'autorité sous des règnes foibles, et qu'il falloit contraindre à se courber encore sous le joug des lois.

Ils se firent une maxime de n'avoir aucun égard pour les immunités, les droits et les priviléges autorisés par l'anarchie des fiefs. Ils firent tous les jours des titres au roi par leurs arrêts; ces titres augmentoient les droits de la couronne; ces nouveaux droits augmentoient à leur tour la force qui leur étoit nécessaire pour ôter aux seigneurs leur droit de guerre, et à laquelle rien ne devoit résister, dès qu'elle se feroit suivre, ou plutôt précéder par les formalités de la justice. Au lieu d'effaroucher, la force calme alors les esprits, et chaque événement prépare à voir sans trouble l'événement plus extraordinaire qui doit le suivre. Non-seulement le nouveau parlement, ou pour mieux m'exprimer, les nouveaux magistrats du parlement, autorisèrent toutes les entreprises des baillis et des sénéchaux; ils en firent continuellement eux-mêmes sur les grands vassaux, et Louis Hutin fut obligé de modérer[154] leur zèle.

Les magistrats, pleins de subtilités et des idées de subordination qu'on prenoit dans les cours ecclésiastiques, ne lisoient pour tout livre que la bible et le code de Justinien, que S. Louis avoit fait traduire. Ils appliquèrent à la royauté des Capétiens tout ce qui est dit dans l'écriture de celle de David et de ses descendans; où, d'après le pouvoir que les lois romaines donnent aux empereurs, ils jugèrent de l'autorité que devoit avoir un roi[155] de France; on ne savoit pas que chaque nation a son droit public, tel qu'elle veut l'avoir, et cette ignorance même fut utile au progrès du gouvernement, et contribua à développer, étendre et perfectionner les idées que la nation commençoit à se faire sur la puissance législative.

A la naissance même du crédit qu'eurent les gens de robe, on découvre déjà le germe et les principes de ce système, que les jurisconsultes postérieurs ont développé dans leurs écrits. On distingua dans la personne du prince deux qualités différentes, celle de roi et celle de seigneur suzerain. La majesté royale et le pouvoir qui y est attaché, sont, a-t-on dit, toute autre chose que la suzeraineté. L'autorité du seigneur ne s'étend que sur le vassal; mais celle du roi s'étend également sur tout ce qui est compris dans l'étendue de son royaume. On imagina que toutes les expressions anciennes dont on s'étoit servi pour exprimer la souveraineté d'un seigneur dans ses terres, n'étoient que des expressions impropres, abusives ou figurées, qui ne devoient être prises dans toute l'étendue de leur signification qu'à l'égard du roi, considéré comme roi: lequel, ajoutoit-on, ne pouvoit jamais être privé de la juridiction royale, parce que cette juridiction constitue l'essence de la royauté, et n'en peut être séparée sans sa destruction.

Il subsistoit encore plusieurs alleux,[156] ou seigneuries allodiales, dans l'étendue du royaume; et ces terres dont les possesseurs, ainsi que je l'ai dit, ne relevoient que de Dieu et de leur épée, virent disparoître leur indépendance devant les raisonnemens des nouveaux magistrats. Si Philippe-le-Bel et ses fils, en qualité de suzerains, ne contraignirent pas ces seigneurs à leur prêter hommage, ils les forcèrent du moins, comme rois, à reconnoître leur juridiction. Ces princes perçurent dans les alleux, les amendes et les droits d'amortissement et de franc-fief, de même que dans les terres qui relevoient d'eux. Ces alleux, en un mot, n'eurent plus d'autres priviléges que ceux des simples baronies dont la dignité étoit dégradée. Les justices royales, en les comprenant dans leur ressort, les dépouillèrent en peu de temps de leurs principales prérogatives, et préparèrent l'établissement de cette maxime aujourd'hui fondamentale, «qu'il n'y a point en France de terre sans seigneur.»

Avant Philippe-le-Bel, on n'avoit connu à l'égard du roi que le crime de félonie; sous son règne, on commença à parler du crime de lèze-majesté. Les seigneurs réclamoient-ils les anciennes coutumes des fiefs? on leur opposoit l'autorité royale. Vouloient-ils se défendre contre le prince? on faisoit valoir les droits du suzerain. Quelque peu exacts que fussent les raisonnemens des gens de lois, leur doctrine produisit alors un effet salutaire en France. Il y a peut-être en politique des circonstances où il faut viser au-delà du but pour y atteindre. Si les nouveaux magistrats pensèrent que la loi ne doit jamais être contraire aux intérêts personnels du prince, c'est sans doute une erreur, et cette erreur peut avoir les suites les plus funestes pour la société. S'ils dirent que les vassaux étoient sujets, et que les sujets ne peuvent jamais avoir aucun droit à réclamer contre le prince, ils sapoient les fondemens de l'autorité des loix, en voulant établir une puissance législative. S'ils ajoutèrent que c'étoit un sacrilége de désobéir au prince, ils confondoient, sous une même idée, des délits d'une nature différente. Mais peut-être avoit-on besoin de ces principes outrés pour adoucir les mœurs et tempérer cet esprit d'indépendance, de fierté et de révolte qui formoit encore le caractère de la nation. Quoi qu'il en soit des opinions nouvelles et des préjugés anciens, il résulta un ordre de choses tout nouveau. Philippe-le-Bel devint législateur, mais n'osa pas en quelque sorte user du droit de faire des loix. On convenoit qu'il avoit la puissance législative dans les mains, mais tout l'avertissoit de s'en servir avec circonspection, et de faire des sacrifices à ses sujets.

CHAPITRE III.

Examen de la politique de Philippe-le-Bel.—Par quels moyens il rend inutile le droit de guerre des seigneurs, le seul des quatre appuis du gouvernement féodal qui subsistât, et qui les rendoit indociles.—Origine des états-généraux.—Ils contribuent à rendre le prince plus puissant.

UN roi capable de s'élever au-dessus des erreurs que le gouvernement féodal avoit fait naître, de connoître les devoirs de l'humanité, l'objet et la fin de la société, et, pour tout dire en un mot, la véritable grandeur du prince et de sa nation, auroit pu, dans les circonstances où se trouvoit Philippe-le-Bel, rendre son royaume heureux et florissant. Les esprits éclairés par une longue expérience de malheurs, commençoient, comme on vient de le voir, à sentir la nécessité d'avoir des lois; et après les progrès que l'autorité royale avoit faits, il ne falloit plus qu'être juste pour former un gouvernement sage et régulier. Je n'ose point entrer dans le détail des institutions qu'on auroit pu établir, et qui, étant analogues aux mœurs et au génie des Français, auroient concilié la puissance du prince avec la liberté de sa nation; j'écris la forme qu'a eue notre gouvernement, et non pas celle qu'il auroit dû avoir. Mais la France, qui avoit besoin d'un Charlemagne, ou du moins d'un nouveau S. Louis, vit monter sur le trône un roi ambitieux, dissimulé, toujours avide de richesses, toujours ardent à se faire quelque droit nouveau, toujours occupé de ses intérêts particuliers: tel étoit Philippe-le-Bel.

Avec de pareilles dispositions, ce prince devoit être bien éloigné de penser que le droit de faire des lois, dont il se trouvoit revêtu, dût être employé à faire le bonheur public. Croyant mal habilement que le législateur doit d'abord songer à ses intérêts personnels, et voyant d'un autre côté les seigneurs pleins d'idée de leur souveraineté, toujours armés, et jaloux de leur droit de guerre, que S. Louis avoit modifié et diminué, et non pas détruit, il pensa qu'ils n'obéiroient à ses loix que malgré eux, et que l'état seroit ébranlé par les troubles qu'y causeroit leur indocilité. Pour prévenir ces révoltes, et affermir dans les mains du prince la puissance législative, il suffisoit de faire parler la raison et la justice dans les loix; mais Philippe-le-Bel préféra le moyen moins sûr d'humilier encore ses vassaux, et de leur ôter le pouvoir de lui résister.

Ne former en apparence aucun plan suivi d'agrandissement, en profitant cependant de toutes les occasions de s'agrandir; ne faire jamais d'entreprise générale et uniforme; ménager les seigneurs en accablant le peuple, et encourager ensuite les bourgeois à se soulever contre la noblesse; flatter les laïcs pour attaquer la liberté et les droits du clergé; créer des priviléges nouveaux dans une province, et détruire dans une autre les anciens; ici, brouiller les seigneurs ou nourrir leur jalousie, là, offrir sa médiation, et, sous prétexte du bien public et de la paix, affoiblir les deux partis; exciter en secret les baillis à faire des entreprises injustes, en les menaçant de les révoquer; faire un tort réel, et le réparer par des chartes ou des promesses inutiles; n'agir que par des voies tortueuses et détournées; conclure des traités, et se jouer de ses engagemens, voilà en général toute la politique de Philippe-le-Bel.

Pour comprendre toute la suite d'une des manœuvres les plus adroites de ce règne, il faut se rappeler qu'avec une livre d'argent, qui pesoit douze onces, on ne fabriquoit d'abord que vingt pièces de monnoie appelées sols, ou deux cent quarante pièces qu'on nommoit deniers. Sur la fin de la première race, il s'étoit déjà introduit quelques abus, soit en rendant les espèces plus légères, soit en y mêlant quelque portion de cuivre. Pepin fit une loi pour empêcher de fabriquer plus de vingt-deux sols[157] avec une livre d'argent; mais la foiblesse de Louis-le-Débonnaire ouvrit la porte à de nouveaux désordres. Il accorda à quelques seigneurs le droit de battre monnoie à leur profit, d'autres l'usurpèrent sous ses successeurs; et lorsque plusieurs barons et plusieurs prélats eurent profité des troubles du gouvernement, pour se rendre les maîtres absolus de la monnoie dans leurs seigneuries, les fraudes se multiplièrent si promptement, que dans le temps où les villes acquirent la liberté, par des chartes de commune, et s'engagèrent à payer des redevances fixes à leurs seigneurs, on fabriquoit déjà soixante sols avec une livre d'argent.

L'habitude avoit été prise d'appeler vingt sols une livre, sans avoir égard à leur poids, et le marc d'argent, qui ne pesoit que huit onces, valoit ridiculement deux livres ou quarante sols. Les désordres et la confusion qui résultoient journellement de l'altération des espèces, firent qu'au droit de seigneuriage que percevoient les seigneurs, dont les rois avoient autrefois joui, et qui consistoit à retenir la sixième partie des matières qu'on portoit à leur monnoie, on consentoit d'en ajouter un nouveau, on l'appela monéage; et c'étoit une espèce de taille qu'on leur paya dans toute l'étendue du pays où leurs espèces avoient cours, à condition qu'ils s'engageroient à n'y faire désormais aucun changement.

Malgré cette convention, le prix de l'argent avoit toujours augmenté, et le marc valoit deux livres seize sols sous le règne de S. Louis. Il avoit encore la même valeur quand Philippe-le-Bel parvint à la couronne; et si ce prince n'eût été qu'avare, il se seroit contenté de changer sans cesse la forme des espèces par de nouvelles refontes. Son droit de seigneuriage avoit beaucoup augmenté, et il se seroit insensiblement emparé de la plus grande partie de l'argent qui circuloit dans le pays où sa monnoie avoit cours. Mais il ne s'en tint pas-là, il altéra continuellement les espèces; elles ne furent, ni du même poids ni du même titre qu'elles avoient été avant lui: et bien loin de cacher ses fraudes, il semble que Philippe vouloit qu'on s'en apperçût et qu'on en sentît les inconvéniens. Si dans les contrats de vente et d'emprunt on traita par marcs, pour n'être point la dupe des variations perpétuelles du prix de l'argent, il ordonna de s'en tenir à l'ancienne coutume de compter et de stipuler par livres, sols et deniers. Il rejeta des offres du clergé de ses seigneuries, qui, touché des maux que souffroient le peuple et les seigneurs qui ne battoient pas monnoie, ou des pertes qu'il faisoit lui-même, voulut s'engager, en 1303, à lui payer le dixième de ses revenus, s'il consentoit de s'obliger pour lui et pour ses successeurs à ne plus affoiblir les espèces.

Philippe est représenté avec raison comme un prince habile à parvenir à ses fins; et il n'auroit été que le moins intelligent des hommes, si, pour grossir d'une manière passagère l'état de ses finances, il eût préféré l'avantage peu durable et ruineux de mettre à contribution le public, aux offres généreuses du clergé. Sa politique artificieuse avoit sans doute quelque arrière-vue. Ses monnoies varièrent donc continuellement; et, en 1305, le marc d'argent valoit huit livres dix sols. Les plaintes éclatèrent de toutes parts. Les seigneurs voyoient réduire presque à rien les droits qu'ils levoient en argent sur leurs sujets, et qui formoient cependant une partie considérable de leur fortune; tandis que les bourgeois, en ne payant que le quart des redevances auxquelles ils étoient soumis, se trouvoient également ruinés. Toutes les fortunes parurent prêtes à s'anéantir. Quoique les denrées montassent à un prix excessif, le sort des gens de la campagne étoit malheureux par l'interruption du commerce; dans la crainte de faire un mauvais marché, on n'osoit en faire aucun.

Les murmures que Philippe avoit prévus ne l'intimidèrent pas; ce n'étoit point le signal d'un soulèvement. Les seigneurs les plus puissans, et qui auroient été seuls en état de s'opposer avec succès à ses injustices, avoient eux-mêmes leurs monnoies; ils faisoient, à son exemple, les mêmes fraudes, et leur avarice commune en formoit une espèce de ligue capable d'opprimer impunément tout le reste de la nation. Pendant que les seigneurs abusoient brutalement de leurs forces, sans daigner pallier leur brigandage, Philippe, aussi peu sensible qu'eux, au malheur public, mais plus adroit, paroissoit prendre part au sort des malheureux qu'il appauvrissoit. Il publia que l'affoiblissement et les variations continuelles des monnoies étoient une suite nécessaire des circonstances fâcheuses où il se trouvoit, et dont il annonçoit la fin prochaine. Il supplia ses sujets de recevoir avec confiance les mauvaises espèces auxquelles il avoit été obligé de donner cours, promit de les[158] retirer, en dédommageant ceux qui les rapporteroient, et engagea à cette fin ses domaines présens et à venir, et tous ses revenus.

Plus les désordres augmentoient, plus on étoit près du dénouement. Philippe, en effet, changea subitement de conduite, et fit fabriquer des espèces d'un si bon titre, que le marc d'argent, qui valoit huit livres dix sols en 1305, ne valut l'année suivante que deux livres quinze sols six deniers. Cette prétendue générosité lui valut la confiance générale de la nation, et rendit plus odieux que jamais les seigneurs qui n'eurent pas la prudence de l'imiter. Philippe laissa multiplier leurs fraudes, et quand, avec le secours qu'il devoit attendre du public opprimé, il se crut assez fort pour ne pouvoir garder aucun ménagement avec les seigneurs, il publia la célèbre ordonnance par laquelle il régloit[159], qu'il y auroit désormais un de ses officiers dans chaque monnoie seigneuriale, et que le général de la sienne feroit l'essai de toutes les espèces qu'on y fabriqueroit, pour reconnoître si elles seroient de poids, et du titre dont elles devoient être.

Bientôt il défendit aux prélats et aux barons de frapper des espèces jusqu'à nouvel ordre, et ordonna à tous les officiers monétaires de se rendre dans ses monnoies, sous prétexte qu'il étoit important pour le public que les nouvelles espèces qu'il vouloit faire fabriquer, le fussent promptement. Moins Philippe ménagea les seigneurs, plus ses intentions parurent droites et sincères. Les barons se trouvant dans le piège avant que de le craindre, et même de le prévoir, furent obligés d'obéir. Ils étoient menacés du soulèvement de leurs vassaux et de leurs sujets, hommes assez simples ou assez aveuglés par leur haine et leur vengeance, pour croire que Philippe, qui réformoit un abus en s'emparant d'un droit qui ne lui appartenoit pas, se repentoit sincèrement du passé, et vouloit à l'avenir faire le bien.

Il ne se contenta plus de prétendre que sa monnoie dût avoir cours dans tout le royaume; il voulut interdire aux barons la fabrication des espèces d'or et d'argent. Il envoya des commissaires dans le duché même d'Aquitaine; et par la manière dont ils traitèrent les officiers du roi d'Angleterre, et se saisirent des coins de la monnoie de Bordeaux, il est aisé de conjecturer avec quelle hauteur Philippe se comporta à l'égard des seigneurs moins puissans. Nous avons encore la lettre impérieuse que ce prince écrivit au duc de Bourgogne, par laquelle il lui enjoignit, avec le ton d'un législateur, d'exécuter dans ses états les ordonnances générales sur le fait des monnoies.

Le droit que Philippe venoit d'acquérir le rendoit le maître de la fortune des seigneurs. En haussant le prix de l'argent, il pouvoit les réduire à un tel état de pauvreté, qu'ils ne pourroient plus acquitter le service de leurs fiefs; et que las de leurs guerres domestiques, qui n'étoient enfin propres qu'à ruiner leurs domaines et leurs châteaux, ils demanderoient eux-mêmes qu'on leur fît un crime de troubler la paix du royaume. Si Philippe, par crainte de dévoiler le secret de sa politique, et d'attirer sur lui l'indignation qu'il avoit eu l'art de rejeter sur les barons, n'osa pas faire de nouveaux changemens dans ses monnoies, il avoit du moins enlevé à ses vassaux un des priviléges les plus essentiels de la souveraineté, et d'autant plus important dans ce siècle peu éclairé, que la politique, occupée du seul moment présent, et ne calculant point encore la perte attachée aux ressources momentanées des monnoies, les regardoit comme l'art unique des finances, qui donneront toujours un pouvoir sans bornes à celui qui en sera le maître.

En attendant que les barons s'accoutumassent à leurs pertes, et que le temps eût assez bien affermi le nouveau droit que la couronne venoit d'acquérir, pour que les successeurs de Philippe en tirassent les avantages qu'il leur avoit préparés, ce prince ne travailla qu'à se dédommager de ce que lui faisoit perdre la stabilité des monnoies. Ses baillis eurent ordre d'augmenter[160] et multiplier les droits qu'ils levoient dans ses domaines. Philippe-Auguste avoit demandé à ses communes des aides extraordinaires, sous prétexte des croisades, et S. Louis en avoit exigé pour ses besoins particuliers. Philippe-le-Bel suivit cet exemple, et essaya même par voie de douceur et d'insinuation, de faire des levées de deniers dans les terres des barons.

Comme les seigneurs n'établissoient plus arbitrairement des impôts sur leurs sujets, et qu'ils étoient obligés de s'en tenir aux tailles et aux autres contributions qui leur étoient dues par la coutume ou des chartes, ils crurent qu'il leur importoit peu que le roi eût la liberté de lever quelques subsides dans leurs terres. Ils n'étoient pas même fâchés de mortifier par ce moyen les bourgeois, de se venger de leur indocilité, et de les punir de l'indépendance qu'ils affectoient. Je dirois que quelques-uns favorisèrent peut-être cet usage, dans l'espérance que le roi se brouilleroit avec leurs sujets, et les forceroit par ses demandes répétées à recourir à la protection de leurs seigneurs; si, contre toute vraisemblance, ce n'étoit pas supposer aux Français du quatorzième siècle une habileté et un raffinement dont ils étoient incapables. Quoi qu'il en soit, ils ne s'opposèrent point aux prétentions de Philippe, et se contentèrent, pour conserver l'immunité de leurs terres, d'exiger des lettres-patentes, par lesquelles le prince reconnoissoit que ces collectes accordées gratuitement, ne tireroient point à[161] conséquence pour l'avenir.

Tout réussissoit à Philippe; mais les différens moyens qu'il employoit pour augmenter ses finances, l'instrument de son ambition et de son autorité, étoient sujets à d'extrêmes longueurs. Il falloit entretenir des négociations de tout côté; les difficultés se multiplioient; tous les seigneurs ne voyoient pas leurs intérêts de la même manière, et n'avoient pas le même esprit de conciliation; les refus d'une commune étoient un exemple contagieux pour les autres; les fonds qu'on accordoit par forme de don gratuit ou de prêt n'entroient que tard dans les coffres du prince, et ne s'y rendoient jamais en même temps. De-là les inconvéniens de la pauvreté dans l'abondance même, et l'impuissance de former, de préparer et d'exécuter à propos les entreprises. Philippe voulut y remédier; et au lieu de tenir la nation toujours désunie et séparée, ainsi que sembloit lui prescrire sa politique, il eut l'audace de la réunir dans des assemblées[162] qui offrirent une image de celles que Charlemagne avoit autrefois convoquées; et elles donnèrent naissance à ce que nous avons appelé depuis les états-généraux du royaume.

Les princes n'osent communément convoquer l'assemblée des différens ordres de l'état, parce qu'ils craignent de voir s'élever une puissance rivale de la leur; mais cette crainte n'est fondée que dans les pays où des idées d'une sorte d'égalité entre les citoyens, et de liberté publique, portent naturellement les esprits à préférer dans leur gouvernement la forme républicaine à toute autre. Il s'en falloit beaucoup que la police des fiefs eût donné cette manière de penser aux Français. Propre, au contraire, à jeter dans les excès de l'anarchie ou de la tyrannie, elle suppose entre les hommes une différence désavouée par la nature; elle les accoutume à ne considérer que des intérêts personnels où il ne faudroit voir que des intérêts publics; et telles étoient les suites ou les impressions de ce gouvernement chez les Français, que personne ne croyoit avoir de droit à faire valoir, qu'en vertu des chartes qu'il possédoit, ou des exemples que lui donnoient ses voisins.

Philippe-le-Bel étoit d'ailleurs témoin des divisions qui régnoient entre le clergé, les seigneurs et les communes. Il jugea qu'occupés plus que jamais de leurs anciennes haines, qu'il avoit fomentées, ils ne se rapprocheroient les uns des autres dans l'assemblée des états, que pour se haïr davantage, et il espéra de les gouverner sans peine par leurs passions.

En effet, depuis que l'établissement des droits de rachat, de lods et ventes dont j'ai parlé, avoit donné naissance à la grande question de[163] l'amortissement, les seigneurs avoient prétendu que l'église, qui ne meurt point et n'aliène jamais ses fonds, ne devoit faire aucune acquisition dans leurs terres, sans les dédommager des rachats, des lods et ventes dont ils se trouveroient privés. Les ecclésiastiques, au contraire, traitèrent cette prétention raisonnable d'attentat, et regardèrent comme un sacrilége qu'on voulût les empêcher de s'enrichir. Aux clameurs et aux menaces des évêques et des moines, les seigneurs opposèrent une fermeté invincible. Le clergé, qui ne pouvoit faire aucune nouvelle acquisition, fut obligé de céder; mais en payant les droits d'amortissement, il ne pouvoit encore s'y accoutumer sous le règne de Philippe-le-Bel, et n'avoit pas perdu l'espérance de s'y soustraire et de se venger.

Ces intérêts opposés portoient les uns et les autres à se faire les injures et tous les torts qu'ils pouvoient se faire. S'ils sembloient quelquefois se réunir, ce n'étoit que pour se plaindre ensemble de l'inquiétude des communes, qui, n'ayant que trop de raison de les haïr, les aigrissoient par une conduite imprudente et emportée. Ces petites républiques, pleines elles-mêmes de factions qui les divisoient, n'étoient pas en état de se conduire avec ce zèle du bien public et cette unanimité qui les auroient fait craindre et respecter. Dans les unes, les riches bourgeois vouloient opprimer les pauvres qui, n'ayant rien à perdre, étoient toujours prêts à faire des émeutes et à se soulever; dans les autres, les familles les plus puissantes se disputoient éternellement le pouvoir et les magistratures, et sacrifioient la communauté à leur ambition.

Philippe auroit été obligé de se prêter aux demandes des trois ordres, s'ils avoient été unis: leurs querelles, au contraire, le rendirent leur médiateur. Chaque ordre tâcha de le gagner et de mériter sa faveur par ses complaisances, et sa politique en profita pour les dominer; la nation ne parut en quelque sorte assemblée que pour reconnoître d'une manière plus authentique les nouvelles prérogatives de la couronne et en affermir l'autorité. Sous prétexte que les prétentions du clergé, des seigneurs et du peuple étoient opposées les unes aux autres, Philippe-le-Bel feignit d'attendre qu'ils se conciliassent pour les satisfaire, et ne remédia à aucun abus par des lois générales. Avec un peu d'amour du bien public, il auroit été assez habile et assez puissant pour établir l'union et la paix; il aima mieux vendre à tous les ordres en particulier des lettres-patentes, des chartes, des diplômes qui augmentèrent encore leurs espérances, leurs jalousies et leurs haines, passion qu'il espéroit d'employer utilement au succès de ses entreprises, et qui, en s'aigrissant, devinrent en effet la source des malheurs extrêmes que la nation éprouva sous le règne des Valois.

Pour prix de ces dons inutiles, ou plutôt pernicieux, Philippe obtenoit des subsides qui le mettoient en état d'avoir une armée toujours subsistante, toujours prête à agir, et composée de cette noblesse indigente et nombreuse qui n'avoit que son courage, qu'elle vendoit, et que S. Louis avoit déjà cherché à s'attacher d'une façon particulière, en défendant que les roturiers possédassent en fief sans en acheter la permission, et c'est de là, pour le dire en passant, qu'a pris son origine la taxe appelée[164] franc-fief. Il n'est pas besoin d'avertir, qu'à l'exception des quatre grands fiefs, la Bourgogne, l'Aquitaine, la Flandre et la Bretagne, qui n'étoient pas encore réunis à la couronne, les fondemens du gouvernement féodal furent dès-lors ruinés dans le reste du royaume, et que des quatre appuis qui l'avoient soutenu trop long-temps, il n'en subsistoit aucun. Si les barons et les autres seigneurs se firent encore la guerre, ce malheureux droit, auquel il ne pouvoient renoncer, étoit prêt à disparoître en achevant de les ruiner. Ils n'osoient plus en user contre un prince à qui la nation entretenoit une armée, et qu'ils reconnoissoient pour leur législateur. A ses premiers ordres, ils suspendirent leurs querelles,[165] quittèrent les armes, se concilièrent, et vinrent prodiguer leur sang à son service.

Tel fut le fruit de ces assemblées que Philippe avoit formées; mais les avantages qu'il en retira ne lui fermèrent pas les yeux sur les dangers que son ambition insatiable devoit en craindre. Dans la vue d'empêcher que les états-généraux ne prissent une forme constante et régulière, et ne vinssent, en connoissant leur force, à s'emparer d'une autorité nuisible au progrès de la puissance royale, il ne convoqua quelquefois que des assemblées provinciales. Il envoyoit alors dans chaque bailliage quelques commissaires, avec pouvoir d'assembler les trois ordres dans un même lieu, ou séparément. Quelquefois il tint à part les états des provinces septentrionales de la France, qu'on appeloit les provinces de la Languedoc, et ceux des provinces méridionales nommées la Languedoyl. Il eut soin que ni le temps ni le lieu de ces assemblées ne fussent fixes, de sorte que la nation, qui ne s'accoutumoit pas à les regarder comme un ressort ordinaire du gouvernement, n'y étoit jamais préparée. Le prince, qui les convoquoit dans les circonstances et les lieux les plus favorables à ses vues, étoit sûr de ne les trouver jamais opposées à ses desseins: c'étoit au contraire un instrument de son autorité. Il étoit sûr, avec leur secours, de calmer la trop grande fermentation des esprits, de prévenir les associations particulières qui dégénèrent toujours en factions, et de faire oublier l'usage de ces espèces de congrès, nommés parlemens, dont j'ai déjà parlé, et auxquels les seigneurs étoient attachés.

Nous n'avons, il est vrai, aucun mémoire qui nous instruise en détail de ce qui se passa dans les états que Philippe-le-Bel assembla; je ne crains pas cependant de m'être trompé dans la peinture que je viens d'en faire. Il est impossible, je crois, d'examiner avec attention les divers monumens qui nous restent du règne de Philippe-le-Bel, de comparer les évènemens les uns avec les autres, et de les rapprocher, sans découvrir dans la conduite de ce prince les vues obliques et concertées que j'ai cru y apercevoir. Puisque les états, au lieu de protéger les restes du gouvernement féodal, favorisèrent toutes les entreprises de Philippe, il faut nécessairement que les seigneurs, le clergé et le peuple fussent divisés. Les Français, plongés dans la plus profonde ignorance, n'avoient aucune idée de la forme que doivent avoir des assemblées nationales, ni de la police régulière qui doit en être l'ame pour les rendre utiles. Ils ne savoient peut-être pas qu'il y eût eu un Charlemagne, et certainement ils ignoroient l'histoire de nos anciens champs de Mars ou de Mai. Les états qui furent convoqués sous les Valois, et dont il nous reste plusieurs monumens instructifs, peuvent éclairer sur la nature de ceux que Philippe-le-Bel et ses fils ont tenus. Les désordres qui régnèrent dans ceux-là, leur ignorance et leur incapacité étoient sans doute une suite des idées que la nation s'étoit formées de ces assemblées sous Philippe-le-Bel, et de l'habitude que les trois ordres avoient constatée de ne s'occuper que de leurs intérêts particuliers, quand ils étoient convoqués pour ne penser qu'au bien public.

Philippe ne se contenta pas de rendre ses barons dociles à ses ordres; ses succès l'encouragèrent; et il fit sans cesse de nouvelles entreprises sur les droits des grands vassaux, sans qu'ils osassent presque se défendre les armes à la main. Ils avoient souvent recours à la négociation, ressource impuissante de la foiblesse, et jamais ils ne firent d'accommodement qui ne portât quelque préjudice direct ou indirect à leurs priviléges. De mille faits que je pourrois citer, et tous également propres à faire connoître la politique et les prétentions de Philippe-le-Bel à l'égard des grands vassaux, je n'en rapporterai qu'un. Ce prince exigeant beaucoup pour obtenir quelque chose, contesta au duc de Bretagne la garde[166] ou la protection des églises de son duché, droit dont tous les barons jouissoient incontestablement sous le règne de S. Louis. Il voulut lui interdire la connoissance de tout ce qui concerne le port des armes, exempta plusieurs de ses sujets de sa juridiction; et sur les plaintes de quelques autres, lui ordonna de révoquer ses ordres, et sur son refus commit un bailli royal pour réparer dans la Bretagne les torts vrais ou supposés de son duc.

CHAPITRE IV.

Règnes des trois fils de Philippe-le-Bel.—Ruine du gouvernement féodal.—Union des grands fiefs à la couronne.

La plupart des historiens ont cru que Philippe-le-Bel mourut à propos pour sa gloire. Tout le royaume, disoient-ils, étoit plein de mécontens, et tous les différens ordres de l'état, accablés sous un pouvoir dont ils n'avoient su ni prévenir les progrès ni craindre les abus, étoient prêts à faire un dernier effort pour recouvrer les priviléges qu'ils avoient perdus. Il est vrai que tous les ordres de l'état et toutes les provinces avoient eu occasion de se plaindre; mais ç'avoit été successivement et par différens motifs: de là aucun accord entre les mécontens. N'a-t-on pas vu d'ailleurs dans tout le cours de notre histoire, que les Français altérant, changeant, dénaturant sans cesse les coutumes auxquelles ils croyoient obéir, avoient contracté l'habitude de n'avoir aucune tenue dans le caractère, et ne connoissoient d'autre droit public que les exemples opposés des caprices et des passions de leurs pères? Le clergé, les seigneurs et le peuple, je l'ai déjà dit, avoient des intérêts opposés; comment se seroit donc formée entre eux cette confiance réciproque qui doit être l'ame d'une grande conjuration? La mort de Philippe-le-Bel et le supplice d'Enguerrand de Marigny, son ministre, sacrifié à la haine publique, devoient calmer les esprits, et les calmèrent en effet.

Les seigneurs de quelques provinces firent des associations; mais au lieu de former des projets qui annonçassent une révolte, ils se contentèrent de présenter des requêtes. Leurs demandes[167] et les réponses dont ils se satisfirent, prouvent également que les mœurs avoient perdu leur ancienne âpreté, et que les fiefs alloient perdre le reste de ces droits barbares dont ils jouissoient encore et qui ne pouvoient plus s'allier avec les principes de la monarchie naissante. Ils ne s'attachent qu'à de petits objets, et la manière encore plus petite dont ils envisagent leurs intérêts, est une preuve qu'ils ne sont plus à craindre et qu'ils ne sentent que leur foiblesse. Tantôt Louis X ne leur donne que des réponses obscures et équivoques, tantôt il leur dit vaguement qu'il veut se conformer aux coutumes et qu'il fera examiner comment on se comportoit du temps de S. Louis, dont la réputation de sainteté faisoit regarder le règne comme le modèle du plus sage gouvernement.

Si les seigneurs, lassés des entreprises continuelles des baillis, veulent conserver leurs priviléges, ils s'imaginent avoir pris les précautions les plus sûres, en exigeant que ces officiers s'engagent par serment à respecter les coutumes établies dans les bailliages qu'on leur donnera. On désigne avec soin, les cas pour lesquels un bailli sera destitué, mais on laisse insérer dans cette convention deux clauses qui la rendent inutile; le coupable ne perdra point son emploi, s'il a agi de bonne foi, ou si le roi, par une faveur spéciale, veut lui faire grâce. Enfin, les seigneurs obtiennent, par leurs prières, que le roi enverra de trois en trois ans, des commissaires dans les provinces, pour y réformer les abus commis par les officiers ordinaires, et ils ne se doutent pas que ces réformateurs, soit qu'ils soient vendus à la cour, ou attachés aux règles les plus étroites du bien public, accréditeront toutes les nouveautés, pour ne pas donner des entraves à la puissance législative dont le roi étoit revêtu, et dont la nation avoit un si grand besoin.

De pareils conjurés, si on peut leur donner ce nom, n'étoient guères capables d'inquiéter Philippe-le-Bel. Louis X n'avoit aucun des talens de son père, et quoique la guerre qu'il faisoit au comte de Flandre dût le porter à ménager les seigneurs et les communes, il les retint sans peine, dans la soumission, non pas en resserrant son autorité dans des bornes plus étroites, mais en promettant seulement de ne pas l'étendre. Il promit de laisser subsister les monnoies sur le même pied où il les avoit trouvées, de faire acquitter le service des fiefs qu'ils possédoit dans les terres des barons, et de ne point exercer une autorité immédiate sur les arrière-vassaux. En feignant de ne rien refuser, il promit tout pour ne rien accorder.

Philippe-le-Long, son frère et son successeur, altéra les monnoies, augmenta le prix de l'argent, remplit le royaume de ses sauvegardes, et, après avoir vu que son père avoit érigé en pairies la Bretagne, l'Artois et l'Anjou, il ne craignit point, à l'exemple de son aïeul, d'anoblir des familles roturières par de simples lettres; il exigea par-tout les droits d'amortissement[168] et de franc-fief, que les ecclésiastiques et les bourgeois ne payoient auparavant qu'au seigneur immédiat des possessions qu'ils acquéroient, et au baron dont ce seigneur relevoit. Philippe fit un commerce de la liberté, qu'il vendit aux[169] serfs de ses domaines, et en donna l'exemple aux seigneurs. Ce n'est pas ici le lieu d examiner ce qu'il faut penser de la dignité des hommes, ni de rechercher dans quelles circonstances l'esclavage peut être utile ou nuisible à la société; j'abandonne ces grandes questions; mais je ne puis m'empêcher d'observer que les seigneurs, en vendant la liberté aux serfs de leurs terres, diminuèrent leur considération, leur pouvoir et leur fortune. Cette nouveauté dut occasionner dans les campagnes une révolution à peu-près pareille à celle que l'établissement des communes avoit produite dans les villes. Des cultivateurs attachés à la glèbe devinrent ennemis de leurs seigneurs, en croyant être libres; et cependant, le tiers-état n'acquit aucun nouveau crédit, en voyant passer dans la classe des citoyens des hommes plongés dans une trop grande misère, pour jouir en effet de la liberté qu'on leur avoit vendue.

Philippe établit dans les principales villes un capitaine[170] pour y commander la bourgeoisie. Il la désarma, sous prétexte que les bourgeois, pressés par la misère, vendoient souvent jusqu'à leurs armes, et ordonna que chacun les déposât dans un arsenal public, et qu'on ne les rendroit aux bourgeois que quand ils seroient commandés pour la guerre. Soit que les baillis fussent déjà devenus suspects au prince, pour les services trop importans qu'ils lui avoient rendus, et par l'étendue de leurs fonctions, qui embrassoient, comme celles des comtes sous les deux premières races, la justice, les finances et la guerre, soit que Philippe ne voulût que multiplier les instrumens de son autorité, il plaça dans chaque baillage un capitaine général, pour imposer aux seigneurs et commander les milices. Ainsi, les forces qu'il redoutoit dans les mains d'une noblesse encore indocile et remuante, devinrent ses propres forces. Les seigneurs, déjà accoutumés à vivre en paix entre eux, quand le roi avoit des armées en campagne, regardèrent enfin comme un fléau ce droit de guerre dont leurs pères avoient été si jaloux, et peu d'années après demandèrent eux-mêmes à en être[171] débarrassés.

La plupart de ceux qui avoient leur monnoie, jugeant par la manière dont on les gênoit dans l'exercice anéanti, se hâtèrent d'en traiter avec Charles IV. Quoique ce prince et ses deux prédécesseurs n'eussent fait en quelque sorte que paroître sur le trône, les coutumes connues sous Philippe-le-Bel étoient déjà si ignorées, et les progrès de l'autorité royale si bien affermis, que Philippe-de-Valois ne pouvoit point se persuader qu'il y eût des personnes assez peu instruites, pour mettre en doute que tout ce qui concerne la fabrication des espèces dans le royaume, ne lui appartînt[172], et qu'il ne fût le maître de les changer, et d'en augmenter ou diminuer la valeur à son gré.

La France, sous le règne de Charles IV, présente un spectacle bien bizarre pour des yeux politiques, mais bien digne cependant de la manière dont le gouvernement s'y étoit formé au gré des événemens et des passions. Quoiqu'une véritable monarchie eût succédé à la police barbare et anarchique des fiefs, dans la plupart des provinces que comprenoit le royaume, le gouvernement féodal subsistoit encore tout entier dans quelques autres. Le roi, monarque dans presque toute la France, n'étoit encore que le suzerain des ducs de Bourgogne, d'Aquitaine, de Bretagne et du comte de Flandre. Ces quatre seigneurs avoient été assez puissans et assez heureux pour ne se point laisser accabler; et s'ils avoient perdu, ainsi que je l'ai fait remarquer, plusieurs de leurs anciens droits, ils conservoient cependant des forces assez considérables pour défendre avec succès les restes de leurs prérogatives, et même, à la faveur d'une guerre heureuse, pour recouvrer toute leur souveraineté.

Quoiqu'ils reconnussent la suzeraineté du roi, et que par les lois et les devoirs multipliés du vasselage, ils ne formassent qu'un corps avec les autres provinces de la France, il faut plutôt les regarder comme des ennemis que comme des membres de l'état. On doit le remarquer avec soin, la politique de Philippe-le-Bel, en assemblant des états-généraux, avoit en effet partagé le royaume en deux parties, dont les intérêts étoient opposés, et entre lesquelles il ne pouvoit plus y avoir aucune liaison; il étoit impossible que les successeurs de Charles IV s'accoutumassent à être rois dans une partie de la France, et simples suzerains dans l'autre.

Les pairs avoient nui autrefois à leurs intérêts, en négligeant de se rendre à la cour du roi; ce fut la cause de leurs premières disgraces, et les ducs de Bourgogne, d'Aquitaine, de Bretagne, et le comte de Flandre, en ne paroissant point dans des assemblées où il n'étoit jamais question que de contribuer aux besoins du roi, firent une faute encore plus considérable. S'ils conservèrent par cette conduite la franchise de leurs provinces, qui ne furent pas soumises aux contributions que le reste de la France payoit, ils laissèrent détruire les principes du gouvernement féodal, auxquels ils devoient, au contraire, tenter de rendre une nouvelle activité. La nation oublia des princes qu'elle ne connoissoit point, et les regarda comme des étrangers. On crut bientôt que, refusant de contribuer aux charges de l'état, ils s'en étoient séparés. Les barons ne leur pardonnèrent pas de les abandonner à l'avidité du prince. Chacun pensa qu'il payeroit des contributions plus légères, si les grands vassaux n'avoient pas eu l'art de se faire une exemption qui devenoit onéreuse pour les contribuables. On leur sut mauvais gré de l'inquiétude que leur donnoit l'ambition du roi. On s'accoutuma enfin à ne les plus voir que comme des ennemis, parce qu'en défendant leur souveraineté, ils obligeoient le roi à faire des dépenses extraordinaires, et à demander souvent de nouveaux secours.

La suzeraineté et le vasselage ne servant qu'à multiplier les sujets de querelle entre des princes à qui le voisinage de leurs terres n'en fournissoit déjà que trop, le roi devoit être continuellement en guerre contre ses vassaux. Peut-être qu'ils auroient recouvré leur ancienne indépendance, et rétabli dans tout le royaume les coutumes féodales dont l'orgueil de la haute noblesse avoit de la peine à perdre le souvenir, s'ils s'étoient conduits avec plus de prudence dans les guerres qu'ils firent à des rois, qui ne savoient pas profiter de leur pouvoir pour l'affermir par des lois sages, et qui, ne se proposant dans leur politique aucun objet fixe, travailloient sans cesse à détruire leurs vassaux, et s'en faisoient sans cesse de nouveaux.

En effet, les princes, occupés du soin de réunir en eux seuls l'autorité, tentoient tout pour s'emparer des fiefs qu'ils ne possédoient pas, et donnoient cependant à leurs enfans de grands apanages, dans lesquels ils jouissoient de tous les droits des grands vassaux. Le roi Jean, qui se saisit du duché de Bourgogne à la mort du duc Philippe I, eut l'imprudence d'en donner l'investiture à son quatrième fils. On n'étoit pas loin cependant du temps où ces grandes principautés devoient devenir le patrimoine de la couronne. C'est dans le quinzième siècle que la Bourgogne, l'Aquitaine et la Bretagne y furent pour toujours réunies. La Flandre, en passant dans la maison d'Autriche, fut dès-lors regardée comme une puissance absolument étrangère. Le frère de

Louis XV fut le dernier prince qui exerça dans ses apanages les droits de la souveraineté, et le germe du gouvernement féodal fut étouffé.

CHAPITRE V.

Décadence de l'autorité que le pape et les évêques avoient acquise sous les derniers Carlovingiens et les premiers rois de la troisième race.

SI la cour de Rome avoit usé avec modération du crédit qu'elle avoit acquis en France, il est vraisemblable qu'elle l'auroit conservé; mais toujours occupée de projets plus grands que ses forces, elle divisa par politique la chrétienté que la religion lui ordonnoit de tenir unie, et finit toujours par manquer de moyens pour consommer ses entreprises ébauchées. Elle enlevoit, donnoit et rendoit à son gré des couronnes, et ce fut cette puissance audacieuse, dont les papes étonnoient les empereurs et les rois, qui porta elle-même la première atteinte à la fortune du clergé. Des princes proscrits par des bulles n'étoient pas vaincus. Il leur restoit des ressources; la guerre devoit décider de leur sort, et les armes spirituelles de l'église, se trouvant quelquefois exposées à céder à l'épée de ses ennemis, les papes furent obligés d'acheter à prix d'argent des secours que la superstition impuissante n'auroit pu leur accorder. Ils sentirent la nécessité d'augmenter leurs richesses, et s'appliquant ce que l'écriture dit du souverain pontife des Juifs, à qui les lévites étoient obligés de donner la dîme de leurs biens, ils établirent une taxe sur le clergé de toutes les églises.

Il est fâcheux de le dire, et on ne le diroit qu'en tremblant, si le clergé de notre siècle avoit encore la même ignorance et les mêmes mœurs: l'avarice des évêques de France fut moins patiente que leur orgueil ou leur religion. Ils avoient souffert, sans se plaindre, que l'épiscopat fût dégradé dans ses fonctions les plus importantes et les plus relevées, et ils éclatèrent en murmures quand on attaqua leur fortune temporelle. Ces plaintes, il faut l'avouer, étoient légitimes; car rien n'égale les excès auxquels se porta l'avidité insatiable de la cour de Rome, et sur-tout ses officiers qu'elle chargeoit de lever ses droits. Les évêques opprimés eurent enfin recours à la protection de S. Louis, qui avoit la garde de leurs églises. Ce prince rendit en leur faveur l'ordonnance que nos jurisconsultes appellent communément la pragmatique-sanction de S. Louis, et par laquelle il[173] interdisoit dans son royaume la levée des décimes que le pape y faisoit, à moins que le clergé n'y consentît, et que la cour de Rome n'eût de justes et pressantes nécessités de faire des demandes d'argent.

Les papes, qui jusques-là s'étoient servis de l'espèce de servitude où ils avoient réduit l'épiscopat, pour se faire craindre des princes, et de la terreur qu'ils inspiroient aux princes pour affermir leur despotisme sur le clergé, virent avec indignation que le roi de France et les ecclésiastiques de son royaume étoient unis d'intérêt. Dans la crainte de rendre encore plus étroite cette union déjà si funeste au souverain pontificat, la cour de Rome n'osa agir avec sa hauteur ordinaire. Il n'étoit pas temps pour elle de se faire de nouveaux ennemis, avant que d'avoir triomphé des empereurs dont les querelles troubloient l'Allemagne, l'Italie et la ville de Rome même. D'ailleurs, c'eût été ébranler son empire que de punir les évêques de France, sans être sûr de les soumettre, et décrier ses excommunications, que d'en faire usage contre un prince aussi religieux et aussi puissant que S. Louis.

Telle étoit la situation heureuse du clergé de France; l'insatiable Philippe-le-Bel la troubla. Il voulut que les évêques le payassent de la protection qu'il leur accordoit contre la cour de Rome. Il leur représenta en effet ses[174] besoins, et ne cessant point, sous différens prétextes, de leur demander de nouveaux secours, Boniface VIII, homme adroit, intrépide et ambitieux, saisit cette occasion de se réconcilier avec eux, et devint à son tour leur protecteur. Il défendit à tous les ecclésiastiques de fournir de l'argent à aucun prince, par manière de prêt, de don, de subside, ou sous quelque autre nom que ce fût, sans le consentement du saint-siége. Il déclara que tous ceux qui donneroient ou recevroient de l'argent, ces derniers fussent-ils revêtus de la dignité royale, encourroient l'excommunication par le fait seul.

Philippe appela de cette bulle au futur concile, et par-là entretint la division entre le pape, qui, plein d'idées de la monarchie universelle, refusoit de reconnoître un supérieur; et les évêques, lassés de n'avoir qu'une juridiction inutile, et à qui on ouvroit une voie de recouvrer leur dignité. Pendant tout le cours de ce démêlé scandaleux, dont je ne rapporte pas les détails, personne ne les ignore, le clergé de France ne savoit quel parti prendre entre deux puissances qui se disputoient ses dépouilles, en feignant de défendre ses intérêts. On diroit que les évêques cherchoient à se faire un protecteur du roi contre l'ambition de la cour de Rome, et un appui du pape contre les entreprises du prince. Ils furent punis de cette misérable politique qui, en n'obligeant personne, n'est propre qu'à faire des ennemis. Les successeurs de Boniface, obligés de rechercher la paix, n'imaginèrent rien de plus sage pour concilier leurs intérêts avec ceux d'un roi qu'il étoit dangereux d'irriter, que de l'associer à leurs exactions. Ils lui accordèrent le privilége de lever des décimes[175], ou partagèrent avec lui celles qu'il leur permettoit d'exiger, et les évêques, au lieu d'un maître, en eurent deux.

Les vues d'intérêt qui avoient divisé le clergé furent la principale cause du triomphe de Philippe-le-Bel sur la cour de Rome; l'avantage qu'il remporta produisit une révolution dans tous les esprits. Les évêques, accoutumés à dominer pour le respect dû à leur caractère, sentirent le contre-coup de l'humiliation que le pape avoit éprouvée, et tandis qu'ils commençoient à faire plus de cas de la protection du roi que de celle de la cour de Rome, Clément V eut la foiblesse de se joindre lui-même aux ennemis de son prédécesseur. A ne consulter que les règles de la prudence humaine, il auroit dû accorder à la mémoire de Boniface VIII les honneurs décernés à Grégoire VII; il permit, au contraire, qu'on la flétrît par un procès, et qu'on rendît publiques les dépositions dans lesquelles on accusoit ce pontife d'être le plus scélérat des hommes.

L'autorité de la cour de Rome fut avilie, pendant que l'autorité royale faisoit ses plus grands progrès, et que les gens de robe, aussi entreprenans, mais plus méthodiques dans leur marche que ne l'avoient été autrefois les seigneurs, voyoient avec jalousie l'étendue de la juridiction que les évêques s'étoient attribuée. En effet, les nouveaux magistrats du parlement ne travailloient pas à élever la puissance du roi sur les ruines de la souveraineté des fiefs, pour souffrir que le clergé, continuant à jouir dans ses tribunaux des droits qu'il avoit acquis pendant l'anarchie, pût la perpétuer, ou du moins partager le royaume entre deux puissances indépendantes l'une de l'autre. Leur zèle devoit en quelque sorte s'accroître, lorsqu'il s'agiroit d'attaquer la juridiction ecclésiastique, et d'étendre celle des justices royales dont ils manioient l'autorité. Si les seigneurs avoient autrefois osé faire des efforts pour renfermer dans des limites étroites la compétence des juges ecclésiastiques, il étoit naturel que les magistrats, bornés aux seules fonctions de rendre la justice, dûssent attaquer le clergé avec le même courage, revendiquer la juridiction qu'il avoit usurpée, et que, pour s'enrichir de ses dépouilles, ils détruisissent ce prétendu droit divin, dont les évêques s'armoient en toute occasion, et étonnoient les consciences trop timorées.

Après avoir porté un œil téméraire sur la conduite du pape, on examina sans scrupule celle des simples pasteurs. On vit une foule d'abus et de vices dans l'administration de leurs tribunaux. Les nouveaux magistrats vouloient remédier à tout sans ménagement, parce qu'ils étoient ambitieux; et les évêques, criant à l'impiété et à la tyrannie, aimoient leurs désordres, parce qu'ils étoient le principe et le fruit de leurs richesses et de leur puissance.

Leurs contestations, de jour en jour plus vives, donnèrent lieu à une conférence qui se tint en présence de Philippe-de-Valois. Pierre de Cugnières, avocat du roi au parlement, s'éleva avec force contre les abus crians qui se commettoient dans les justices ecclésiastiques. Quoiqu'elles dussent être d'autant plus sévères, que les citoyens étoient sans mœurs et le gouvernement sans consistance, par je ne sais quel esprit de charité mal entendue, on n'y punissoit les plus grands délits que par des aumônes, des jeûnes ou quelqu'autre pénitence monacale. Cugnières débita tous les lieux communs de ce temps-là contre la puissance dont les successeurs des apôtres s'étoient injustement emparés. Pierre Roger, élu archevêque de Sens, et Pierre Bertrandi, évêque d'Autun, défendirent les intérêts du clergé. «Mais la cause de l'église, dit un des écrivains les plus respectables qu'ait produit notre nation, fut aussi mal défendue qu'elle avoit été mal attaquée; parce que, de part et d'autre, on n'en savoit pas assez. On raisonnoit sur de faux principes, faute de connoître les véritables. Pour traiter solidement ces questions, ajoute l'abbé Fleury, il eût fallu remonter plus haut que le décret de Gratien, et revenir à la pureté des anciens canons et à la discipline des cinq ou six premiers siècles de l'église. Mais elle étoit tellement inconnue alors, qu'on ne s'avisoit pas même de la chercher.» J'ajouterai que, pour terminer cette grande querelle, il eût fallu savoir qu'il y a un droit naturel, la base et la règle de tout autre droit, et auquel on doit éternellement obéir; il eût fallu ne pas ignorer que rien n'est plus contraire au bien de la société, que de voir des hommes y exercer une branche de l'autorité civile, en prétendant ne point la tenir de la société même; et cette vérité, qui devroit être triviale, étoit bien plus ignorée du siècle de Philippe-le-Valois, qu'elle ne l'est du nôtre. Il eût fallu connoître le danger qu'il y a d'accorder une puissance temporelle à des hommes qui parlent au nom de Dieu; infaillibles sur le dogme, ils peuvent se tromper sur le reste: ils prétendront peut-être de bonne foi n'agir que pour notre salut, en nous assujettissant à leur volonté.

Les raisonnemens de Pierre de Cugnières n'étoient pas dans le fond plus mauvais que ceux de Roger et de Bertrandi; mais le magistrat sembloit attaquer la religion, parce qu'il dévoiloit ses abus; et les évêques paroissoient en défendre la dignité, parce qu'ils faisoient respecter ses ministres. Philippe-de-Valois, encore moins instruit que ceux qui avoient parlé devant lui, fut effrayé, et quoiqu'en apparence le clergé sortit vainqueur de cette querelle, les fondemens de son pouvoir furent en effet ébranlés. C'étoit la première hostilité d'une guerre de rivalité; on pouvoit faire des trêves, et non pas une paix solide. J'anticipe sur les temps; mais qu'on me permette de parler ici de tout ce qui regarde la décadence de la juridiction et du pouvoir que les ecclésiastiques avoient acquis pendant l'anarchie des fiefs.

Le parlement acquéroit de jour en jour une nouvelle considération et un nouveau crédit. Cette compagnie qui, après avoir été rendue sédentaire à Paris par Philippe-le-Bel, étoit devenue[176] perpétuelle, présentoit elle-même au roi les magistrats qu'elle désiroit posséder, et ils étoient pourvus de leur office à vie. Formant un corps toujours subsistant, et ses intérêts devant être plus chers qu'autrefois à chacun de ses membres, le parlement mit un ordre plus régulier dans sa police, se fit quelques maximes, et fut en état de les suivre avec constance. Les évêques, qui n'avoient plus affaire à des seigneurs emportés, inconstans, inconsidérés et désunis, devoient voir tous les jours attaquer leurs priviléges par des magistrats qui, malgré leur ignorance, étoient cependant les hommes les plus éclairés du royaume, et qui emploiroient contre le clergé, le courage, l'ambition et la patience qui lui avoient soumis les seigneurs.

L'unique ressource qu'il restoit aux tribunaux ecclésiastiques, pour conserver leur juridiction, c'étoit l'ignorance extrême où tous les ordres de l'état étoient plongés. Mais un rayon de lumière perçoit le nuage: si on découvroit la supposition des fausses décrétales et du décret de Gratien; si on parvenoit à avoir quelque connoissance de la première discipline de l'église, à ne voir dans l'écriture que ce qu'elle renferme, et à ne lui faire dire que ce qu'elle dit en effet; si on parvenoit à se douter des principes d'une saine politique, et à mettre quelque méthode dans ses raisonnemens, toute la puissance temporelle du clergé devoit disparoître comme ces songes que le réveil dissipe. Quand on commença enfin à raisonner, les ecclésiastiques répétèrent par routine les raisonnemens qu'ils tenoient de leurs prédécesseurs. Ils pouvoient se défendre comme citoyens, et opposer avec succès la possession et les coutumes anciennes aux nouveautés que les gens de robe vouloient eux-mêmes introduire; et ils parlèrent encore comme ils avoient parlé dans le temps de la plus épaisse barbarie. On douta de ce droit divin, dont ils étayoient leurs usurpations, on les accusa d'ignorance ou de mauvaise foi, et on ne les crut plus.

«Nous confessons, *devoient dire les évêques*, que nos prédécesseurs se sont trompés quand ils ont cru qu'ils tenoient de Dieu les droits qu'ils ont acquis dans l'ordre politique, et dont nous jouissons. Faits pour gouverner les consciences, non pas au gré de la nôtre, mais en suivant les règles prescrites par l'église, nous devons nous-mêmes obéir à la loi politique du gouvernement où nous vivons. Notre règne n'est point de ce monde, mais nous sommes citoyens par le droit de notre naissance; et si Dieu ne nous a pas faits magistrats, il ne nous défend pas du moins de l'être. La compétence étendue de nos tribunaux, et les droits que vous nous contestez aujourd'hui, ne les avons-nous pas acquis de la même manière que l'ont été tous les autres droits autorisés par l'usage, et avoués par la nation? Vos pères, malheureuses victimes d'un préjugé barbare, s'égorgeoient pour se rendre justice; c'est pour épargner leur sang, c'est pour les éclairer, que nous les avons invités à se soumettre aux jugemens de nos paisibles tribunaux, dont le plus grand de nos rois a transporté les formalités dans les siens. Nous y consentons: croyez, si vous le jugez à propos, que notre intérêt seul nous y a conduits. Mais qui ne mérite pas parmi nous le même reproche? Répondez: quelqu'un possède-t-il dans le royaume une prérogative qui, dans sa naissance, n'ait pas été une injustice, ou dont il n'ait pas abusé pour l'augmenter? Vous-mêmes, ministres de la loi, et qui avez fermé le parlement aux seigneurs, êtes-vous prêts à leur rendre la place que vous occupez? Ne vous croyez-vous pas les juges légitimes de la noblesse?

Nous sommes en possession de juger nos concitoyens; et cette possession est et doit être dans toute nation et dans toute sorte de gouvernement, le titre le plus respectable aux yeux des hommes; ou, sous prétexte de réformer quelques abus, on ouvrira la porte à toutes les usurpations. L'origine de notre droit remonte au temps où la nation avoit des lois, et personne ne partage avec nous cet avantage. Si vous croyez être les maîtres de nous dépouiller aujourd'hui, pourquoi ne le sera-t-on pas de vous dépouiller demain? Craignez de donner un exemple dangereux pour vos propres intérêts. Examinez si c'est votre ambition, ou l'amour du bien public, qui échauffe votre zèle. Nous réclamons la prescription, cette loi tutélaire du repos des nations, mais d'autant plus sacrée pour la nôtre que, marchant depuis plusieurs siècles sans règles et sans principes, nous n'avons eu que des coutumes incertaines et pas une loi fixe. Nous défendrons avec courage nos droits, qui sont les droits des citoyens. S'il importe à la nation de confier à d'autres mains l'autorité temporelle dont nous jouissons et dont elle nous a tacitement revêtus, en la reconnoissant comme légitime par sa soumission, qu'elle s'explique dans les assemblées de nos états généraux, et nous sommes disposés à nous démettre de tout le pouvoir qu'elle voudra reprendre.

S'il s'est introduit des vices dans nos tribunaux, souvenez-vous que vous êtes hommes, et que la foiblesse de l'humanité doit nous servir d'excuse; mais nous sommes coupables et dignes de châtiment, si nous refusons de corriger les abus. Si c'est en qualité d'évêques que nous prétendons être magistrats, dépouillez-nous d'une dignité qui ne nous appartient pas, et qui pourroit devenir funeste à la société: si c'est en qualité de citoyens, respectez notre magistrature, pour faire respecter la vôtre. Une nation ne peut se passer de juges, mais il lui importe peu qu'ils soient pris dans tel ou tel ordre de citoyens, pourvu qu'ils soient les organes incorruptibles des lois nationales. Vous avez raison de craindre les appels de nos tribunaux à la cour de Rome: c'est placer dans la cour du royaume un magistrat étranger, et dont les intérêts ne seront pas les nôtres. Corrigez cette coutume pernicieuse, modifiez-la, invoquez, en un mot, le secours des lois civiles et politiques, pour rendre à la nation une indépendance que lui donnent les lois naturelles, qu'il n'est jamais permis de violer, et contre lesquelles il n'y a point de prescription. Mais craignez de blesser les droits de la religion, en corrigeant les abus que ses ministres en ont fait.»

Les justices du clergé avoient déjà perdu de leur souveraineté et de leur compétence; on commençoit à connoître «des appels[177] comme d'abus,» et la doctrine des cas royaux dont j'ai parlé avoit déjà fait imaginer aux juges laïcs des cas priviligiés, à l'égard des ecclésiastiques, lorsque l'église fut divisée par le schisme le plus long qu'elle ait souffert. A la mort de Grégoire XI, le collége des cardinaux se trouva partagé en deux factions incapables de se rapprocher, et qui se firent chacune un pape. Urbain VIII et Clément VII furent élevés en même-temps sur la chaire de S. Pierre. Ces deux pontifes et leurs successeurs qui, pendant quarante ans, se traitèrent comme des intrus, éclairèrent les fidelles à force de les scandaliser. En s'excommuniant réciproquement, ils rendirent leurs excommunications ridicules, et cette espèce de guerre civile dans le sacerdoce, contribua beaucoup à débarrasser la religion d'une partie des choses étrangères que les passions de ses ministres avoient jointes à l'ouvrage de Dieu. Les deux papes, pour se conserver une église, furent obligés de perdre leur orgueil. Les rois jusqu'alors avoient eu besoin des papes, et les papes à leur tour eurent besoin des rois. La scène du monde changea de face; et le clergé, trop opprimé autrefois par la cour de Rome pour oser se plaindre, osa espérer de secouer le joug.

L'université de Paris, école la plus célèbre de l'Europe, commençoit à connoître l'antiquité ecclésiastique, et à mettre quelque critique dans ses études. Lassée d'ailleurs de contribuer aux décimes perpétuelles qu'exigeoit un pape équivoque, elle se demanda raison des impôts qu'il ordonnoit, et ne voyant que des doutes et de l'obscurité dans les prétentions de la cour de Rome, elle leva la première l'étendard de la révolte. Cette lumière naissante se répandit sur toute la chrétienté. On ouvrit les yeux, parce qu'on étoit avare; et dès qu'ils furent ouverts, et qu'on se fut familiarisé avec la témérité de voir, de penser, de raisonner et de juger par soi-même, on vit une foule de préjugés, d'abus et de désordres; et il parut nécessaire à toute l'église de réformer ses mœurs, sa discipline et son gouvernement.

Ce nouvel esprit se fit remarquer dans le concile de Constance, ouvert en 1414, et terminé six ans après. Mais on en sentit les effets salutaires d'une manière plus sensible dans le concile de Bâle. Les pères de cette assemblée, ennemis de ce despotisme inconnu dans le premier siècle de l'église, et qui avoit été la source de tous les maux, essayèrent de se rapprocher du gouvernement ancien des apôtres, établirent avec raison la supériorité des conciles sur le pape, et détruisirent ou du moins indiquèrent comment il falloit détruire le germe des désordres. Heureuse la chrétienté, si la cour de Rome, en se corrigeant de son ambition, de son avarice, de son faste et de sa mollesse, eût dès-lors prévenu la naissance de ces deux hérésies qui ont soustrait la moitié de l'Europe à la vérité, et allumé des guerres dont la France en particulier a été pendant très-long-temps désolée, sans en retirer aucun avantage!

C'est sur la doctrine du concile de Bâle, malheureusement réprouvée ou ignorée dans presque toute la chrétienté, que fut faite à Bourges cette célèbre pragmatique-sanction, qui retira de l'abîme ce que nous appelons aujourd'hui les libertés de l'église gallicane. C'est-à-dire, qu'avec les débris de l'antiquité, échappés au temps et à la corruption, on travailla à élever un édifice qui ne sera jamais achevé. En érigeant les canons du concile de Bâle sur la discipline en lois de l'état, on se remit à quelques égards sur les traces de l'ancienne église. L'épiscopat fut presque rétabli dans sa première dignité. Le pape fut le chef de l'église, mais non pas le tyran des évêques. On l'avertit de ne plus se regarder comme le législateur dans la religion, et le seigneur suzerain du monde entier dans les choses temporelles. On lui apprit que vicaire de Dieu sur terre, il devoit être le premier à se soumettre à l'ordre qu'il a établi.

Mais les évêques de France avoient une trop haute idée de la politique de la cour de Rome, et craignoient trop son ressentiment, pour penser que la pragmatique-sanction, sans protecteurs zélés et sans défenseurs vigilans, fût une barrière suffisante contre les entreprises du pape. Il falloit surtout se précautionner contre les flatteurs de cette puissance, qui pensant, si je puis m'exprimer ainsi, qu'il étoit de sa dignité d'être incorrigibles, traitoient hardiment d'hérétiques, tous ceux qui, touchés des maux de l'église, proposoient une réforme indispensable. Les évêques prièrent eux-mêmes Charles VII, de se servir de toutes ses forces, pour faire [178] observer la pragmatique-sanction, et d'ordonner à ses justices de maintenir cette loi avec l'attention la plus scrupuleuse. Mais ils n'évitèrent aucun écueil que pour échouer contre un autre. Les magistrats se prévalurent du besoin que le clergé avoit d'eux contre la cour de Rome, pour s'enrichir de ses dépouilles, et soumettre sa juridiction à la leur.

Sous prétexte de réprimer les contraventions faites à la pragmatique-sanction, et d'ôter au pape la connoissance des affaires intérieures du royaume, il fallut autoriser et accréditer la jurisprudence naissante d'appel comme d'abus. Il ne devoit d'abord avoir lieu qu'en cas d'abus notoire, ou dans les occasions importantes qui intéressoient l'ordre public; mais bientôt toutes les sentences des officialités y furent soumises, et la juridiction des évêques rentra ainsi dans l'ordre du gouvernement national et politique.

Il le faut avouer cependant, quelle que fût l'attention des gens de robe, à étendre leur autorité, cette jurisprudence ne se seroit point accréditée aussi promptement qu'elle fit, si les évêques n'avoient pas voulu exercer sur les ministres inférieurs de l'église, le même despotisme qui leur avoit paru intolérable dans le pape. Les uns méprisoient les règles, parce qu'il paroît commode à l'ignorance et doux à la vanité, de n'en point reconnoître. Les autres les violoient, parce qu'ils les regardoient comme un obstacle à leur zèle, et ne savoient pas que la conscience qui ne se soumet point à l'ordre et à la règle dans l'administration des affaires, est aveugle, imprudente et erronée. Ils forcèrent le clergé du second ordre à chercher une protection contre leur dureté; et avec ce secours, les magistrats laïcs consommèrent leur entreprise.

Les évêques n'ont pas perdu l'espérance de se relever. Qui peut prévoir les changemens que de nouvelles circonstances et des événemens extraordinaires peuvent produire? Peut-être obtiendront-ils un jour la suppression de l'appel comme d'abus qui les offense: mais qu'ils y réfléchissent, ce pouvoir qu'ils prétendent exercer sur le clergé du second ordre, ils seront alors obligés eux-mêmes de le supporter de la part du pape; et que de maux naîtroient peut-être de ce changement! Peut-être reverroit-on tous les désordres que l'ambition de la cour de Rome a autrefois causés.

CHAPITRE VI.

Par quelles causes le gouvernement féodal a subsisté en Allemagne, pendant qu'il a été détruit en France.

PEUT-ETRE demandera-t-on pourquoi le gouvernement féodal subsiste en Allemagne, pendant qu'il a été détruit en France; plusieurs causes y ont contribué. L'Allemagne, dont Louis-le-Débonnaire avoit fait un royaume pour Louis-le-Germanique, son second fils, conserva plus long-temps ses lois, que la partie de l'Empire qui fut le partage de Charles-le-Chauve, et éprouva plus tard les révolutions qui firent changer de nature aux bénéfices. Les rois de Germanie[179] disposoient encore librement de leurs bienfaits, lorsqu'en France, les bénéfices, les comtés et les duchés étoient déjà devenus depuis long-temps le patrimoine des familles qui les possédoient. Ce ne fut que quand Conrad II fit une expédition en Italie, dont il pacifia les troubles, que les bénéfices, qui ne passoient point encore aux petits-fils de ceux qui en avoient été investis, leur furent accordés; et c'est sous le règne de Frédéric I, ou peu de temps avant, qu'ils devinrent héréditaires.

L'Allemagne étoit bornée au Nord et à l'Orient par des peuples barbares, toujours prêts à faire la guerre, et semblables à ces anciens Germains qui se glorifioient de ne subsister que de pillage et de butin, et qui détruisirent l'Empire Romain. Les seigneurs Allemands sentirent la nécessité d'être unis pour leur résister, et l'union produit ou entretient l'ordre et la subordination. Si les ravages que les Normands firent dans nos provinces, loin d'y produire un effet si salutaire, y ruinèrent les lois; si les seigneurs Allemands se hâtèrent moins que les seigneurs Français d'affecter dans leurs domaines une entière souveraineté, il ne faut vraisemblablement l'attribuer qu'aux qualités personnelles des princes qui régnèrent en France et en Allemagne. Les uns répandirent de si grands bienfaits par foiblesse, qu'ils en furent épuisés et ne durent trouver que des ingrats; les autres ménagèrent avec plus de prudence leurs dons, et l'espérance qui leur attachoit des créatures, les rendoit puissans.

Tandis que les Français avoient pour rois des Charles-le-Simple, des Louis d'Outremer, des Louis-le-Fainéant, ou des usurpateurs qui n'étoient point avoués par la nation, et qui ne songeoient qu'à leurs intérêts particuliers, Conrad I fut placé sur le trône d'Allemagne, par un prince que les Allemands y avoient appelé par estime pour sa vertu, et qui crut que son grand âge le rendoit peu propre à être à la tête de l'Empire. Henri, surnommé l'Oiseleur[180], lui succéda, et vengea l'Allemagne des affronts que lui avoient faits les Hongrois et d'autres barbares. Othon I, par des talens encore plus grands, affermit l'Empire, et en se faisant craindre au-dehors, se fit respecter au-dedans.

Les provinces devinrent le patrimoine des magistrats qui les régissoient, le gouvernement féodal s'établit, et les droits et les devoirs respectifs des suzerains et des vassaux furent enfin les mêmes en Allemagne qu'en France; mais ces droits y furent respectés, et ces devoirs plus régulièrement observés. En éprouvant les plus grandes révolutions, les Allemands qui avoient été plus lents dans leurs démarches, <u>conservèrent</u> par tradition un reste des lois que Charlemagne leur avoit données. Il subsista une puissance publique au milieu des désordres de l'anarchie. Il se tint encore des assemblées générales de la nation; et quoique ces diètes, toujours irrégulières et souvent tumultueuses, fussent incapables de donner un seul intérêt à toute l'Allemagne, de fixer d'une manière certaine les droits et les devoirs de chaque ordre, et d'armer les lois de la force qui les fait respecter, elles remédièrent cependant à plusieurs maux, et réprimèrent jusqu'à un certain point l'activité de l'avarice et de l'ambition. Les nouveautés durent s'accréditer moins aisément; une usurpation devoit paroître une usurpation aux yeux des Allemands assemblés, tandis qu'elle devoit servir de titre en France pour en faire une nouvelle. Les successeurs de Charles-le-Chauve n'avoient conservé quelques foibles droits que sur leurs vassaux immédiats; et le nombre de ces vassaux étant très-borné, il ne devoit subsister aucune uniformité dans les usages du royaume, et par conséquent il étoit plus facile de les violer. Il n'en fut pas de même en Allemagne; tous les fiefs conservèrent leur immédiateté à l'empereur, et la dignité impériale en fut plus généralement respectée. Leur égalité en dignité contribua à entretenir une certaine uniformité dans les droits et les devoirs de la suzeraineté et du vasselage; et des coutumes trop variées et trop multipliées n'invitèrent point à la tyrannie.

Les seigneurs Allemands, souvent assemblés dans leurs diètes, connurent mieux leurs intérêts que les seigneurs Français. Par la raison même qu'un prince étoit puissant, il eut plusieurs ennemis attentifs à l'examiner, et ligués pour lui résister. Malgré les divisions intestines du corps Germanique, aucune puissance ne pouvoit donc en profiter pour prendre un certain ascendant sur les autres, et jetter les fondemens du pouvoir arbitraire, sous prétexte d'établir un meilleur ordre et une paix durable. Leurs fiefs, donnés à des soldats, conservèrent leur premier caractère, et ne passèrent point à un sexe incapable de faire la guerre; ainsi une maison ne pouvoit point s'accroître subitement par ses alliances. Enfin, quoique les empereurs eussent beaucoup plus d'autorité dans l'Empire que les premiers Capétiens n'en avoient en France, les Allemands n'eurent rien à craindre pour la dignité et les prérogatives de leurs fiefs, parce que la couronne impériale étoit élective.

On voit dès-lors combien les intérêts des empereurs et des rois de France étoient différens à l'égard de leur nation. Ces derniers devoient augmenter les prérogatives du trône, qu'ils regardoient comme leur propre bien. Ils devoient se servir, ainsi qu'ils ont fait, de tous les moyens et de toutes les circonstances que leur fournissoient la fortune, leur suzeraineté, les divisions, l'inconsidération, la légéreté et les autres vices des Français, pour élever la puissance royale sur la ruine des fiefs. Les empereurs avoient un intérêt tout contraire. Ils devoient être plus attachés à la dignité de leurs terres patrimoniales, qu'aux prérogatives d'une couronne élective, qu'ils n'étoient jamais sûrs de placer sur la tête de leurs fils, et dont ils n'auroient étendu les droits qu'au préjudice de leur maison. Il y avoit donc en France une cause toujours subsistante de la décadence des seigneuries, et un poids qui entraînoit la nation malgré elle, à une véritable monarchie, tandis qu'en Allemagne tout tendoit au contraire à augmenter et affermir la grandeur des vassaux. Il y a quelquefois dans les états des intérêts déliés et cachés qui ne se font sentir qu'aux esprits accoutumés à penser avec autant de profondeur que de sagacité; rarement ces intérêts servent de règle à un peuple pour se conduire. Mais ceux dont je parle, étoient des intérêts fondés sur les passions les plus familières aux hommes; et sans avoir la peine de réfléchir, on ne s'en écarte jamais. On obéit alors sans effort à une espèce d'instinct; et plusieurs empereurs travaillèrent avec autant de soin à dégrader la dignité impériale, soit en vendant, soit en aliénant ses droits et ses domaines, que les Capétiens s'appliquèrent à s'enrichir des dépouilles de leurs vassaux.

Les empereurs furent d'ailleurs occupés d'affaires trop importantes au-dehors, pour qu'ils pussent penser de suite aux intérêts de leur maison, et prendre les mesures nécessaires pour l'affermir sur le trône. Othon I, plus ambitieux que son père, ne s'étant pas contenté de la qualité de roi de Germanie, passa en Italie, où il s'étoit élevé plusieurs tyrans qui ravageoient cette riche province et se disputoient l'Empire. Il les soumit, et unit pour toujours la dignité impériale à la couronne d'Allemagne. L'avantage de régner sur l'Italie, qui fut contesté à ses successeurs, et qu'ils se firent un point d'honneur de conserver, les obligea souvent de sortir d'Allemagne pour porter la guerre en Lombardie. Dès que les divisions funestes du sacerdoce et de l'Empire eurent éclaté, les empereurs, méprisés si on les soupçonnoit d'abandonner par timidité leurs intérêts, ou attaqués de toutes parts par les ennemis que leur suscitoient les excommunications des papes, s'ils formoient des entreprises dignes d'eux, étoient toujours chancelans sur le trône. Au milieu des mêmes périls, les Capétiens, loin de songer à détruire la puissance de leurs vassaux, n'auroient pensé qu'à se soutenir en se conciliant leur amitié. D'autres besoins et d'autres circonstances auroient donné un autre cours aux affaires. Qu'on ne soit donc pas étonné si Philippe-le-Hardi étoit déjà un monarque puissant, et prêt à se voir le législateur de sa nation, tandis que la couronne impériale, avilie au contraire et dégradée, étoit offerte inutilement par les Allemands à des princes[181] qui n'osoient l'accepter.

Ce fut pendant le long interrègne qui suivit la mort de Frédéric II, que les seigneurs d'Allemagne, accoutumés aux troubles de leurs guerres civiles, aspirèrent à une entière indépendance, et que leur gouvernement féodal devint absolument pareil à celui des Français, quand Hugues-Capet monta sur le trône. Le serment des fiefs ne fut plus un lien entre les différentes parties de l'état. On ne voulut plus reconnoître ni loi ni subordination; l'anarchie permettant tout à la force et à la violence, il devoit s'établir les coutumes et les droits les plus bizarres et les plus monstrueux.

Rodolphe de Hapsbourg fut enfin élevé à l'Empire; Adolphe de Nassau lui succéda, et eut pour successeur Henri VII, simple comte de Lutzelbourg. Des princes si peu puissans par eux-mêmes, loin d'aspirer à gouverner avec la même autorité que leurs prédécesseurs, n'osoient pas même réclamer en leur faveur les anciennes lois. On ne tint plus de diète générale. Ces assemblées se changèrent en des conventicules de séditieux et de tyrans, et l'Allemagne fut déchirée dans chacune de ses provinces par des partis, des cabales, des factions et des guerres. Plus les maux de l'Empire étoient grands, plus il étoit vraisemblable qu'on n'iroit point en chercher le remède dans ses anciennes constitutions, ignorées pour la plupart, ou qui ne pouvoient pas inspirer de la confiance. L'Allemagne devoit naturellement ne sortir de l'anarchie qu'en établissant son gouvernement sur des principes tout nouveaux; car telle est la manie éternelle des hommes, que plus ils sont fatigués de leur situation, plus ils cherchent des moyens tranchans et décisifs pour la changer; le désespoir porte alors les peuples au-delà du but qu'ils doivent se proposer, et produit ces révolutions qui les ont souvent fait passer de la liberté la plus licencieuse à la tyrannie la plus accablante, et quelquefois du despotisme le plus dur à la liberté la plus inquiète et la plus jalouse de ses droits.

A force d'éprouver des malheurs, l'Empire sentit enfin la nécessité de l'ordre et de la subordination; et quand Charles IV publia dans une diète la célèbre constitution connue sous le nom de bulle d'or, et commença ainsi à débrouiller le chaos Germanique, les seigneurs Allemands se comportèrent avec une intelligence que n'annonçoit point la barbarie de leurs coutumes, soit que l'égalité de leurs forces leur donnât le goût de l'égalité politique, soit que n'étant point distribués, comme en France, en différentes classes de seigneurs subordonnés les uns aux autres, leur jalousie ne les portât pas à se ruiner mutuellement; ils ne travaillèrent ni à augmenter ni à détruire les droits et les devoirs de la suzeraineté et du vasselage; ils ne furent occupés qu'à les régler. Pour prévenir les désordres qui paroissent inévitables dans la constitution féodale, ils eurent la sagesse de distinguer la liberté de l'anarchie, qu'il n'étoit alors que trop commun de confondre; et pour n'avoir point un maître, ils consentirent d'obéir à des lois. Les diètes de l'Empire recommencèrent, les priviléges de chaque seigneur en particulier furent sous la protection du corps entier de la nation. Un gouvernement qui n'avoit jamais eu en France que des coutumes incertaines et flottantes, acquit en

Allemagne une certaine solidité; il fut en état de pourvoir à ses besoins, de faire, selon les circonstances, des règlemens avantageux, et d'établir une sorte d'équilibre entre l'empereur et ses vassaux.

Il est vrai que les lois de l'empire étoient incapables d'y entretenir une paix solide; mais elles suffisoient pour conserver aux fiefs toute leur dignité. Tant s'en faut que le corps Germanique craignît, après cette première réforme, d'être opprimé par les empereurs, que ces princes dont les prédécesseurs avoient aliéné ou vendu tous les droits et tous les domaines de l'Empire, n'étoient pas même en état de soutenir leur dignité, s'ils ne possédoient de leur chef quelque riche province. Il falloit nécessairement que les diètes consentissent à payer des contributions à l'empereur, ou n'élevassent sur le trône qu'un prince assez puissant pour se passer de leurs secours.

Telle étoit la situation de l'Allemagne à la mort de Maximilien I. Les électeurs sans doute consultèrent plus leur avarice que les intérêts de leur puissance, quand ils lui donnèrent pour successeur Charles-Quint, dont les forces redoutables à l'Europe entière, étoient capables de rompre cet équilibre de pouvoir qui faisoit la sûreté de l'Empire. Il est vrai qu'on fit jurer à ce prince une capitulation qui donnoit des bornes certaines à la prérogative impériale, et fixoit les droits des membres de l'Empire. Mais qu'en faut-il conclure? Que l'avarice des électeurs ne les aveugla pas entièrement sur le péril auquel ils s'exposoient, et qu'ils furent assez imprudens pour espérer que des sermens et un traité seroient une barrière suffisante contre l'ambition, la force et les richesses de la maison d'Autriche.

L'Empire, quoique toujours électif quant au droit, devint héréditaire quant au fait; et c'étoit déjà un grand mal pour la liberté des vassaux de l'Empire, que les Allemands s'accoutumassent à voir constamment la dignité impériale dans une même maison. Si l'Europe eut encore été dans la même situation où elle étoit deux ou trois siècles auparavant; si chaque peuple eut encore été trop occupé de ses désordres domestiques pour prendre part aux affaires de ses voisins; si l'esprit d'ambition et de conquête n'eut déjà commencé à lier par des négociations et des ligues les principales puissances, ou à les rendre ennemies en leur donnant des intérêts opposés; sans doute que les vassaux des empereurs Autrichiens auroient eu le même sort que ceux des rois de France. Ils ne conservèrent les droits et les priviléges de leurs fiefs que parce que Charles-Quint s'étoit tracé un mauvais plan d'agrandissement. Ce prince, trop ambitieux, n'eut égard ni à sa situation ni à celle de ses voisins. Voulant asservir à la fois l'Empire et l'Europe, il succomba sous la grandeur de son projet. Son inquiétude avertit les étrangers de secourir l'Allemagne, et força l'Allemagne à chercher des alliés et des protecteurs chez ses voisins. S'il eut eu l'adresse d'affecter de la modération et de la justice, d'éblouir l'Empire par un zèle affecté pour le bien public, d'en corrompre les princes par des promesses et des bienfaits, de les acheter avec l'or que lui donnoient les Indes, et de les préparer ainsi avec lenteur à la servitude; s'il eut flatté l'orgueil des Allemands pour se servir de leurs forces contre les étrangers, peut-être qu'en rentrant victorieux en Allemagne, il auroit pu sans danger y parler en maître. Il auroit du moins mis ses successeurs en état d'acquérir peu à peu assez d'autorité dans l'Empire, pour substituer une véritable monarchie à son gouvernement féodal.

Ferdinand I et ses descendans ne furent pas assez habiles pour corriger le plan défectueux de politique que Charles-Quint leur avoit laissé; et tous les efforts de la maison d'Autriche pour subjuguer l'Empire, n'ont servi qu'à allumer des guerres cruelles, et à faire prendre au gouvernement la forme la plus favorable à la dignité des différentes puissances qui composent le corps Germanique. A force de borner les droits des empereurs, on en est venu à regarder l'Empire comme leur supérieur. Le prince étoit autrefois considéré comme la source et l'origine de tous les fiefs, qui étoient censés autant de portions détachées de son domaine: aujourd'hui il donne l'investiture de ces mêmes fiefs, mais ce n'est plus en qualité de donateur, c'est comme délégué de l'Empire, à qui ils appartiennent. Le gouvernement féodal d'Allemagne a pris la forme la plus sage dont il étoit susceptible. Si on juge de sa constitution relativement à l'objet que les hommes doivent se proposer en se réunissant par les liens de la société; si cet objet est d'unir toutes les parties de la société pour les faire concourir de concert à la conservation de la paix, de l'ordre, de la liberté, de la subordination et des lois; sans doute qu'on remarquera des vices énormes dans le gouvernement Germanique. Mais si on regarde tous les membres de l'Empire comme des puissances simplement alliées les unes des autres par des traités, et unies par des négociations continuelles dans une espèce de congrès toujours subsistant, on verra que des puissances libres et indépendantes ne pouvoient pas prendre des mesures plus sages pour entretenir la paix entre elles, et prévenir leur ruine.

Fin du livre quatrième.

OBSERVATIONS
SUR
L'HISTOIRE DE FRANCE.

LIVRE CINQUIÈME.

CHAPITRE PREMIER.

Situation de la France à l'avénement de Philippe de Valois au trône. — État dans lequel ce prince laissa le royaume à sa mort.

A l'exception de l'Aquitaine, de la Bourgogne, de la Flandre et de la Bretagne, dont les seigneurs jouissoient encore des prérogatives des fiefs, et ne reconnoissoient dans le roi qu'un suzerain et non pas un monarque, on a vu que quand Philippe de Valois monta sur le trône, tous les appuis du gouvernement féodal étoient détruits dans les autres provinces du royaume. Si la foi donnée et reçue n'y étoit plus le seul lien qui unit

OBSERVATIONS
SUR
L'HISTOIRE DE FRANCE.

LIVRE CINQUIÈME.

CHAPITRE PREMIER.

Situation de la France à l'avénement de Philippe de Valois au trône.—État dans lequel ce prince laissa le royaume à sa mort.

A l'exception de l'Aquitaine, de la Bourgogne, de la Flandre et de la Bretagne, dont les seigneurs jouissoient encore des prérogatives des fiefs, et ne reconnoissoient dans le roi qu'un suzerain et non pas un monarque, on a vu que quand Philippe de Valois monta sur le trône, tous les appuis du gouvernement féodal étoient détruits dans les autres provinces du royaume. Si la foi donnée et reçue n'y étoit plus le seul lien qui unit foiblement les membres de l'état; si les vassaux, devenus sujets, avoient vu changer la nature de leurs devoirs; si, en un mot, la plus grande partie de la nation reconnoissoit dans le roi son suprême législateur, elle étoit cependant bien éloignée du point où la politique lui ordonnoit d'aspirer; je ne dis pas pour goûter un bonheur durable, mais pour jouir de quelque repos par le secours et sous la protection des lois.

Les mœurs, les préjugés et le caractère national que l'ancien gouvernement avoit fait naître, subsistoient encore dans les provinces où les principes de l'anarchie féodale ne subsistoient plus. Telle est la force de l'habitude, qu'elle nous attache malgré nous aux coutumes mêmes dont nous nous plaignons. Les Français, qui avoient vu anéantir successivement ces droits bizarres et insensés dont j'ai parlé, avoient de la peine à se plier à un nouveau gouvernement que l'inconsidération, la légèreté et l'ignorance de leurs pères avoient rendu nécessaire. Soit que le prince lui-même ne fût pas encore familiarisé avec sa nouvelle puissance, ou qu'il n'osât offenser la rudesse indocile des mœurs publiques, il paroissoit plus attaché à l'ancienne politique d'un suzerain qu'à celle qu'exigeoit sa nouvelle qualité de législateur. En parlant vaguement de la nécessité de l'obéissance, sans avoir aucune idée raisonnable sur la nature, l'objet et la fin des lois, la nation ne savoit pas obéir à un monarque qui ne savoit pas commander: on avoit détruit l'ancien gouvernement, et pour affermir le nouveau, il restoit à détruire le génie que les fiefs avoient donné.

S. Louis s'étoit fait, il est vrai, une idée assez juste de la puissance législative; il croyoit qu'elle devoit au moins être aussi utile aux citoyens soumis aux lois qu'au législateur même; la plupart de ses établissemens paroissent marqués à ce caractère, et c'est sans doute ce qui leur donna beaucoup de crédit; mais ses successeurs ne pensèrent pas avec la même sagesse. Faute de génie ou d'amour pour le bien public, ils n'embrassèrent point dans leurs vues le corps entier de la nation, et ne virent qu'eux dans l'état. Ils imaginèrent que le pouvoir de faire des lois consistoit à donner à leur fantaisie des chartes ou des ordres particuliers. Leurs sujets ne voyant rien de fixe dans la législation, ni rien qui contribuât sensiblement à leur bonheur, sentirent seulement qu'on tentoit de les asservir, et devoient être continuellement effarouchés. Les Français, qui ne retiroient presque aucun avantage d'avoir enfin parmi eux une puissance législative, se roidirent contre les événemens qui, si je puis parler ainsi, les poussoient malgré eux à la monarchie; ils regrettoient les droits qu'ils avoient perdus, espéroient de les recouvrer, et ne devoient pas abandonner avec docilité ceux qu'ils possédoient encore.

Quelque artificieuse qu'eût été la politique de Philippe-le-Bel, il n'avoit pu cacher son avarice et son ambition. Dans le moment qu'il préparoit ou consommoit ses fraudes, ses sujets ne s'en apercevoient pas; mais ils voyoient enfin qu'ils avoient été trompés. Une défiance générale s'empara des esprits, et les intérêts du prince et de la nation, qui auroient dû commencer à se confondre, restèrent séparés. Ses fils, moins adroits et aussi entreprenans que lui, suivirent son exemple, et les Français, ne voyant dans le législateur qu'un maître continuellement occupé de sa fortune particulière, continuèrent à éprouver, dans une monarchie incertaine et lente à se former, la plupart des désordres de l'ancien gouvernement féodal qui ne subsistoit plus.

Si ces princes, en assemblant les états-généraux, n'eussent travaillé qu'à rapprocher et unir les différens ordres de citoyens, au lieu de les diviser par des haines; s'ils eussent été assez vertueux pour ne songer aux avantages de leur couronne qu'en ne s'occupant que de l'intérêt public; si du moins leurs passions plus habiles avoient eu la sagesse d'emprunter le masque de quelques vertus: sans doute que les mœurs des François auroient promptement changé, et qu'à l'avénement de Philippe-de-Valois au trône, ils auroient déjà acquis assez de lumières pour entrevoir la fin qu'ils devoient se proposer, et les moyens d'y parvenir. Le clergé, la noblesse et le peuple, instruits par la générosité du prince, auroient bientôt appris à se faire des sacrifices réciproques: chaque ordre auroit compris que, pour ne pas se plaindre des autres, il falloit ne leur pas donner de justes sujets de plainte. Le clergé auroit vu sans inquiétude la décadence d'une[182] autorité qui lui étoit funeste, puisqu'elle étoit dangereuse pour l'état dont il faisoit partie. Les seigneurs, en prenant des sentimens de citoyens, auroient oublié peu à peu les anciennes prérogatives de leurs terres; et la connoissance d'un nouveau bien auroit tempéré leur orgueil, leur avarice et leur ambition. Le tiers état, délivré de ses oppresseurs, auroit reconnu sans répugnance leur dignité, il se seroit affectionné à l'état qu'il auroit fait fleurir. Le roi enfin, renonçant aux droits bizarres et tyranniques de sa souveraineté, auroit commencé à jouir sans effort des droits équitables et plus étendus de sa royauté.

Les Français ayant enfin une patrie, auroient appris la méthode de procéder dans la réforme du gouvernement: des réglemens d'abord grossiers en auroient préparé de plus sages; la nation, instruite par son expérience journalière, se seroit élevée jusqu'à connoître les rapports secrets et déliés par lesquels le bonheur particulier de chaque citoyen est uni au bonheur général de la société, et tous les ressorts de l'état auroient tendu ensemble à la même fin. A la place de ces chartes, de ces ordonnances, tour à tour dictées par le caprice, l'ambition, l'avarice ou la crainte, et qui entretenoient et augmentoient par-tout le trouble et la confusion, nos pères auroient eu des loix générales et impartiales, auxquelles ils auroient donné la force, la majesté et la stabilité qui leur sont nécessaires: des mœurs portées à une licence extrême n'auroient plus été en contradiction avec un gouvernement qui exigeoit la plus grande docilité, et, en conciliant la puissance du prince et la liberté des sujets, on eût tari la source des révolutions dont la France étoit encore menacée.

L'ignorance la plus barbare sembla présider dans les états-généraux que convoquèrent les fils de Philippe-le-Bel. Tandis que les trois ordres, sans objet fixe, sans vue suivie, sans règle constante, flottoient au gré des événemens et de leurs passions, le prince, qui n'étoit pas plus éclairé qu'eux, ne travailloit qu'à diviser des forces dont il craignoit la réunion, et ne savoit pas ensuite profiter de la division qu'il avoit fomentée: il croyoit affermir une monarchie naissante, en continuant d'employer la même politique et les mêmes fraudes dont ses prédécesseurs s'étoient servis pour tromper leurs vassaux et ruiner les prérogatives de leurs fiefs. De-là ce mélange bizarre de despotisme, de foiblesse et de démarches contraires, qui, tour à tour favorable à l'indocilité des sujets et aux prétentions de la couronne, laissoit incertain le sort du royaume.

En effet, des princes jaloux de leur autorité, et qui n'aspiroient qu'à détruire l'indépendance féodale, créoient cependant de nouveaux pairs pour jouir[183] dans leurs terres des mêmes prérogatives qu'ils redoutoient dans le duc de Bourgogne, le duc d'Aquitaine, et le comte de Flandre; ils n'étoient occupés qu'à faire de nouvelles acquisitions, parce qu'ils sentoient que les progrès de leur autorité dépendoient des richesses avec lesquelles ils pouvoient acheter des créatures et des soldats; et ils abandonnoient de riches apanages à leurs enfans, sans prévoir que la couronne, appauvrie par cet abandon continuel de ses domaines, seroit bientôt dégradée: ils n'imaginoient pas même d'établir une sorte de substitution, pour empêcher que ces apanages ne passassent dans des maisons étrangères et peut-être ennemies.[184]

Les progrès que la puissance royale avoit faits, préparoient ceux qu'elle vouloit faire; et cependant il semble quelquefois que les prérogatives qu'on lui a données, ne sont encore que des prétentions chimériques. Le même prince qui ne doute point qu'on ne doive obéir religieusement à ses ordres, et qui, dans quelques occasions, a agi en monarque absolu, seroit encore réduit à promettre de rétablir les coutumes pratiquées sous le règne de St.

Louis: il renouvelle les chartes accordées[185] dans la plus grande anarchie des fiefs, et qui, en autorisant les seigneurs à faire la guerre au roi même, auroient fait revivre l'indépendance féodale, si elle avoit pu subsister. On voit à la fois dans la nation un législateur qui prétend que tout est soumis à ses ordres, des seigneurs qui n'avoient pas renoncé à leurs guerres privées, et l'ordre public si foible, si incertain, ou plutôt si inconnu, que les Valois furent obligés de donner des lettres de sauvegarde, et des gardiens particuliers aux églises, aux monastères et aux communautés pour les défendre à main armée, et les protéger contre leurs ennemis.

Quand Philippe-le-Bel avoit fait une loi pour disposer de la régence de ses états, dans le cas qu'il mourût avant que son successeur eût atteint l'âge de majorité, il avoit cru nécessaire d'en faire garantir l'exécution[186] par les seigneurs les plus considérables, preuve certaine qu'il étoit peu persuadé lui-même du respect dû à son pouvoir; et les Valois eurent encore recours à la même méthode pour donner quelque poids à leurs ordonnances et à leurs engagemens: leurs sujets, qui signoient leurs traités comme garans, étoient autorisés à prendre les armes contre eux, ou du moins à ne leur donner aucun secours s'ils en violoient quelque article: et quel nom peut-on donner à une administration qui suppose que tout est incertain et précaire? En lisant l'histoire de France sous ces règnes malheureux, on croiroit lire à la fois l'histoire de deux peuples différens; c'est un assemblage monstrueux de prétentions, de coutumes et de droits opposés, qui s'éteignent, qui renaissent, qui se succèdent tour à tour, et qui, paroissant devoir s'exclure mutuellement, subsistent quelquefois en même temps. Pendant que Charles V régnoit avec un empire absolu, les seigneurs affectoient encore une sorte de souveraineté dans leurs terres, et les anciens préjugés des fiefs osoient se montrer avec assez d'audace, pour que le parlement crût nécessaire de rendre un arrêt[187] qui assurât à ce prince des prérogatives qu'on n'avoit presque pas contestées à Philippe-le-Hardi.

La cause principale de ces contradictions, c'est que les prédécesseurs de Philippe-de-Valois, en étendant leurs droits et leurs prétentions, n'avoient pas apporté les mêmes soins à multiplier leurs richesses et gouverner leurs finances. Ils avoient été obligés de laisser leurs domaines en proie à leurs ministres et à leurs officiers, qui les auroient mal servis à établir la monarchie sur les ruines des fiefs, si leur zèle n'avoit pas fait leur fortune. Plus vains d'ailleurs qu'ambitieux, ils s'étoient livrés au luxe, et avant que d'avoir affermi leur puissance, leur pauvreté les avoit forcés de faire des extorsions secrètes, ou de recourir à la libéralité de leurs sujets; mais quelques prérogatives qu'ils eussent acquises, on ne s'étoit point accoutumé à les regarder comme les juges des besoins de l'état, et les arbitres des impositions nécessaires pour y subvenir. Plus Philippe-le-Bel et ses fils mirent d'art à tromper la nation sur cet objet important, plus elle fut attentive de son côté à ne laisser lever aucun impôt, sans que le gouvernement eût traité avec elle. Si ses franchises à cet égard étoient violées, ses murmures, ou plutôt ses menaces, contraignoient le prince à les rétablir; et l'autorité royale, ébranlée par différentes secousses, étoit moins respectée, ou perdoit même quelques-uns des droits auxquels les esprits commençoient à s'accoutumer. La nation avoit soin de stipuler que tous ses dons étoient gratuits, et en ajoutant que le roi ne pourroit en inférer aucune[188] prétention pour l'avenir, elle se rendoit toujours nécessaire au gouvernement, et empêchoit que le pouvoir arbitraire ne s'affermît.

Si Philippe de Valois et ses fils, possesseurs paisibles du royaume, n'avoient été exposés à aucun danger extraordinaire de la part des rois d'Angleterre, ils ne se seroient point vus dans la nécessité de lasser la patience de leurs sujets par des demandes de subsides trop fortes et trop souvent répétées; n'étant point dégradés par leurs besoins, peut-être seroient-ils parvenus, à force d'art, à établir arbitrairement quelques médiocres impôts, qui n'auroient excité que de légères plaintes; en tâtant continuellement les dispositions de leurs sujets, en avançant à propos, en reculant avec prudence, un abus léger se seroit insensiblement converti en droit incontestable: toute l'histoire de France est une preuve certaine de cette vérité. Si Philippe de Valois eût ménagé l'avarice de ses sujets, il eût laissé à son successeur le droit de suivre son exemple avec moins de retenue; et quand le prince auroit enfin obtenu peu à peu la prérogative importante de décider à son gré des impositions, il lui auroit été facile de dissoudre, pour ainsi dire, la nation, en ne convoquant plus les états-généraux; bientôt il auroit gouverné avec un empire absolu, et ces mœurs, ces préjugés, ce caractère que les fiefs avoient donnés, et qui sembloient tenir la nation en équilibre entre la monarchie et le gouvernement libre, en l'exposant à des agitations violentes, auroient eu le même sort que les coutumes qui les avoient fait naître.

Mais il s'en falloit bien que les circonstances où Philippe-de-Valois se trouva, lui permissent de n'être point à charge à ses sujets. Après l'exclusion des filles de Louis Hutin et de Philippe-le-Long au trône, le sort de la princesse, dont la veuve de Charles-le-Bel accoucha, paroissoit décidé; et quoique Philippe-de-Valois, à la faveur de deux exemples qui établissoient la succession telle[189] qu'elle est aujourd'hui, eût fait sans peine reconnoître ses droits, Edouard III, un des rois les plus célèbres qu'ait eu l'Angleterre, revendiqua la France comme son héritage. Il étoit fils d'une fille de Philippe-le-Bel, et en convenant que les princesses ne pouvoient succéder à la couronne, il prétendoit qu'elles étoient dépositaires d'un droit dont il ne leur étoit pas permis de jouir, et qu'elles le transmettoient à leurs enfans mâles. On répondoit à cette subtilité; mais l'ambition des rois se soumet-elle à des règles, et l'Europe, depuis long-temps, n'étoit-elle pas accoutumée à voir les lois obéir à la force? Les hostilités commencèrent donc, et la fortune favorisa Edouard, ou plutôt la victoire se rangea sous les drapeaux d'un prince aussi habile dans la politique de son siècle que grand capitaine, et à qui son ennemi n'opposoit qu'un courage aveugle et téméraire.

Philippe fut battu à Crécy, et la perte de Calais ouvrit aux Anglais les provinces les plus importantes du royaume. Ces succès, dont nos historiens ne parlent qu'avec une sorte de terreur, paroissent décisifs, quand on ne fait attention qu'aux désordres du gouvernement de France; mais on juge sans peine qu'ils n'annonçoient point la ruine entière de Philippe-de-Valois et de sa nation, ni la fin de la querelle allumée entre les Français et les Anglais: dès qu'on se rappelle la manière dont on faisoit alors la guerre, et que le gouvernement d'Angleterre, quoique moins vicieux que le nôtre, avoit cependant de très-grands vices. Le vainqueur, en effet épuisé, par sa propre victoire, ne fut pas en état de profiter de ses avantages; mais il n'en conçut pas des espérances moins ambitieuses: le vaincu, de son côté, espéra de réparer ses pertes et de se venger; et on ne fit qu'une trêve, qui, n'offrant qu'une fausse image de la paix, devoit perpétuer les maux de la guerre, et forçoit Philippe à fatiguer, ou du moins à éprouver pendant long-temps la patience et l'avarice de ses sujets.

Ce prince cependant, plus haï que craint, avoit aliéné, par la dureté de son gouvernement, des esprits qu'il auroit été d'autant plus nécessaire de ne pas indisposer, que son ennemi avoit le talent de gagner les cœurs. Edouard, en entrant en France, avoit publié une espèce[190] de manifeste, par lequel il promettoit aux Français de les rétablir dans la jouissance de leurs anciens priviléges, et les invitoit à recouvrer les droits dont leurs pères avoient joui: on ne se fia pas sans doute aux promesses d'un prince dont les Anglais redoutoient l'ambition, et plus puissant dans ses états que Philippe ne l'étoit dans les siens; mais cette démarche n'étoit que trop propre à donner une nouvelle force aux mœurs et aux préjugés des fiefs. Tous les ordres de l'état, également opprimés, ne purent s'empêcher de voir et de regretter ce qu'ils avoient perdu. Le souvenir du passé produisit une sorte d'inquiétude sur l'avenir; on se plaignit, on murmura, et on fut plus indigné après la bataille de Crécy des changemens que Philippe fit dans les monnoies, et des nouveaux impôts[191] qu'il établit sans le consentement des états, qu'on ne l'avoit été de la manière injuste et despotique dont il avoit fait conduire au supplice Olivier de Clisson et plusieurs gentilshommes Bretons et Normands. Quelques seigneurs embrassèrent les intérêts d'Edouard, et se lièrent à lui ouvertement ou en secret; les autres virent sans chagrin les malheurs de l'état, dont la situation annonçoit quelque grand désastre. La nation entière, qui peut-être n'auroit pas payé sans murmurer des victoires et des succès, devoit trouver dur de s'épuiser pour nourrir le faste de la cour, satisfaire l'avarice de quelques ministres insatiables, et n'acheter à la guerre que des affronts.

C'est la mauvaise administration des finances, qui, dans tous les temps, et chez tous les peuples, a causé plus de troubles et de révolutions que tous les autres abus du gouvernement. Le citoyen est souvent la dupe du respect auquel il est accoutumé pour ses magistrats, et des entreprises que médite leur ambition: il aime le repos, présume le bien, et ne cherche qu'à se faire illusion à lui-même. Pour être alarmé, quand on attente à sa liberté, il faudroit qu'il fût capable de réfléchir, de raisonner et de craindre pour l'avenir. Il faudroit qu'il vît les rapports de toutes les parties de la société entre elles, l'appui mutuel qu'elles se prêtent, et sans lequel le bon ordre n'est qu'un vain nom pour cacher une oppression réelle. On éblouit le peuple sans beaucoup d'adresse, on le dégoûte de ce qu'il possède en lui faisant de vaines promesses; on ruine un de ses droits sous prétexte de détruire un abus ou de faire un nouveau bien, et il ne manque presque jamais d'aller au-devant des fers qu'on lui prépare; mais quand il plie sous le poids des impôts, rien ne peut lui faire illusion. Quand on veut l'assujettir à une taxe nouvelle, son avarice, qui n'est jamais distraite, commence toujours par s'alarmer, et lui peint le mal plus grand qu'il ne l'est en effet. On ne sent point la nécessité des tributs qui sont demandés, ou l'on fait un tort au gouvernement de cette nécessité; et si les esprits ne sont pas accablés par la crainte, les citoyens doivent se porter à la violence pour se faire justice.

Si le règne de Philippe-de-Valois eût duré plus long-temps, il est vraisemblable que les besoins immodérés de l'état, ou plutôt du prince et de ses ministres, auroient excité un soulèvement général dans la nation. Peut-être que le peuple auroit recouru à la protection de la noblesse contre le roi, comme il avoit eu autrefois recours au roi pour se délivrer de la tyrannie des seigneurs. Quelles n'auroient pas été les suites d'une pareille démarche, dans un temps où le prince ne savoit pas encore se servir de sa puissance législative pour former un gouvernement équitable, et mériter la confiance de ses sujets; que le souvenir de l'ancienne dignité des fiefs n'étoit pas effacé; et que tous les ordres de l'état, assez malheureux pour souhaiter à la fois un changement, sembloient ne consulter que leurs passions? Le règne de Philippe-de-Valois n'est pas l'époque d'une révolution, mais il la prépare et la rend nécessaire. En effet, il étoit impossible que le royaume, engagé dans une guerre bien plus difficile à terminer que celles qu'il avoit eues jusqu'alors, toujours accablé de besoins pressans, et toujours dans l'impuissance d'y subvenir, respectât un gouvernement qui tenoit un milieu équivoque entre la monarchie et la police barbare des fiefs, et dont l'administration incertaine ne fournissoit aucune ressource efficace contre les malheurs qu'elle produisoit.

CHAPITRE II.

Règne du roi Jean.—Des états tenus en 1355.—Ils essaient de donner une nouvelle forme au gouvernement.—Examen de leur conduite; pourquoi ils échouent dans leur entreprise.

TELLE étoit la malheureuse situation de la France lorsque Philippe mourut, et laissa pour successeur un prince né sans talens, et qui n'avoit que du courage. Jean, que la dureté de son caractère portoit à tout opprimer, fut d'abord intimidé par les murmures de la nation et le mécontentement qui éclatoit de toutes parts. Il n'avoit pas oublié que dans des temps moins difficiles, et où le gouvernement n'étoit point encore décrié par les disgraces qu'il éprouva depuis de la part des Anglais, son père n'avoit pas tenté impunément de lever des impôts sans consulter les états et obtenir leur consentement. Il s'étoit fait des associations dans presque toutes les provinces pour s'opposer à cette entreprise; la noblesse ne s'étoit prêtée à aucun tempérament, et tous les ordres de l'état se rappeloient avec complaisance que Philippe, effrayé de l'espèce de révolte qu'il avoit excitée, n'en avoit prévenu les suites dangereuses qu'en convenant dans les états de 1339, qu'il ne pouvoit établir des impôts ni lever des subsides sans l'aveu de la nation.

Pour ne pas s'exposer au même danger, le roi Jean convoqua les états-généraux du royaume, et ils s'ouvrirent à Paris dans le mois de février[192] de l'an 1350. Sans doute que cette assemblée ne se comporta pas avec la docilité que les ministres en attendoient, ou qu'elle fit même des plaintes capables d'inquiéter le prince, puisqu'il ne convoqua plus d'états-généraux, c'est-à-dire, d'assemblée où se trouvoient les représentans de toutes les provinces septentrionales et méridionales. Malgré le besoin extrême qu'il avoit d'argent, il eut recours pendant cinq ans à la voie lente de traiter en particulier avec chaque bailliage et chaque ville pour en obtenir quelque subside. Il y a même apparence que ces négociations ne lui réussirent pas; car il abusa, de la manière la plus étrange, du droit qui ne lui étoit pas contesté de changer et d'altérer les monnoies. Dans le cours des quatre années suivantes, on vit le marc d'argent valoir successivement 14 liv., 5 liv. 6 sous, 13 liv. 15 sous, retomber à 4 liv. 14 sous, remonter ensuite à 12 liv., et venir enfin jusqu'à 18 liv.

Cependant la trève avec les Anglais étoit prête à expirer, et les préparatifs d'Edouard pour la guerre ne permettoient pas de tenter de nouvelles négociations et d'espérer les prolongations de la paix. Il falloit des fonds considérables pour assembler avec diligence une armée, et Jean fut contraint par la nécessité à convoquer en 1355 les états-généraux de la Languedoyl à Paris, tandis qu'on assembloit au-delà de la Loire ceux de la Languedoc.

On avoit vu mourir sur un échafaud le comte de Guines et quelques autres seigneurs, et on les jugea innocents, parce qu'ils avoient été condamnés sans être jugés. Le roi de Navarre lui-même, dont on ne connoissoit pas alors la méchanceté et les vices, étoit renfermé dans une prison sans avoir subi aucun jugement: de pareilles violences, commises au commencement du règne de Philippe-de-Valois, avoient plutôt excité de la surprise que de l'indignation; répétées par son fils, elles rendirent le gouvernement odieux. Chacun craignit pour soi le même sort, et la crainte dans des hommes tels qu'étoient alors les seigneurs Français, loin d'affaisser l'ame, devoit les porter à la colère et à la vengeance.

La noblesse étoit assez outragée pour que plusieurs seigneurs, malgré leurs idées de chevalerie et l'espèce de loyauté dont ils se piquoient encore envers leur suzerain, reste du gouvernement des fiefs, eussent formé des liaisons secrètes avec Edouard. Le clergé, qui se croyoit ruiné en se trouvant privé d'un superflu nécessaire à son luxe, se plaignoit amèrement des décimes considérables que l'avarice du gouvernement avoit obtenues[193] du pape. Il regardoit son autorité comme anéantie, parce que le prince, pour reconnoître le zèle du parlement à étendre la prérogative royale, lui permettoit de réprimer les entreprises des juridictions ecclésiastiques, de limiter leur compétence, et d'admettre même quelquefois les appels comme d'abus. Le peuple, en effet, plus malheureux que les deux autres ordres, et épuisé par les rapines du gouvernement et les dons qu'on lui arrachoit depuis cinq ans, trouvoit mauvais qu'après une longue trêve, l'état eût encore des besoins, et ne prévoyoit qu'avec indignation les nouveaux impôts auxquels la guerre l'alloit encore exposer.

On se plaignoit que le prince, infidelle aux engagemens souvent renouvelés de ses prédécesseurs, eût fait revivre des droits anéantis. Puisque les fiefs avoient perdu les prérogatives les plus précieuses et les plus utiles aux vassaux, pourquoi le roi conservoit-il plusieurs droits de suzeraineté nés dans la barbarie, et qui n'étoient pas moins contraires au bien public? L'altération et la variation des monnoies avoient ruiné les fortunes, la confiance et le commerce. Sans avoir des idées exactement développées sur la nature et les devoirs de la société, sans s'être fait un plan raisonnable d'administration pour l'avenir, on avoit cette inquiétude vague dont un peuple est toujours agité quand il est las de sa situation, et que le gouvernement n'a pas la force nécessaire pour le contenir.

Philippe de Valois et ses prédécesseurs avoient fait des progrès immenses à la faveur des intérêts différens, des jalousies et des haines qui avoient divisé tous les ordres de l'état; mais la puissance royale devoit éprouver à son tour une secousse violente, dès que le clergé, la noblesse et le peuple auroient moins de motifs de se plaindre les uns des autres que de l'administration du roi. Ils parurent oublier sous le règne de Jean les injures qu'ils s'étoient faites.

Leur malheur commun ne leur donna qu'un intérêt; et leur union, qui fit leur force, les auroit mis à portée de fixer enfin les principes d'un gouvernement incertain, s'ils avoient su ce qu'ils devoient désirer.

Les états de 1355, bien différens de ce qu'ils avoient été jusqu'alors, prétendirent que les subsides qu'ils accordoient aux besoins du roi, ne devoient pas servir d'instrument à la ruine du royaume. A la prodigalité du gouvernement la nation opposa son économie; et quoique la difficulté de concilier des vues si opposées semblât annoncer la conduite la plus emportée dans un siècle surtout où les passions se montroient avec une extrême brutalité, on se comporta avec beaucoup de modération. Jean, qui ne se voyoit plus soutenu par une partie de la nation contre l'autre, ne sentit que sa foiblesse et suivit les conseils qu'elle lui donna. Je le remarquerai avec plaisir: quoique les Français eussent à se plaindre de l'administration de tous les rois depuis S. Louis, ils n'en furent pas moins attachés à la maison de Hugues-Capet. Les états furent indignés qu'Edouard voulût être leur roi malgré eux; et pour conserver la couronne à Jean, ils ordonnèrent la levée de trente mille hommes d'armes qu'ils soudoieroient. En ne refusant rien de tout ce qui étoit nécessaire pour faire la guerre avec succès, ils voulurent être eux-mêmes les ministres et les régisseurs des finances.

On vit naître un nouvel ordre de choses. Les états nommèrent des commissaires choisis dans les trois classes des citoyens, le clergé, la noblesse et le peuple, qui les devoient représenter après leur[194] séparation, et que le roi s'obligea de consulter, soit qu'il s'agît de faire exécuter les conditions auxquelles on lui avoit accordé un subside, soit qu'il fût question de traiter de la paix, ou de conclure seulement une trêve avec les ennemis. Les états envoyèrent dans chaque bailliage trois députés pour veiller à ce qu'il ne fût fait aucune infraction au traité que le prince avoit passé avec la nation; et ces élus, qui étoient juges dans l'étendue du territoire qui leur étoit assigné, de tous les différens qui s'y élèveroient au sujet de l'aide accordée, avoient sous leurs ordres des receveurs chargés du recouvrement des impositions. Personne n'étoit exempt de cette nouvelle juridiction, et si quelque rebelle refusoit de s'y soumettre, les élus devoient l'ajourner devant les neuf commissaires des états qui résidoient dans la capitale, et qui, avec le titre de généraux ou de surintendans des aides, eurent une juridiction sur tous les bailliages de la Languedoyl, et furent chargés de la disposition de tous les deniers qui étoient envoyés des provinces dans la caisse des receveurs généraux.

Pour donner à ces commissaires une autorité égale sur toutes les parties de la finance, et simplifier en même temps les opérations d'une régie toujours trop compliquée, et qui ne peut jamais être trop simple, les états exigèrent que toute espèce de subsides cesseroient, et leurs délégués s'engagèrent par serment de ne délivrer aucune somme que pour la solde des troupes, et de n'avoir aucun égard aux ordres contraires à cette disposition que le conseil pourroit donner sous le nom du roi. S'ils transgressoient ce règlement, ils devoient être destitués de leur office, et leurs biens répondoient des deniers publics qui auroient été employés contre l'intention des états. On les autorisa, au cas de violence ou de voie de fait, tant on se défioit du roi et de ses ministres, à repousser la force par la force, et tout citoyen dut leur prêter son secours. Le roi convint que s'il n'observoit pas religieusement les articles arrêtés avec les états, ou ne faisoit pas les démarches nécessaires pour les faire exécuter, le subside qu'on lui accordoit seroit supprimé. Il fut encore décidé que, si la guerre finissoit avant la tenue des états indiqués pour la S. André suivante, tout l'argent qui se trouveroit entre les mains des fermiers généraux ou particuliers des états, seroit employé à des établissemens utiles au public.

Ces réglemens auroient peut-être suffi pour établir les droits de la nation, et donner une forme constante à l'administration des finances, quand Philippe-le-Bel convoqua les états pour la première fois. Malgré son ambition, ce prince n'avoit pas de son pouvoir la même idée que le roi Jean avoit du sien. Aucun acte de la nation n'avoit encore reconnu son autorité législative; il ne faisoit, en quelque sorte, qu'essayer ses forces et ses prétentions, et on lui obéissoit plutôt parce qu'il étoit le plus fort, et qu'à la force il joignoit l'adresse, que parce qu'on le crut en droit de faire des lois. Ce n'est que sous ses fils, et peut-être même sous le règne de Philippe-de-Valois, que des états dont nous avons perdu les actes, reconnurent[195] ou déposèrent le pouvoir de la législation dans les mains du roi. Il est du moins certain que cette grande prérogative, dont Philippe-le-Bel ne jouissoit que d'une manière équivoque et précaire, n'étoit plus contestée au roi Jean, et que les états de 1355, qui n'étoient point disposés à se relâcher de leurs droits, avouoient comme un principe incontestable que le roi seul pouvoit faire des lois. D'ailleurs, on sait que ce n'est qu'avec une extrême circonspection que Philippe-le-Bel, gêné de tous côtés par les priviléges de la noblesse, les immunités du clergé et les chartes des communes, osoit tenter de lever quelques taxes hors des terres de son domaine.

Ce prince auroit reçu avec reconnoissance des conditions qui devoient paroître révoltantes à l'orgueil du roi Jean, qui, en qualité de législateur, croyoit avoir droit de ne consulter que ses intérêts particuliers et de n'observer aucune règle: telle étoit alors la doctrine commune des jurisconsultes sur la nature de la puissance législative, et peut-être que cette doctrine n'est pas encore tombée dans le mépris qu'elle mérite. Jean, enhardi par les entreprises des derniers rois qui avoient quelquefois réussi à lever des impôts sans le consentement des états, et gâté par les flatteries et le luxe de sa cour, croyoit de bonne foi tout ce que ses ministres et le parlement lui disoient de son autorité et de l'origine des fiefs. Il étoit persuadé que ses sujets, tenant leur fortune de la libéralité seule de ses ancêtres, ne devoient rien refuser à ses passions. Il regardoit déjà leurs priviléges comme autant d'abus; ces clauses, toujours répétées, par lesquelles les trois ordres du royaume faisoient reconnoître leurs franchises à la concession de chaque subside, ne paroissoient à ce prince que de vaines formalités, et des monumens honteux de l'insolence de ses sujets ou de sa foiblesse, et il devoit recevoir comme une injure les conditions que les états lui avoient imposées.

«Sire, *devoit dire l'assemblée de la nation*, il est temps enfin, qu'instruits de nos véritables intérêts par nos calamités, nous renoncions aux préjugés inhumains et insensés que nous a donnés le gouvernement des fiefs. Pourquoi rechercher l'origine de nos droits dans des coutumes barbares qui ont rendu nos pères malheureux? Ce sont les lois de la nature que nous devons réclamer, si nous voulons être heureux. Nous voulons que vous le soyez, et vous voulez, sans doute, que nous le soyons; mais comment parviendrons-nous à cette fin, si nous prétendons tous faire notre bonheur les uns aux dépens des autres? Dès que la nature, en chargeant les hommes de besoins, les a destinés à vivre en société, elle leur a fait une loi de se rendre des services réciproques: prêtons-nous donc mutuellement une main secourable. La nature est-elle la marâtre de votre peuple pour le condamner à être sacrifié à vos passions? Si elle ne vous a pas donné une intelligence supérieure à la nôtre, si elle a placé dans votre cœur le germe des mêmes vices que dans les nôtres, pourquoi prétendriez-vous qu'elle vous accorde le droit de nous gouverner arbitrairement?

Quelque grand que vous soyez, vous n'avez comme homme que les besoins d'un homme, et ces besoins sont si bornés, qu'ils ne seront jamais à charge à votre peuple. Comme roi, vous n'avez que les besoins de l'état, c'est-à-dire, Sire, que vous, pour être heureux sur le trône, vous avez besoin de nous rendre heureux par la justice de votre administration, et de nous défendre par la force de vos armes contre les étrangers qui tenteroient de troubler notre bonheur. Votre fortune, comme homme, est immense; considérez vos domaines, vous devez en être satisfait. Votre fortune, comme roi, vous paroît médiocre, vous voulez l'agrandir, vous aspirez à un pouvoir absolu. Mais songez, Sire, qu'il importe au prince que nous conservions notre fortune de citoyens. Si vous parveniez à nous rendre esclaves, vous perdriez la plus grande partie de vos forces. Au lieu de vouloir réunir en votre main toutes les branches de la souveraineté, craignez de vous ruiner, en vous mettant dans la nécessité fatale de ne pouvoir plus remplir les devoirs déjà trop multipliés de votre royauté. Des êtres raisonnables connoissent la nécessité des lois, ils les aiment, s'ils les ont faites; mais ils les craignent et les haïssent, si on les leur impose comme un joug. Ayant besoin, pour affermir votre fortune, de faire des citoyens qui concourent à vous rendre puissant par leurs bras et leurs richesses, craignez de leur donner des soupçons et des haines qui sépareroient leurs intérêts des vôtres. Que vous importe de nous arracher des tributs, de ruiner le reste de nos immunités, et de disposer de nous par des ordres absolus, si la crainte glace nos cœurs, ou si la haine les éloignoit de vous?

Il y a eu un temps où nos ancêtres, toujours divisés et ennemis, étoient trop barbares pour que les lois pussent s'établir parmi eux, s'il ne s'élevoit une puissance considérable, qui, en se faisant craindre, commençât à leur faire connoître le prix de la justice, de l'ordre et de la subordination. Grâces éternelles soient rendues à vos pères qui ont détruit cet affreux gouvernement qui ne connoissoit que les excès du despotisme et de l'anarchie! mais n'auroient-ils détruit les tyrans que pour s'emparer de leurs dépouilles? Vouloient-ils nous soumettre à une règle, et n'en reconnoître eux-mêmes aucune? Ne vouloient-ils que reproduire sous une autre forme des vices qu'ils feignoient de vouloir détruire? Pour mériter notre reconnoissance, ils devoient rendre à la nation les droits imprescriptibles que la nature a donnés à tous les hommes. Puisque la France, peuplée de citoyens, n'est plus déchirée, ni avilie par ces tyrans et ces esclaves qui la deshonoroient, puisque toutes les parties de ce grand corps commencent à se rapprocher sous vos auspices, et ne sont plus ennemis, ne formons enfin qu'une grande famille. Il nous importe également à vous et à nous de n'être plus le jouet de la fortune et de nos passions. Voyez qu'elle a été la condition déplorable de vos prédécesseurs et de nos pères. Deux de nos rois n'ont pas joui de suite de la même puissance: tantôt poussés, tantôt retardés par les événemens, leurs lois suspectes n'ont acquis qu'une médiocre autorité, et les coutumes qui nous gouvernent encore, n'en sont que plus incertaines. Aucuns droits n'étant fixés, les prétentions les plus contraires subsistent à la fois. Nous sommes obligés de nous craindre, de nous précautionner les uns contre les autres, et l'alarme qui est répandue dans les familles, empêche que le royaume ne puisse réunir ses forces.

Établissons enfin sur des principes fixes, un gouvernement qui n'a encore été soumis à aucune règle. Mais quand nous rejettons loin de nous toute pensée d'anarchie, ne vous livrez pas à des idées de pouvoir arbitraire. On vous trompe, sire, sur vos besoins et vos intérêts, si on vous présente l'arrangement que nous venons de faire dans les finances comme un attentat contre votre autorité. Si les états avoient établi, sous le règne de Philippe-le-Bel, les règles prudentes auxquelles nous venons de nous assujetir, vos sujets seroient heureux aujourd'hui, et nous n'aurions pas entendu les plaintes que vous avez faites sur l'état déplorable de votre trésor, quoique toutes nos richesses y aient été englouties: de combien d'inquiétudes amères vous seriez délivré, et le peuple, qui ne seroit point épuisé par les tributs qu'il a payés à la prodigalité inconsidérée de vos pères, ou plutôt à l'avarice de leurs ministres, vous ouvriroit des ressources immenses contre l'ennemi qui ose vous disputer vos droits et les nôtres. Ce que vous souhaitez sans doute que les états précédens eussent fait, nous le faisons aujourd'hui, et puisque vos successeurs doivent nous bénir un jour en trouvant un état florissant, comment pourriez-vous <u>nous</u> regarder aujourd'hui comme des sujets infidelles et révoltés, qui attentent aux droits de votre couronne?

Entre le roi et la nation, qui ne doivent avoir qu'un même intérêt, et dont le devoir est de donner aux lois une autorité supérieure à celle du prince, il s'est élevé des hommes qui les ont divisés; ils ont feint de vous servir, et pour vous rendre plus grand, vous élevant au-dessus des lois, ils ont fait de la royauté une charge qui n'est plus proportionnée aux forces de l'humanité; ils vous ont accablé, dans l'espérance de s'emparer de votre puissance, sous prétexte de vous soulager. Votre trésor et nos fortunes particulières sont également épuisés, tandis que nos ennemis, qui sont les vôtres, ont accumulé dans leurs maisons des richesses scandaleuses. Ils tremblent, sire, en prévoyant la félicité publique, et ne doutez point que leur avarice et leur ambition trompées ne vomissent contre nous les plus noires calomnies.

Daignez, sire, daignez faire attention que les discours de ces flatteurs, qui vous trahissent en ne mettant aucune borne aux droits de votre couronne, ne s'adressent qu'à vos passions. Ils voudroient faire agir en leur faveur votre avarice, votre ambition et votre orgueil; mais ces passions sont-elles destinées à faire votre bonheur et celui de la société qui veut vous obéir? Par les maux qu'elles ont déjà produits, jugez de ceux qu'elles produiront encore. Que vous disent, au contraire, les états? qu'ils veulent que vous soyez heureux, mais que le bonheur ne se trouve que dans l'ordre et sous l'empire des lois. Ils veulent diminuer vos devoirs pour que vous ayez la satisfaction de les remplir; ils vous représentent que la nation elle-même est le ministre naturel et le coopérateur du prince, parce que vous n'êtes pas un être infini et que nous ne sommes pas des brutes; nous voulons être vos économes, pour que vous soyez toujours riche: que deviendra votre fortune, si le royaume, déjà épuisé sous l'administration dévorante des passions, et qui suffit à peine à vos besoins ordinaires, ne peut enfin vous offrir aucune ressource dans ces circonstances extraordinaires qui menacent quelquefois les empires les plus affermis, et que la prudence nous ordonne de prévoir?

Notre objet, en ménageant la fortune et la liberté des citoyens, est de leur donner une patrie, et de les affectionner à votre personne et à votre service: après tant d'expériences de la force et des erreurs des passions, seroit-ce un crime que de nous défier de la fragilité humaine? Nous voulons vous aimer, nous voulons vous servir; mais pourrons-nous obéir à ce sentiment, dans la misère et l'oppression? Le citoyen heureux vous sacrifiera sa fortune et sa vie, mais le sujet malheureux troublera l'état par ses murmures, ne vous servira pas, et peut-être aimera vos ennemis. Suffit-il, pour faire fleurir le royaume, d'opposer une armée aux Anglais? non sans doute; puisque nous avons parmi nous un ennemi plus redoutable qu'eux, et c'est un gouvernement sans principe et sans règle. Nous élevons autour de vous un rempart contre les passions de vos courtisans et contre les vôtres: si vous regardez ce bienfait comme un crime, quels soupçons et quelles alarmes ne répandez-vous pas dans nos esprits? Nous voudrions placer à côté de vous sur le trône, la prévoyance, l'économie, la justice et la modération; vos flatteurs préféreroient d'y voir leurs passions; et si vous pensez comme eux, devons-nous trahir vos intérêts, les intérêts de votre maison et les nôtres, en nous abandonnant inconsidérément à votre conduite?»

Il s'en falloit bien que l'ignorance où nos pères étoient plongés, leur permît de rapprocher ainsi et de concilier les intérêts du roi et de la nation: aussi la France étoit destinée à éprouver encore une longue suite de calamités et de révolutions. Les états, bornés à défendre leur fortune domestique contre les entreprises du gouvernement, ne firent que marquer d'une manière plus frappante la ligne de séparation, entre des intérêts depuis trop long-temps séparés; et par cette conduite, ils détruisoient d'une main l'ouvrage qu'ils vouloient élever de l'autre. Dès que les états étoient convaincus que le roi Jean ne leur pardonneroit jamais l'audace de marquer des limites à son autorité, et de le réduire aux revenus de ses domaines, ils devoient s'attendre à son ressentiment, calculer les forces avec lesquelles ils lui résisteroient, et multiplier par conséquent les moyens pour le soumettre irrévocablement à la loi qu'on lui avoit imposée.

Pour donner aux états la stabilité sans laquelle ils ne pouvoient tout au plus produire qu'un bien passager, suffisoit-il dans ces circonstances de convenir simplement qu'ils s'assembleroient à la Saint-André pour délibérer sur les besoins du royaume? Il falloit demander au roi une loi générale et perpétuelle, qui ordonnât que ces assemblées, devenues un ressort désormais nécessaire de l'administration, se tiendroient tous les ans dans un temps et dans un lieu déterminé, et que les députés des trois ordres s'y rendroient, sans avoir eu besoin d'une convocation particulière; il falloit ne plus souffrir la séparation des états en Languedoyl et en Languedoc; en effet, toute la nation réunie en une seule assemblée auroit opposé une force plus considérable à ses ennemis.

On convint que si les états prochains refusoient au roi les subsides qui lui étoient[196] nécessaires, il rentreroit, à l'exception du droit de prises, qui étoit supprimé pour toujours, dans la jouissance de tous les autres droits auxquels il renonçoit: il est difficile de concevoir les motifs d'une pareille disposition, dont les termes étoient équivoques, et par laquelle les états sembloient se dépouiller du privilége qu'ils venoient de s'attribuer, de réformer les abus et de juger des besoins du royaume. On sentoit les inconvéniens des coutumes et des droits établis pendant la barbarie des fiefs; on en est accablé; pourquoi donc ne fait-on qu'une loi conditionnelle? Pourquoi ne cherche-t-on pas à les proscrire irrévocablement? Par cette conduite inconsidérée, les esprits n'étoient point rassurés sur l'avenir, et les citoyens n'osoient concevoir aucune espérance raisonnable, ni former des projets salutaires. Les maux du royaume n'étoient que suspendus, et il étoit menacé de retomber dans le chaos d'où il vouloit sortir; ou plutôt il n'en étoit point sorti. Le conseil du prince, gêné seulement pour un temps passager, ne désespéroit pas de reprendre sa première autorité; par conséquent, il conservoit ses principes en feignant d'y renoncer; et tous ceux qui prévoyoient la décadence nécessaire du nouveau pouvoir des états devoient travailler à la hâter.

Cet art de faire le bien lentement et par degrés, de ne point franchir brusquement les intervalles que nous sommes condamnés à parcourir avec patience; cet art d'affermir le gouvernement qui est l'appui et la base des lois, avant que de faire des réglemens particuliers pour réprimer quelques abus ou produire quelque bien, sera-t-il éternellement ignoré des hommes? Les états ne s'occupoient que des moyens de payer les plus légères contributions qu'il leur seroit possible, ou d'arrêter le cours de quelques injustices; et ils ne voyoient pas qu'en irritant le conseil sans lui lier les mains, ils augmentoient ses forces, et préparoient par conséquent leur ruine. Ils étendoient leur administration sans s'apercevoir qu'il y a une grande différence entre une autorité étendue et une autorité solidement affermie; l'une ordinairement est bientôt méprisée, et l'autre est de jour en jour plus respectée.

Dans un temps de barbarie, où la force étoit considérée comme le premier des droits, pouvoit-on se flatter de disposer réellement des finances, quand on n'avoit aucune juridiction ni aucune autorité sur les milices? Il n'auroit pas été surprenant dans le quatorzième siècle, qu'un prince eût dit à ses soldats dont il étoit le maître absolu: «vous êtes braves, vous êtes armés, vous êtes exercés à la guerre, pourquoi souffrez-vous donc que des citoyens oisifs, et que vous défendez contre leurs ennemis, payent à leur gré vos services? Répandrez-vous votre sang pour des ingrats? Leur avarice met des entraves à ma libéralité; apprenez-leur à obéir, si vous voulez que votre chef vous récompense d'une manière digne de vous et de lui, et que votre fortune ne dépende que de votre courage. Si un roi de France pouvoit tenir ce langage à ses troupes mercenaires, suffisoit-il que les généraux et les élus des aides fussent chargés de passer les troupes en revue, et de leur payer leur solde? Pour affermir solidement la nouvelle administration, n'eût-il pas fallu lier les milices par un serment, les attacher plutôt à la patrie qu'au prince, et imaginer, en un mot, quelques moyens pour faire penser les soldats en citoyens? Si le roi Jean et son fils ne subjuguèrent pas leurs sujets les armes à la main, la guerre qu'ils soutenoient contre les Anglois s'y opposa; et d'ailleurs, les fautes multipliées des états avoient laissé à ces princes d'autres voies plus douces pour rétablir leur pouvoir; mais Charles V, lassé de l'obstination des Parisiens à lui refuser des secours inutiles, ne les traita-t-il pas en peuple révolté?

Je m'arrête à regret sur ces temps malheureux qui préparoient les plus funestes divisions. Je jetterois un voile épais sur les erreurs de nos pères, s'il n'importoit à leur postérité de les connoître, et d'en développer les causes pour ne pas retomber dans les mêmes malheurs. Je me suis imposé la tâche pénible d'étudier les mœurs et les préjugés qui ont presque été la seule règle de notre nation; je dois suivre, dans les différentes conjonctures où elle s'est trouvée, la trace de l'esprit qui les faisoit agir; et toute l'histoire de ce siècle deviendroit une énigme, si on ne faisoit pas connoître dans un certain détail la conduite des états de 1355.

Un des moyens les plus efficaces pour faire respecter la nouvelle ordonnance qu'ils avoient dictée, c'étoit d'accorder un pouvoir très-étendu à leurs officiers qui devoient les représenter après la séparation de l'assemblée. Il falloit leur donner des forces supérieures à celles des abus qu'on vouloit détruire, et qui étoient accrédités par l'habitude, et chers à des hommes puissans. On ne couroit aucun danger, en confiant à ces magistrats la plus grande autorité, parce qu'elle auroit été combattue et réprimée par l'autorité encore plus grande que le prince affectoit, et que, n'étant d'ailleurs que passagère, elle auroit toujours été soumise à la censure des états mêmes qui l'auroit renforcée.

On négligea cet article préliminaire, et le devoir des généraux des aides étant dès-lors plus étendu que leur puissance, ils devoient nécessairement échouer dans leurs entreprises, et leur zèle pour le bien public ne pouvoit produire que de vaines contradictions. Par quelle inconséquence, qu'on ne peut définir, les élus envoyés dans les bailliages eurent-ils le droit de convoquer[197] à leur gré des assemblées provinciales, tandis que les neuf généraux ou surintendans des aides ne furent pas les maîtres d'assembler les états-généraux? Si on jugeoit ce pouvoir utile dans les uns, pourquoi ne le jugeoit-on pas également utile dans les autres? Les surintendans auroient paru armés en tout temps des forces de la nation entière; et assurés de cette protection toujours présente, ils auroient eu sans effort la fermeté, la constance et le courage que les états exigeoient inutilement d'eux.

Les états voulurent que leurs délégués prissent des commissions[198] du prince, et qu'en tenant leur pouvoir de lui, ils devinssent en quelque sorte ses officiers: c'étoit rendre leur état douteux, et rapprocher de la cour des hommes qu'on ne pouvoit trop attacher à la nation: comme il étoit décidé que l'unanimité des trois ordres seroit nécessaire pour former une résolution définitive, et que les avis de deux chambres ne lieroient pas la troisième, on soumit aussi les surintendans des aides à la même unanimité dans leurs délibérations. Ce réglement bizarre, qui n'étoit propre qu'à retarder l'activité des états, suspendoit toute action dans leurs représentans; et en les empêchant de conclure, de prononcer et d'agir, ne leur laissa qu'un pouvoir inutile. Il semble que les surintendans étant en nombre égal de chaque ordre, ils auroient dû délibérer en commun, et décider les questions à la pluralité des suffrages. Outre que cette forme auroit donné plus de célérité à leurs opérations, elle auroit encore servi à rapprocher le clergé, la noblesse et le peuple; et à confondre leurs intérêts, d'où il seroit résulté une plus grande autorité pour le corps entier de la nation. Les états prévinrent l'espèce d'inaction qui naîtroit nécessairement de l'ordre qu'ils avoient établi, ou plutôt des entraves qu'ils avoient mises à leurs ministres; et pour la prévenir, ils firent une seconde faute peut-être aussi considérable que la première. Leurs représentans purent porter leurs débats au parlement chargé de les concilier; c'est-à-dire, qu'ils reconnurent en quelque sorte pour leurs juges, ou du moins leurs arbitres, des magistrats dévoués par principe à toutes les volontés de la cour, partisans du pouvoir arbitraire, et dont plusieurs entroient même dans le conseil du prince.

Tandis que les états laissoient leur ouvrage ébranlé et chancelant de tout côté, ils s'occupèrent infructueusement à proscrire plusieurs vices et plusieurs abus qui seroient tombés d'eux-mêmes, si l'assemblée de la nation avoit eu la prudence de ne songer qu'à affermir son crédit. Jean s'engagea pour lui, et au nom de ses successeurs, de ne plus fabriquer que de bonnes espèces, et de ne les point changer. Il fut ordonné que ses officiers, tels que ses lieutenans, le chancelier, le connétable, les maréchaux, le maître des arbalétriers, les maîtres d'hôtel, les amiraux, etc., qui avoient étendu jusqu'à eux le droit de prise, seroient désormais traités comme des voleurs publics, s'ils vouloient encore en user. Pour prévenir toute exaction injuste de leur part, il leur fut même défendu d'exiger qu'on leur prêtât de l'argent ou des denrées. On restreignit la juridiction qu'ils s'étoient attribuée dans les affaires relatives aux fonctions de leurs charges. Les tribunaux multipliés à l'infini n'avoient encore qu'une juridiction vague, et aussi incertaine que les coutumes qui l'avoient formée, et on voulut donner des règles à la justice. On tenta de fixer les droits des maîtres des requêtes, et on arrêta les entreprises des maîtres des eaux et forêts, qui étoient devenus les tyrans les plus incommodes des seigneurs.

On défendit aux officiers du roi d'acheter les obligations des citoyens trop foibles ou trop peu accrédités pour contraindre leurs débiteurs à les payer; ce qui suppose dans les personnes attachées à la cour autant de bassesse que d'avarice, et dans les tribunaux une vénalité odieuse, ou du moins une sorte de complaisance criminelle pour les riches, et d'indifférence pour les pauvres. On interdit tout commerce aux ministres du roi, aux présidens du parlement, et généralement à tous les officiers royaux, qui, sans doute, profitant avec lâcheté du crédit que leur donnoient leurs places pour faire des monopoles, mettoient toute la nation à contribution, et ruinoient également tous les ordres du royaume. Pour le dire en passant, c'est peut-être cette loi qui commença à avilir le commerce, que les seigneurs les plus considérables n'avoient pas jugé autrefois indigne[199] d'eux; enfin, on ordonna aux officiers militaires de compléter leurs compagnies. Il fut défendu sous de sévères peines de présenter aux revues des passe-volans; et pour payer aux capitaines la solde de leurs troupes, il ne suffit plus qu'ils affirmassent qu'elles étoient complètes, ou qu'ils donnassent simplement la liste de leurs hommes d'armes.

Cette réforme prématurée fut précisément ce qui contribua davantage à ruiner le crédit naissant des états, et à faire mépriser l'ordonnance qu'ils avoient obtenue du roi, ou qu'ils lui avoient dictée. Les ministres, les courtisans, les officiers de justice et de guerre dont on vouloit arrêter les déprédations, se trouvèrent unis par un même intérêt, et formèrent une conjuration contre la nouvelle loi. Ils irritèrent aisément un prince dur, naturellement emporté, peu instruit des devoirs de la royauté, et peut-être aussi jaloux par avarice que par ambition de gouverner arbitrairement. Ils lui persuadèrent qu'il alloit être l'esclave de l'avarice des états, qui, le trouvant assez riche, le contraindroient bientôt à se contenter de ses domaines; et qu'il importoit à sa gloire de violer les engagemens qu'ils avoient eu la témérité criminelle de lui faire contracter.

Il n'étoit pas besoin de beaucoup d'intrigues, de cabales et d'efforts pour rendre sans effet une ordonnance qui, embrassant un trop grand nombre d'objets, et n'ayant que des défenseurs sans force, ne pouvoit être observée. Toutes les personnes intéressées à la conservation des abus, crurent le danger plus grand et plus pressant qu'il n'étoit en effet. Ignorant, pour ainsi dire, le caractère mobile et léger de la nation, leur avantage sur les surintendans des aides et les élus, et le pouvoir que le temps et l'habitude leur avoient donné sur les esprits, elles firent des ligues et des confédérations. Leur crainte et leur haine allèrent même jusqu'à vouloir faire assassiner ceux qu'on regardoit comme l'ame et les auteurs de la réforme projetée par les états. Il fallut permettre à ceux-ci de se faire accompagner par six hommes d'armes et ordonner à tous les justiciers de leur prêter main-forte en cas de besoin.

A une si grande tempête, que pouvoient opposer les généraux des aides et les élus des bailliages? Trop foibles pour remplir les fonctions difficiles dont on les avoit chargés, et exposés à tous les périls dont les ennemis des états les menaçoient, tantôt ouvertement et tantôt en secret, ils ne tentèrent même pas de faire leur devoir. Après s'être laissé intimider, ils se laissèrent corrompre; et profitant enfin sans pudeur du crédit que leur donnoit leur emploi, pour accroître leur fortune domestique, ils violèrent[200] eux-mêmes les lois dont ils devoient être les gardiens et les protecteurs.

Le gouvernement se comporta avec une sorte de modération jusqu'au mois de mars suivant, que les états devoient se rassembler pour examiner et juger si les subsides qu'ils avoient accordés, suffiroient aux dépenses de la guerre; mais il ne cacha plus ses vrais sentimens, dès qu'il vit que cette dernière assemblée n'avoit pris aucune nouvelle mesure pour affermir son autorité, et faire exécuter son ordonnance. Le roi Jean obtint un nouveau secours établi en forme de capitation; et ce fut un signal pour les conjurés qui, n'ayant plus rien à ménager, ne gardèrent aucune mesure. Sous prétexte de subvenir aux besoins du royaume, qui étoient, il est vrai, excessifs, mais moins grands cependant que l'avarice du conseil, on augmenta la perception des droits par des interprétations abusives[201]. On abandonna la lettre de la loi, et prétendant en suivre l'esprit, on exigea les impositions avec une extrême dureté.

Les plaintes éclatèrent de toutes parts. Tandis que les opprimés, sans ressources en eux-mêmes, et lâchement abandonnés par les délégués des états, réclamoient inutilement la foi publique, les coutumes anciennes, la loi nouvelle et la religion des traités et des sermens, les oppresseurs leur opposoient les violences, et en semant par-tout la crainte, se flattoient d'étouffer enfin les murmures. Ils se trompoient; les esprits irrités s'effarouchèrent. Plus les citoyens, qui avoient imprudemment admiré la sagesse inconsidérée des états, s'en étoient promis d'avantage, plus l'injustice qu'on leur faisoit, dut leur paroître intolérable. Leur misère et leurs plaintes les unirent plus étroitement que n'avoient fait leurs espérances. On ne vit que des cabales et des partis, qui annonçoient que l'esprit des derniers états étoit devenu plus général et plus ardent. Au désir de corriger les abus, se joignit le désir de se venger. La nation, sans presque s'en douter, se trouva partagée en deux partis qu'on pouvoit appeler le parti de la liberté et le parti de la monarchie; et, au milieu des orages auxquels elle alloit être exposée, quel devoit être son sort, et tous les principes du gouvernement n'étoient-ils pas incertains!

C'est dans ces circonstances malheureuses que l'armée française fut battue à Poitiers, et le roi Jean fait prisonnier. Un événement si funeste ne toucha personne. Les ministres et les courtisans étoient peu attachés au prince, ils n'aimoient que son nom et son autorité, dont ils abusoient. Ils se flattèrent que cette grande disgrace occuperoit toute la nation, qu'on ne songeroit point à les punir de leurs injustices et de leurs rapines, et que, sous prétexte de payer la rançon du roi, ils pourroient demander et obtenir des subsides plus considérables. Les mécontens, de leur côté, se flattèrent que la cour et ses partisans, humiliés par les malheurs de l'état et les disgraces du prince, n'oseroient plus avoir la même audace, et que le poids de l'autorité seroit plus léger entre les mains du dauphin.

CHAPITRE III.

Suite du règne du roi Jean.—Des états convoqués par le dauphin, après la bataille de Poitiers en 1356.—Examen de leur conduite.

LE dauphin, prince âgé de dix-neuf ans, se trouva chargé des rênes du gouvernement, et on ne prévoyoit point alors quelle seroit bientôt son adresse à manier et à gouverner les esprits; on n'avoit pas même une idée avantageuse de son courage, et on l'accusoit d'avoir abandonné le champ de bataille avant que la victoire se fût décidée en faveur des Anglais. En arrivant à Paris, après la défaite de son père, il se hâta d'assembler les états, qui n'étoient indiqués que pour le mois de décembre, et l'ouverture s'en fit le 17 octobre. Cette assemblée, qui étoit très-nombreuse et toute composée de mécontens, commença par choisir dans les trois ordres des commissaires qu'elle chargea de rechercher les causes des griefs dont la nation avoit à se plaindre,[202] et préparer les matières sur lesquelles on délibéreroit. Le Dauphin, de son côté, nomma quelques ministres de son père pour assister à ce travail; mais la seconde fois qu'ils s'y rendirent, on leur déclara que les conférences cesseroient s'ils s'y présentoient encore.

C'étoit annoncer au gouvernement des dispositions peu favorables à son égard, et quelque intérêt qu'il eût d'être instruit des vues et des projets des états, il n'osa cependant leur marquer, ni son inquiétude, ni son ressentiment. Le comité continua son travail, et après avoir communiqué à l'assemblée générale le plan qu'il s'étoit formé, et reçu les pouvoirs nécessaires pour entrer en négociation, les commissaires demandèrent audience au dauphin. Le Coq, évêque de Laon, le seigneur de Péquigny, et Marcel, prévôt des marchands de Paris, étoient à leur tête, et ils exposèrent au dauphin les conditions auxquelles on consentiroit à lui donner un subside, soit pour continuer la guerre, soit pour payer la rançon du roi, si on pouvoit parvenir à un accommodement avec Edouard.

L'ordonnance publiée dans les états précédens, et dont je viens de faire connoître les principaux articles, devoit servir de base à celle qu'on demandoit; mais pour faire respecter celle-ci autant que l'autre avoit été méprisée, les commissaires exigèrent que le dauphin dépouillât de leurs emplois tous ceux que les états regardoient comme leurs ennemis, et les auteurs des infidélités et des violences dont le public se plaignoit, et on lui présenta la liste de leurs noms. On demandoit qu'on leur fît leur procès; et enfin les états exigèrent que le conseil fût composé de quatre prélats, de douze seigneurs et de douze députés des communes qu'ils nommeroient eux-mêmes.

Il n'en fallut pas davantage pour rompre une négociation à peine entamée. Le dauphin, sans expérience, accoutumé à croire que l'autorité royale ne peut connoître aucune borne, et conduit par les hommes mêmes dont on demandoit le châtiment, regarda comme un attentat les conditions qu'on avoit osé lui présenter. Les historiens ne balancent point à condamner la conduite des états; et il peut se faire que les commissaires aient demandé une chose juste d'une manière imprudente. Ils manquèrent sans doute de l'art nécessaire pour faire agréer leurs propositions. Plus le prince étoit puissant, plus il falloit apporter de ménagement en traitant avec lui, et des hommes qu'on avoient gouvernés avec une extrême dureté, devoient être peu capables de cette modération. On pourroit même soupçonner, que n'étant point inspirés par l'amour seul de l'ordre et du bien public, ils laissèrent peut-être voir de la haine, de l'emportement et de l'esprit de parti, quand il ne falloit montrer au dauphin qu'une fermeté noble et respectueuse, et un tendre intérêt pour sa fortune et les malheurs du royaume.

Dire à un roi qu'il est homme, qu'il ne règne que parce qu'il y a des lois, et que plus il est élevé dans l'ordre de la société, plus il a d'intérêt de les respecter; ajouter, quand le malheur est extrême, qu'il n'est pas infaillible, qu'il se nuit à lui-même, qu'il prépare sa ruine; que ses ministres ont surpris sa religion, qu'il lui importe de les punir, et que les courtisans sont ses ennemis naturels et les ennemis de la nation: est-ce manquer au respect profond qui lui est dû? Que les peuples n'aient aucun droit à réclamer, j'y consens; mais si la vérité devient un crime dans les occasions où le prince assemble ses sujets pour les consulter; si la flatterie devient alors une vertu, restera-t-il une étincelle d'honneur sur la terre, et les hommes pourront-ils espérer quelque soulagement dans leurs malheurs? S'il s'ouvre un abîme sous les pas du prince, quel est l'étrange respect qui défend à la nation de l'avertir du danger, et lui ordonne de s'y précipiter? Les rois sont les plus malheureux des hommes, s'il est du devoir de leurs sujets de leur inspirer une fausse sécurité. Avant que d'écrire l'histoire, il faudroit au moins être instruit des droits et des devoirs des rois et des citoyens. Pour prouver son attachement au prince, faut-il emprunter des sentimens d'un esclave, et contribuer par ses bassesses au malheur public, en lui donnant un pouvoir dont il abusera? Le sujet fidelle n'est pas celui qui voudroit sacrifier le peuple aux passions du prince, car la perte de l'un prépareroit la perte de l'autre; mais c'est celui qui sait concilier leurs intérêts, et les lier par cette confiance mutuelle que la seule observation des lois peut donner, et à laquelle la nature a attaché la prospérité des états.

Le royaume, dit-on, se trouvoit dans la conjoncture la plus fâcheuse, et quand la France étoit ouverte aux armes des Anglais victorieux, il n'étoit pas temps de contester sur des priviléges; il ne s'agissoit pas de réformer des abus et de faire des lois, mais de lever une armée. L'opiniâtreté des états à ne donner aucun secours au dauphin, exposoit le royaume à passer sous un joug étranger; et si le roi avoit manqué à ses devoirs, la nation trahissoit alors les siens. Mais est-il vrai que des ennemis étrangers soient toujours plus à craindre que des ennemis domestiques? Peu d'états ont succombé sous le courage de leurs voisins, et ceux qui ont trouvé leur ruine dans leurs propres vices, sont sans nombre. Est-il vrai que les dangers, dont la France étoit menacée, se fussent dissipés, si les états eussent accordé libéralement les subsides qu'on leur demandoit? Sans remédier aux causes de la déprédation, pourquoi la déprédation auroit-elle disparu. Il est vraisemblable que le dauphin, engourdi par la complaisance de ses sujets, n'auroit jamais trouvé en lui ces talens qui le rendirent dans la suite si redoutable aux Anglais. Quel usage le gouvernement auroit-il fait de la libéralité des états? Le passé devoit éclairer sur l'avenir. Sans manquer aux règles les plus communes de la prudence, étoit-il permis de présumer qu'un jeune prince, sans expérience, auroit plus d'art et de courage que ses prédécesseurs, pour résister à l'avidité dévorante de ses ministres et de ses officiers? Pourroit-on se flatter que les mêmes hommes, qui avoient mis le royaume sur le penchant du précipice, ne l'y feroient pas tomber? Leurs malversations passées sont peut-être moins propres à justifier les refus des états, que leur obstination à vouloir conserver des places dont on les jugeoit indignes: la retraite est le seul parti qui convienne à des ministres éclairés et vertueux, lorsque, par malheur, étant devenus suspects à leur nation, ils sont devenus incapables de faire le bien.

Quand les états auroient prodigué la fortune des citoyens, quel en auroit été le fruit? La nation entière étoit lasse de l'avarice et de la prodigalité du gouvernement, et les auroit regardés comme des traîtres, qui passoient leurs pouvoirs. Bien loin que les villes, les communautés et les bailliages irrités eussent consenti à payer le tribut imposé, on n'auroit encore vu de toute part que des ligues, des associations et des révoltes. Par-tout l'Angleterre auroit trouvé des Français armés pour faire des diversions en sa faveur. D'ailleurs, est-il vrai qu'Edouard, autrefois obligé de faire une trève après la bataille de Crécy et la prise de Calais, se trouva dans des circonstances plus favorables à ses desseins après la victoire de son fils? Je l'ai déjà dit en parlant de la manière dont on faisoit alors la guerre, il étoit facile aux Anglais de ravager la France, mais impossible de la subjuguer.

Le dauphin cassa les états, et espéra de trouver plus de docilité dans les assemblées provinciales; mais quand il voulut traiter avec la ville de Paris, elle lui refusa opiniâtrement toute espèce de secours. Peut-être que les états, en se séparant, étoient convenus qu'aucun bailliage ni aucune communauté ne se prêteroit aux propositions du conseil; peut-être aussi que cette résistance générale n'étoit qu'une suite du mécontentement général. Quoi qu'il en soit, les provinces montrèrent la même indocilité que la capitale, et le dauphin n'ayant pu obtenir aucun subside dans des circonstances où il en sentoit davantage le besoin, et ne pouvoit employer la force avec succès, fut contraint, après s'être absenté quelque temps de Paris, d'y indiquer pour le 5 février[203] la tenue des états-généraux de la Languedoyl.

Charles consentit donc à déposséder de leurs emplois vingt-deux officiers de son père, dont les noms, consignés dans nos fastes, doivent, de génération en génération, recevoir une nouvelle flétrissure. Pierre-de-la-Forest, homme sans naissance, et qui ne dut qu'à ses intrigues et au malheureux talent de servir les passions de ses maîtres, la pourpre romaine, l'archevêché de Rouen et la dignité de chancelier; Simon de Buey, à la fois ministre d'état et premier président du parlement; Robert de Lorris, ministre d'état et chambellan du roi; Enguerran du Petitcellier, trésorier du roi; Nicolas Bracque, ministre d'état et maître d'hôtel du roi, auparavant son trésorier et maître des comptes; Jean Chauvel, trésorier des guerres; Jean Poillevillain, souverain maître des monnoies et maître des comptes; Jean Challemart et Pierre d'Orgémont, présidens du parlement et maîtres des requêtes; Pierre de la Charité et Ancel Chogouart, maîtres des requêtes; Regnault Meschins, abbé de Fatoise et président des enquêtes du parlement; Bernard Froment, trésorier du roi; Regnault Dacy, avocat général du roi au parlement; Etienne de Paris, maître des requêtes; Robert de Préaux, notaire du roi; Geoffroi le Mesnier, échanson du dauphin; Jean de Behaigne, valet de chambre du dauphin; le Borgne de Veaux, maître de l'écurie du dauphin; et Jean Taupin, seigneur ès-lois et conseil aux enquêtes.

Si c'étoit un avantage que d'avoir déshonoré les hommes que je viens de nommer, il ne falloit pas le rendre inutile en leur laissant la liberté et le pouvoir de se venger.

Plus ils avoient fait d'efforts et montré d'adresse pour empêcher leur disgrace, moins les états devoient se relâcher du projet de les perdre entièrement. Dans toutes les affaires, il y a un point capital qui décide du succès, quoiqu'il ne paroisse pas toujours le plus important; qui le néglige doit voir détruire son ouvrage presque achevé. On lassa sans doute par de longues négociations les représentans d'une nation légère, inconsidérée, trop ardente dans ses démarches, et trop peu accoutumée à réfléchir pour être constante dans ses desseins. Peut-être même employa-t-on les voies de la corruption. Quoi qu'il en soit, les états négligèrent leurs ennemis après les avoir diffamés, et oublièrent jusqu'à leur premier projet de donner un conseil tout nouveau au dauphin. Ils se contentèrent même d'associer quelques ministres aux anciens, qu'ils ne déplacèrent pas[204].

En effet, les officiers disgraciés par les états furent plus en faveur que jamais auprès du prince, qui les considéroit comme des victimes sacrifiées à ses intérêts: déjà ennemis de la nation par avarice et par ambition, ils le furent encore par vengeance. Les nouveaux ministres à qui les états avoient ouvert l'entrée du conseil, n'y furent regardés que comme des censeurs ou des espions incommodes; on ne traita sérieusement devant eux d'aucune affaire, et ils n'eurent aucune part au secret du gouvernement. On tenta par des promesses et des bienfaits, et on intimida, par des menaces, ceux qui avoient le moins de probité et de courage; et tous enfin cédèrent d'autant plus volontiers à la tentation de s'élever, de s'enrichir ou de ne pas se perdre, que les états, loin de s'être corrigés des fautes qu'ils avoient faites l'année précédente, et d'avoir pris des mesures plus sages pour donner à leurs agens une plus grande autorité, avoient au contraire multiplié leurs ennemis.

Tous les officiers du royaume furent suspendus de l'exercice de leurs charges, à l'ouverture des états. Étoit-ce pour prouver, ou du moins pour faire entendre que toute autorité particulière disparoît et s'anéantit devant la puissance suprême de l'assemblée de la nation? Je ne saurois le croire. Les peuples n'en devoient pas tirer cette conséquence, depuis que le gouvernement féodal, en les humiliant, avoit fait oublier tous les droits de l'humanité; et les états eux-mêmes, plongés dans l'ignorance, n'avoient point une si haute idée de leur pouvoir, puisqu'ils s'étoient séparés aux premiers ordres du dauphin. Cette opération dangereuse en elle-même, parce qu'elle arrête et suspend l'action de la puissance exécutrice qui, les yeux ouverts sur le citoyen, ne doit jamais être interrompue, inquiéta le public, mortifia des magistrats dont on n'avoit rien à craindre, et les alarma pour l'avenir. Tout ce qu'il y avoit de plus puissant dans le royaume, ou qui exerçoit quelque fonction publique, craignit d'être soumis à une inquisition trop vigilante. Les états mirent le comble à leur première imprudence par l'ordonnance qu'ils dictèrent au dauphin avant que de se séparer, et qui tendoit à corriger à la fois un trop grand nombre d'abus. Ils devoient se faire désirer, et en se faisant craindre, ils servirent leurs ennemis.

Le parlement dut voir avec indignation qu'on lui ordonnât de ne pas prolonger[205] les affaires, de ne faire acception de personne dans ses jugemens, de traiter les pauvres avec humanité, et sur-tout qu'on diminuât les dépenses fastueuses de ses commissaires, qui, marchant aux frais des parties, les ruinoient avant que de les juger. La chambre des comptes qui, dans son origine, n'avoit été qu'un simple conseil de quelques ministres chargés d'administrer les finances du roi, et de recevoir les comptes des fermiers du domaine, les maîtres des requêtes, les maîtres des eaux et forêts, les baillis, les prévôts, les gens de guerre, etc. tous devoient être également révoltés qu'on s'apperçût des nouveaux droits qu'ils s'étoient faits, qu'on éclairât leur conduite, qu'on dévoilât leurs malversations, et qu'on prétendît corriger des abus que l'effronterie des coupables et l'impunité avoient convertis en autant de droits.

Les états de 1356 ne s'apperçurent point de la faute que j'ai reprochée à ceux de l'année précédente, touchant la forme d'administration à laquelle les généraux des aides étoient soumis. Ils continuèrent à exiger que deux surintendans du clergé, de la noblesse et du tiers-état eussent un même avis[206] pour pouvoir former une résolution. Ces officiers continuèrent ainsi d'avoir les mains liées, et possédèrent ridiculement une autorité dont l'exercice étoit éternellement suspendu par eux-mêmes.

Les états sentirent, il est vrai, que leur ouvrage n'étoit qu'ébauché, et combien il leur importoit de s'assembler quand la situation des affaires l'exigeroit; mais au lieu de songer à se rendre un ressort ordinaire et nécessaire du gouvernement, par des convocations régulières et périodiques, ils ne demandèrent que le privilège de s'assembler à leur gré pendant un an[207].

Il leur fut même impossible d'user de cette permission, parce qu'ils ne chargèrent aucun de leurs officiers du soin de les convoquer en cas de nécessité, ni de juger du besoin d'une convocation; et qu'à moins d'une inspiration miraculeuse, le clergé, la noblesse et les communes ne devoient pas envoyer en même temps ni dans le même lieu leurs députés pour représenter la nation.

Quand les états se séparèrent, leurs ennemis se réunirent, et parvinrent aisément à faire oublier et mépriser une ordonnance accordée avec chagrin, par le prince, aux demandes d'une assemblée qui avoit voulu étendre son pouvoir au lieu de l'affermir, et corriger des abus sans avoir pris auparavant des mesures efficaces pour réussir. Plusieurs officiers que le dauphin avoit feint de disgracier, furent rappelés à la cour. Pendant qu'on intimidoit les généraux des aides et les élus des provinces, ou qu'on lassoit leur fermeté, en les traversant dans toutes leurs opérations, on poursuivit, sous différens prétextes, ceux qu'on regardoit comme les auteurs des résolutions des états; on leur supposa des crimes pour les perdre. Les uns se bannirent eux-mêmes du royaume; ils n'y trouvoient plus d'asile assuré contre la calomnie et la persécution de leurs ennemis, depuis que les états avoient eu l'imprudence d'offenser tous les tribunaux de justice. Les autres, comptant trop sur leur innocence et les intentions droites qu'ils avoient eues, furent livrés à la justice; on leur trouva, ou plutôt, on leur supposa des crimes, et ils furent condamnés au dernier[208] supplice.

C'est avec raison qu'on peut comparer la situation où les Français se trouvèrent sous le règne du roi Jean, à celle où les Anglais s'étoient vus autrefois sous le règne de Jean-sans-Terre. Chez les deux peuples, le prince tendoit également à s'emparer d'un pouvoir sans bornes, et les deux nations en s'agitant firent un effort pour secouer le joug qu'on leur imposoit. Les Anglais et les Français obtinrent, ou plutôt se firent les mêmes droits et les mêmes prérogatives; mais pourquoi nos deux ordonnances de 1355 et 1356 ne sont-elles aujourd'hui qu'un vain titre dans nos mains; tandis que la célèbre charte de Jean-sans-Terre, triomphant de tous les efforts que l'avarice et l'ambition ont faits pour la détruire, est encore le principe et la base du gouvernement actuel de l'Angleterre? En recherchant les causes de cette différence, je mettrai dans un nouveau jour les observations qu'on vient de lire, et je répandrai d'avance de la lumière sur la partie de notre histoire qu'il me reste à développer.

CHAPITRE IV.

Des causes par lesquelles le gouvernement a pris en Angleterre une forme différente qu'en France.

IL suffira de remarquer que quand Jules-César porta ses armes dans la Bretagne, les peuples de cette île avoient à peu près la même religion, le même gouvernement et les mêmes coutumes que les Gaulois, avant que ceux-ci fussent soumis à l'Empire Romain. Les deux nations vaincues devinrent esclaves, et prirent les vices de leurs vainqueurs, incapables d'être libres; mais comme ces vices ouvrirent les Gaules aux Bourguignons, aux Visigots, aux Français, etc. ils laissèrent les Bretons sans défense, et les forcèrent à subir le joug des Anglo-Saxons et des Danois. Ces peuples sortis de la Germanie avoient les mêmes mœurs et la même politique dont j'ai rendu compte en parlant de l'établissement de nos pères dans les Gaules. On voit en Angleterre des rois qui ne sont que les capitaines de leur nation. On y trouve des assemblées nationales pareilles à notre champ de Mars. Les Anglo-Saxons avoient leurs Thanes qui sont nos Leudes, des compositions en argent ou en bestiaux pour la réparation des délits, des tribunaux semblables aux nôtres pour l'administration de la justice, et des lois également insuffisantes aux besoins d'un peuple, qui ne vit plus de pillage, et qui a pris des demeures fixes.

Malgré les différentes révolutions que l'Angleterre avoit éprouvées, elle conservoit encore des restes précieux de la liberté Germanique, lorsque Guillaume, duc de Normandie et contemporain de notre Philippe I, prétendant qu'Edouard le Confesseur l'avoit appelé à sa succession, descendit en Angleterre, et en fit la conquête. Le vainqueur, bientôt lassé d'agir avec une sorte de modération, traita enfin ses nouveaux sujets avec la dernière dureté, et les dépouilla de leurs biens pour enrichir les seigneurs qui l'avoient suivi dans son expédition; et aux lois Germaniques, dont le dernier roi Saxon avoit rédigé et perfectionné le code, il substitua les coutumes normandes.

Le gouvernement féodal[209] fut établi en Angleterre, mais il n'y eut pas à sa naissance les mêmes défauts qu'il avoit d'abord eus en France. La foiblesse extrême des Carlovingiens, l'usurpation des seigneurs, la ruine des anciennes lois, et l'esprit d'anarchie l'avoient formé parmi nous, de sorte que la foi donnée et reçue n'établissoit que des droits et des devoirs incertains entre le suzerain et le vassal: en Angleterre il fut l'ouvrage d'un prince ambitieux, conquérant, jaloux de son autorité, habile à la manier, qui récompensoit à son gré ses capitaines, et qui étoit le maître des conditions auxquelles il répandoit ses bienfaits. Les premiers Capétiens, quoique plus puissans que les derniers princes de la maison de Charlemagne, avoient été réduits à n'être que les seigneurs suzerains de leur royaume, et n'étoient souverains que dans leurs domaines, comme tout seigneur l'étoit dans les siens. Guillaume, au contraire, retenant une partie de l'autorité ou des prérogatives des rois Saxons auxquels il succédoit, n'abandonna point la souveraineté à ses vassaux; il les soumit à des redevances, et conserva une justice supérieure qu'il exerçoit sur toutes les provinces de son royaume, en y envoyant de temps en temps des commissaires pour y juger en son nom. Il avoit partagé l'Angleterre en sept cents baronies qui relevoient immédiatement de la couronne, et par-là son pouvoir fut direct et immédiat sur chaque seigneur, tandis que le roi de France n'en avoit qu'un très-petit nombre qui relevât immédiatement de lui. D'ailleurs, les plus grands fiefs des Anglais étoient trop peu considérables pour que leurs maîtres affectassent la même indépendance que les vassaux immédiats du roi de France, qui, pour la plupart, possédoient des provinces puissantes, et pouvoient former des armées de leurs vassaux et de leurs sujets.

Dans le siècle de Guillaume on n'étoit point puissant sans abuser de ses forces; et plus son joug et celui de son successeur fut rigoureux, plus les Anglais, qui avoient perdu leurs anciennes coutumes par une révolution subite, regrettèrent une liberté dont ils n'avoient pas eu le temps de perdre le souvenir. Les Normands eux-mêmes comparèrent leur condition à celle des barons de Normandie; leur reconnoissance diminua pour un souverain qui ne leur avoit pas fait des grâces aussi étendues qu'il pouvoit les leur faire, et ils devinrent inquiets et ambitieux. Après avoir favorisé les entreprises d'un prince qui faisoit leur fortune, et secondé une ambition et une injustice dont ils tirèrent avantage, ils ne tardèrent pas à craindre cette autorité arbitraire qui les avoit enrichis des dépouilles des vaincus, et qui pouvoit aussi les dépouiller. Ils sentirent la nécessité d'avoir des lois pour conserver leurs nouvelles possessions. Un mécontentement général rapprocha les Normands des Anglais; les uns craignoient pour l'avenir, les autres étoient accablés du présent; leur intérêt étoit le même, et leur foiblesse les unit.

Ce nouvel esprit se fit remarquer sous le règne d'Henri I, qui n'étant pas monté sans contradiction sur le trône, avoit eu besoin de ménager ses sujets par des complaisances. Il leur accorda une charte[210], qui rétablissoit les anciennes immunités de l'Angleterre et du gouvernement Germanique: il n'étoit pas sans doute dans l'intention de l'observer; mais en se flattant de ne tendre qu'un piège à la crédulité des seigneurs et du peuple, et les distraire de leur inquiétude par de vaines espérances, il jeta en effet les fondemens de la liberté Anglaise. Toute la politique de Henri de même que celle de tous les autres princes ses contemporains, fut d'étendre son pouvoir, de violer ses engagemens quand il le put faire avec impunité; et dans les temps difficiles, de conjurer l'orage prêt à éclater, en s'obligeant par de nouveaux sermens d'exécuter ses promesses avec fidélité. Ses successeurs espérèrent de faire oublier cette charte; ils la retirèrent avec soin de tous les lieux où elle avoit été mise en dépôt, et elle ne fut bientôt plus connue que de nom; mais la nation en conservoit le souvenir, et peut-être qu'en ne la voyant plus, les Anglais la crurent encore plus favorable à leur liberté qu'elle ne l'étoit en effet.

Le malheur public naissoit en France du défaut d'une puissance supérieure qui fût en état d'établir, et ensuite de protéger l'ordre et la subordination. En Angleterre, au contraire, on sentoit le poids d'une puissance trop considérable pour devoir réprimer ses propres passions et respecter les règles établies. De-là dans les deux nations des craintes, des désirs, des espérances, et en un mot, un esprit différent. Comme on éprouvoit dans l'une les inconvéniens de l'anarchie, et dans l'autre les abus du pouvoir arbitraire, il étoit naturel qu'en souhaitant en France de voir s'élever une autorité capable de réprimer la licence des coutumes féodales, on favorisât ses entreprises, et que l'Angleterre désirât au contraire de voir diminuer ce pouvoir sans bornes, dont le prince abusoit impunément. De cette manière de penser, il se formoit dans les deux nations une politique et un caractère différens. Elles se proposèrent une fin opposée, et la puissance royale, à la faveur de l'opinion publique, devoit faire autant de progrès en France que la liberté en feroit en Angleterre. Les états contractent des habitudes auxquelles ils obéissent machinalement. Si les Anglais oublièrent quelquefois leur liberté, leur distraction ne pouvoit pas être longue. Si les Français de même s'irritoient contre le roi, ce ne devoit être qu'une effervescence passagère, et l'habitude les ramenoit sous le joug de la monarchie.

La fermentation des esprits fut continuelle sous le règne d'Etienne, de Henri II, et de Richard I. Ces princes, adroits à manier leurs affaires et les passions de leurs sujets, savoient préparer leurs entreprises, en hâter le succès, ou reculer à propos quand la prudence l'exigeoit. Mais cet art même dont ils avoient continuellement besoin, annonçoit une révolution certaine pour le moment où il monteroit sur le trône un prince aussi jaloux qu'eux de son autorité, mais moins capable de l'accroître ou de la conserver. Jean-sans-Terre, dont j'ai déjà eu occasion de faire connoître l'incapacité, succéda à son frère Richard. Ce prince déshonoré par sa conduite avec Philippe-Auguste et la cour de Rome, ne savoit pas combien il étoit méprisé de ses sujets. Il voulut faire craindre et respecter une autorité avilie entre ses mains, et les barons unis le forcèrent à leur donner une charte qui constate de la manière la plus authentique les franchises encore incertaines et flottantes de la nation.

Cette loi, si célèbre chez les Anglais, ne se borne point à établir un ordre momentané et provisionnel; c'est une loi fondamentale, faite plutôt pour prévenir les abus que pour punir ceux qui ont été commis; en servant de base au gouvernement, elle en affermit les principes. Bien loin de choquer aucun ordre de l'état, elle les prend tous également[211] sous sa protection, ménage, favorise et concilie leurs intérêts particuliers. Tandis que le clergé est confirmé dans l'entière et paisible jouissance des droits violés dont il réclamoit sans succès la possession: les franchises des vassaux immédiats de la couronne n'ont plus à craindre l'avarice du suzerain, et le sort de leurs veuves et de leurs enfans mineurs est réglé d'une manière qui doit faire aimer la loi par leur postérité. Le prince ne peut point se rendre plus odieux, se plaindre qu'on ait commis un attentat contre sa prérogative, parce que les barons ne lui ôtent que les droits arbitraires et tyranniques qu'ils exerçoient eux-mêmes sur leurs vassaux, et auxquels ils ont la sagesse de renoncer. Si la charte dictée à Jean-sans-Terre déplaît à quelques officiers de sa maison, qui, à son exemple et sous sa protection, s'étoient fait des droits injustes qu'elle abolit, elle s'attache un grand nombre de protecteurs, en restituant à Londres et aux autres villes leurs privilèges anciens. Elle veille à la fortune des simples tenanciers avec autant d'impartialité qu'à celles des seigneurs, et règle avec humanité les intérêts des commerçans et des cultivateurs des terres. On ôte à l'administration de la justice cette puissance vague et indéterminée qui peut la rendre l'instrument le plus terrible de la tyrannie dans un juge inique. Pour affermir l'empire des lois; on affoiblit celui des magistrats, et on empêche qu'ils ne puissent se laisser corrompre. Un citoyen n'est plus jugé que par ses pairs ou des jurés, les juges ne vont plus à la suite de la cour pour y recevoir les arrêts qu'ils devoient prononcer; leurs tribunaux sont fixés dans un lieu marqué, et on en règle la compétence; enfin, l'assemblée générale, à laquelle on a donné depuis le nom de parlement, et qui n'étoit encore que la cour féodale du roi, ne se contente point de prendre part à l'administration, elle devient une partie essentielle du gouvernement et l'ame de l'état. Pour n'être pas réduite à ne jouir que d'une autorité imaginaire, elle doit être convoquée quarante jours avant le terme assigné pour l'ouverture de ses séances, et dans les lettres de convocation, le roi doit énoncer les causes pour lesquelles il assemble son parlement.

On craignit que la grande charte ne subit le même sort que celle de Henri I, et elle fut adressée à toutes les églises cathédrales, avec ordre de la lire deux fois par an au peuple. Ces précautions ne paroissant pas suffisantes pour assurer l'exécution de la loi, les barons furent autorisés à former un[212] conseil de vingt-cinq d'entre eux, auquel tous les particuliers qui auroient à se plaindre de quelque infraction à la charte de Jean-sans-Terre devoient avoir recours. Si quatre de ces barons trouvoient la plainte légitime, ils devoient s'adresser au roi, ou dans son absence à son chancelier, pour demander une juste réparation. Si, quarante jours après cette demande, la partie offensée n'étoit pas satisfaite, les quatre barons rendoient compte de leur démarche à leurs collègues, qui, à la pluralité des voix, prenoient les mesures qu'ils croyoient les plus convenables pour obtenir justice: ils avoient le droit d'armer les communes et de contraindre le roi, par le pillage ou la saisie de ses domaines, à réparer les torts qu'il avoit faits.

Si on compare la grande charte aux établissemens politiques des anciens, ou si on en juge par les préceptes que les philosophes ont donnés pour faire le bonheur de la société, on y trouvera sans doute des vues encore bien barbares; mais si on compare cette loi aux chartes que les autres princes de l'Europe accordoient, dans le même temps, aux plaintes et aux menaces de leurs vassaux et de leurs sujets, on verra que les Anglais avoient fait des progrès infiniment plus considérables que les autres peuples dans la connoissance de la société. Ils commencèrent à considérer la masse entière de la nation, dont toutes les parties ne devoient faire qu'un tout, tandis qu'ailleurs les différens ordres de citoyens, toujours ennemis les uns des autres, et n'appercevant point encore les rapports secrets qui lient leur bonheur particulier au bonheur général, ne cherchoient qu'à s'opprimer ou s'offenser, et se glorifioient d'obtenir séparément des priviléges opposés, qui, ne tendant qu'à diviser leurs intérêts, ne pouvoient par conséquent jamais être affermis avec solidité.

Si on examine l'esprit différent qui avoit dicté la charte des Anglois et les deux ordonnances dont j'ai parlé dans les chapitres précédens, il est aisé de prévoir le sort différent qui les attendoit. Dès que le roi Jean et son fils voudront manquer à leurs engagemens, ils seront soutenus dans leur entreprise par toutes les personnes que les états avoient offensées. Les abus qu'on avoit voulu réprimer renaîtront sans peine, parce qu'on avoit négligé de régler en détail et d'une manière précise les droits de la nation, et que n'ayant pris aucune mesure pour que l'injustice faite à un simple particulier devînt, comme en Angleterre, l'affaire de la nation entière, on pouvoit parvenir à opprimer tout l'état, en opprimant successivement chaque classe de citoyens. Nos lois, qui n'avoient que de foibles protecteurs, parce qu'elles proscrivoient plutôt des abus particuliers qu'elles n'établissoient un ordre général, devoient nécessairement tomber dans l'oubli. Ainsi les Français s'agitoient inutilement pour ne faire que des lois qui devoient les laisser retomber dans leur première barbarie, tandis que les Anglais, conduits par l'esprit national que fixoit la grande charte, devoient faire de nouveaux progrès et perfectionner l'ébauche de leur gouvernement.

Quand Jean-sans-Terre voulut recouvrer le pouvoir arbitraire dont on lui avoit interdit l'usage, il se trouva sans partisans; tout le monde l'abandonna; et pour réduire ses sujets, il fut obligé d'appeler des étrangers à son service, en leur promettant des dépouilles de l'Angleterre. Les efforts impuissans du prince, ne servirent qu'à donner plus de force à l'esprit national qui se formoit, et dont une trop grande sécurité auroit vraisemblablement retardé les progrès: le repos est ennemi de la liberté; les Anglais, plus attachés à leur loi par les efforts qu'on avoit faits pour la détruire, devinrent attentifs, défians et soupçonneux; prompts à s'alarmer, il étoit difficile de les tromper par des espérances, de les entretenir dans leur erreur après les avoir séduits, ou de les accabler avant qu'ils eussent prévu le danger. Tandis que les Français, sans guide et sans ralliement, devoient encore errer au gré des événemens et de leurs passions, les Anglais se proposoient un objet fixe au milieu des malheurs ou des prospérités, qui ne sont que trop propres à donner un nouvel esprit aux nations. L'Angleterre put avoir quelques distractions, mais elle conserva son caractère. La grande charte, si je puis parler ainsi, fut une boussole[213] qui servit à diriger le corps entier de la nation, dans les troubles que l'intérêt particulier et les factions suscitèrent quelquefois, et qui sont nécessaires dans un gouvernement barbare qui se forme. Si le prince prend une espèce d'ascendant sur la nation, son triomphe est court, parce que quelque corps a toujours intérêt de réclamer la grande charte, et qu'en jettant l'alarme, il retire les esprits de leur assoupissement.

Le règne d'Henri III, est une preuve de cette vérité. Les historiens ont remarqué que les barons, auteurs de la révolte qui éclata contre ce prince, n'étoient pas moins occupés de leurs intérêts particuliers que du bien public. Le comte de Leicester trouva assez de partisans pour se mettre en état de faire la guerre civile, parce que la nation avoit besoin qu'on raffermit ses priviléges ébranlés, et Henri ne resta point sans défense, parce qu'un grand nombre d'Anglais, qui aimoient également les lois, se défioient encore plus des vues ambitieuses du comte que de celles du roi. Chez tout autre peuple, le sort du gouvernement auroit dépendu dans ces circonstances du sort d'une bataille: en Angleterre, l'esprit national empêchoit que l'armée victorieuse ne se laissât énivrer par ses succès, et ne servît avec trop d'ardeur et de docilité les passions de son chef. L'armée qui fit vaincre Henri ne lui permit pas, après la bataille d'Evashem, d'accabler les vaincus et de se mettre au-dessus de la loi. N'est-il pas permis de conjecturer que si le comte de Leicester eût été victorieux, ses soldats citoyens l'auroient également contenu dans les bornes de son devoir?

Quelque amour que les Anglais eussent pour un gouvernement qui les rendoit libres, ils étoient trop ignorans, et leurs mœurs trop grossières, pour qu'ils fussent à l'abri de toute révolution: bien loin de connoître la dignité des citoyens, ils ne soupçonnoient pas même qu'il y eût un droit naturel, et ne croyoient en effet tenir leurs nouveaux priviléges que de la libéralité seule du prince, ou plutôt de la violence qu'ils avoient faite à Jean-sans-Terre. Le roi, de son côté, n'étoit pas mieux instruit des devoirs que la nature et la politique lui imposoient, et convaincu que les prérogatives dont on l'avoit dépouillé, appartenoient essentiellement à sa dignité, il se croyoit toujours le maître de reprendre ses bienfaits, pourvu que le pape, en le déliant de ses sermens, autorisât son parjure; il n'en falloit pas davantage pour entretenir une fermentation sourde et continuelle dans le cœur de l'état. Si aujourd'hui même on reproche au gouvernement d'Angleterre plusieurs irrégularités qui peuvent rompre tout équilibre entre les différens pouvoirs qui s'y balancent, il est certain que ce défaut, beaucoup plus considérable sous les premiers successeurs de Jean-sans-Terre qu'il ne l'est dans notre siècle, ouvroit une vaste carrière aux caprices de la fortune, et exposoit les Anglais à perdre leur liberté, malgré les efforts qu'ils devoient faire pour la conserver.

Heureusement qu'au milieu des mouvemens convulsifs que l'Angleterre éprouvoit de temps en temps, le gouvernement s'affermissoit tous les jours à la faveur de quelques hasards heureux, et des établissemens que l'esprit national formoit par une suite de l'attention scrupuleuse des Anglais à ne laisser lever aucun subside[214] sans y avoir consenti; le parlement, qui n'avoit autrefois aucun temps fixe et déterminé pour ses assemblées, fut convoqué régulièrement tous les ans; et le prince, toujours arrêté dans l'exécution des projets ambitieux qu'il pouvoit former, étoit continuellement soumis à la censure de la nation. Le roi, borné aux revenus médiocres de ses domaines, et souvent forcé de faire la guerre en-deçà de la mer, ne pouvoit se passer des subsides de ses sujets; les grands, qui étoient les maîtres de rejeter à leur gré ses demandes ou de les recevoir d'une manière favorable, ne tardèrent pas à profiter de cet avantage pour partager avec lui[215] la puissance législative; malgré le mépris si naturel aux grands pour leurs inférieurs, ils eurent la sagesse de ne point avilir une nation dont ils étoient les chefs; ils sentirent que s'ils opprimoient le peuple, ils seroient à leur tour opprimés par le roi; ou plutôt, ils craignirent de soulever contre eux des hommes que la grande charte avoit rendus fiers et jaloux de leur liberté; leur crainte leur servit de politique, et les sauva de l'écueil contre lequel leur avarice et leur vanité devoient les faire échouer.

Le peuple, chaque jour plus riche et plus heureux sous la protection des barons, s'affectionna davantage à ses lois, et devint bientôt assez puissant pour que le parlement, où Londres[216] seule et quelques autres villes considérables envoyoient des représentans, admît enfin des députés des bourgs et de chaque province. Cette assemblée, si nécessaire à la conservation des immunités anglaises, n'acquit point une nouvelle force sans affermir la liberté en la rendant plus précieuse. Les grands ne perdirent rien de leur dignité, et affermirent leur pouvoir en se rapprochant plus intimement du peuple, la législation se perfectionna, parce que le corps législatif, composé d'hommes choisis dans tous les ordres de l'état, et qui en connoissent tous les besoins, ne négligea aucun de ces petits objets oubliés par-tout ailleurs, et qui cependant ne sont jamais négligés impunément; la présence des communes, plus amies du repos que la noblesse, tempéra le génie impatient et militaire des barons, trop portés à recourir à la force pour défendre leurs priviléges, et mit le parlement en état d'acquérir de nouveaux droits sans recourir à la voie des armes, qui expose toujours un peuple libre à devenir esclave.

En effet, le parlement attaqua, sous le règne d'Edouard, différentes prérogatives de la couronne, qui jusqu'alors n'avoient point été contestées. Il fut réglé qu'à l'avenir la chambre des pairs disposeroit des places les plus importantes du royaume; que sans ses concours, le roi ne pourroit ni faire la guerre, ni ordonner à ses vassaux de le suivre; et que de temps en temps toutes les charges seroient conférées par le parlement à la pluralité des suffrages. Sous Henri IV, les communes ordonnèrent qu'un ordre du roi ne pourroit désormais justifier un officier qui ne se seroit pas conformé aux lois générales de la nation. Elles donnèrent l'exemple utile de disgracier des ministres, et nommèrent enfin un trésorier pour disposer, suivant leurs ordres, des subsides qu'elles accorderoient.

Ces droits, et quelques autres que le parlement acquit encore, empêchoient que les articles les plus essentiels de sa grande charte ne fussent attaqués et violés: c'étoit, pour ainsi dire, un avant-mur dont la nation couvroit sa liberté, et que les rois devoient commencer à détruire. Les nouvelles prérogatives que le parlement s'étoit faites sous des princes foibles, le mettoient en état de faire quelquefois des sacrifices, et de perdre quelque chose sous des princes entreprenans et adroits, sans que la constitution politique en fût altérée. Après avoir éprouvé différens flux et reflux, l'autorité reprenoit son équilibre. Souvent les rois se trouvoient réduits à la défensive, et tant la nation étoit libre, réclamèrent en leur faveur cette même charte qu'ils avoient regardée comme l'instrument de la décadence de leur pouvoir.

Il faut le remarquer, la fortune servit inutilement les Anglais pendant plusieurs générations; elles les fit passer successivement dans des circonstances si différentes, si contraires même, que la nation ne pouvoit jamais être distraite pendant long-temps des intérêts de sa liberté. Des rois d'un caractère opposé, tantôt timides, tantôt courageux, ne devoient point avoir cette constance patiente et opiniâtre qui triomphe enfin de tous les obstacles. Edouard I succéda à un prince foible, et trouva par conséquent une nation plus fière et plus jalouse que jamais de ses droits. Il avoit les qualités nécessaires pour éblouir ses sujets, et leur inspirer une sécurité qui les auroit peut-être perdus; mais il eut heureusement l'imprudence de ne vouloir d'abord confirmer la grande charte qu'avec la clause que cette confirmation ne nuiroit point à ses prérogatives; et ensuite de demander au pape la dispense du serment qu'il avoit prêté. Sur le champ les esprits plus attentifs épièrent ses démarches, et voulurent pénétrer ses pensées. Edouard, suspect à sa nation, n'osa pas tenter de l'asservir, et son successeur, qui voulut affecter un pouvoir arbitraire, se trouva sans talens. Edouard II fut déposé; exemple terrible pour son fils, prince altier, courageux, grand politique, grand capitaine, et qui, pendant un règne assez glorieux et assez long pour lasser la vigilance de tout autre peuple que les Anglais, ou le jeter dans un engouement funeste à la liberté, se vit forcé à confirmer plus de vingt fois la charte de Jean-sans-Terre.

Que les hommes savent peu ce qu'ils doivent désirer ou craindre! La mort de ce fameux prince de Galles, le prince Noir, dont les historiens font des éloges si honorables, causa un deuil général en Angleterre; et cependant, qui peut répondre qu'un grand homme, doué de plusieurs vertus inconnues à son siècle, et qui auroit succédé à Edouard III, n'eût pas exposé la liberté des Anglais aux plus grands périls? Il n'eût pas eu vraisemblablement plus d'égards pour leurs priviléges qu'il n'en eut pour les droits des vassaux de son duché d'Aquitaine; mais la prudence lui ordonnant de se conduire en Angleterre d'une manière différente qu'en France, il eût attaqué les Anglais en s'en faisant aimer et respecter; et combien de fois les vertus des princes n'ont-elles pas été funestes à leur nation? La fortune plaça la couronne destinée au prince de Galles sur la tête d'un enfant, dans qui l'âge ne développa aucun talent, et Richard II subit le même sort qu'Edouard II.

On vit les mêmes jeux de la fortune pendant les longues querelles de la maison d'Yorck et de la maison de Lancastre. A un Henri V, prince trop célèbre par nos disgraces, succéda un roi au berceau; il est détrôné, et replacé sur le trône pour en être encore chassé. Le règne d'Edouard IV éprouva différentes révolutions, pendant lesquelles le gouvernement ne pouvoit prendre, ni conserver aucune stabilité. La couronne passa sur la tête d'un usurpateur, Richard III, l'assassin de ses deux neveux, et trop odieux à ses sujets pour être redoutable à leur liberté.

Il se préparoit cependant de grands changemens en Angleterre, et la fin des querelles domestiques des maisons de Lancastre et d'Yorck parut être l'époque où l'amour des Anglais pour la liberté, leur crainte de la royauté et leur défiance, c'est-à-dire, l'esprit national, alloit s'affoiblir et faire place à une nouvelle politique. Suite funeste de l'esprit de parti! Les Anglais avoient négligé leurs propres intérêts, en embrassant avec trop de chaleur ceux des deux maisons qui se disputoient la couronne. Ils étoient fatigués des combats qu'ils avoient livrés; ils avoient trop souffert de leurs factions, et des scènes effrayantes qu'ils avoient présentées à l'Europe, pour ne pas désirer le repos. Dans l'espèce d'assoupissement où Henri VII trouva ses sujets, il se flatta de pouvoir faire impunément quelques entreprises sur leur liberté. Il prétendit d'abord qu'en vertu de sa prérogative royale, il pouvoit exercer tous les actes d'autorité, dont quelqu'un de ses prédécesseurs lui avoit donné l'exemple: étrange principe, qui, en substituant la licence à la loi, ouvroit la porte à tous les désordres, et auroit soumis l'Angleterre au despotisme le plus rigoureux. Pour se rendre moins dépendant du parlement, ou pour le rendre moins nécessaire, il exigea des subsides sous le nom de bénévolence. La nation toléra cet abus, et elle n'auroit pas dû permettre au roi de faire des emprunts libres, si elle vouloit conserver sa liberté. Il se rendit le maître des élections du parlement; et les historiens ont remarqué qu'il abaissa le pouvoir de la noblesse et l'appauvrit, tandis qu'il se faisoit un art d'honorer et combler de faveurs les jurisconsultes, qui devenant les plus lâches des flatteurs, par reconnoissance, et pour mériter de nouvelles grâces, détournèrent les lois de leur sens naturel, et les forcèrent à se taire ou à se soumettre à la prérogative royale.

Cette conduite arbitraire, loin d'accoutumer les Anglais au joug, n'auroit servi qu'à leur rendre leur courage et leur ancien amour pour l'indépendance, s'ils n'avoient été distraits des soins qu'ils devoient à leur patrie, par un intérêt supérieur à celui de la liberté. Luther venoit de se soulever contre l'église romaine; et ses opinions répandues en Angleterre avoient fait des progrès si grands et si rapides, que les catholiques consternés craignirent de voir entièrement détruire la foi de leurs pères. Les périls de la religion devoient faire oublier ceux de la patrie. Que la société, en effet, ses lois, ses biens, ses maux, la liberté et l'esclavage paroissent des objets vils aux esprits qui n'envisagent qu'une éternité de bonheur ou de malheur dans une autre vie, et qui sont assez égarés par le fanatisme pour ne pas songer que le chemin qui conduit à cette éternité de bonheur, c'est la pratique de la justice, de l'ordre et des lois; les Anglais devenus théologiens, cessèrent d'être citoyens et politiques. Les deux religions formèrent deux partis d'autant plus funestes pour l'état, que dans leur zèle aveugle et téméraire, ils s'applaudissoient de sacrifier leurs lois et leur liberté au succès de leurs opinions.

Henri VIII haïssoit la doctrine de Luther comme nouvelle et hérétique, mais il étoit ennemi de la cour de Rome, qui condamnoit sa passion pour Anne de Boulen. «Chacun des deux partis, dit le nouvel historien d'Angleterre, espéroit de l'attirer à soi à force de soumission et de condescendance. Le roi, qui tenoit la balance entre eux, également sollicité par la faction protestante et par la faction catholique, ne s'emparoit que mieux d'une autorité sans bornes sur l'une et l'autre. Quoiqu'il ne fût réellement guidé que par son caprice et son humeur impérieuse, le hasard faisoit que sa conduite incertaine le dirigeoit plus efficacement vers le pouvoir despotique, que n'auroient pu faire les politiques les plus profonds qui lui en auroient tracé le plan. S'il eût employé l'artifice, les ruses, l'hypocrisie, dans la position où il se trouvoit, il eût mis les deux partis sur leurs gardes avec lui; c'eût été leur apprendre à se plier moins aux volontés d'un monarque qu'ils n'eussent pas espéré de gagner. Mais la franchise du caractère d'Henri étant connue aussi bien que la fougue de ses passions impétueuses, chaque faction craignit de le perdre par la contradiction la plus légère, et se flattoit qu'une déférence aveugle à ses fantaisies le jetteroit cordialement et entièrement dans ses intérêts.»

La mort de Henri VIII ne rendit point aux Anglais l'amour de la liberté, et leur ancien gouvernement, parce que les querelles des deux religions n'étoient point encore terminées. Les novateurs qui triomphèrent sous Edouard VI, pardonnoient tout à une régence qui les favorisoit, et rendirent le roi plus puissant pour opposer un ennemi plus redoutable aux catholiques. De leur côté, les catholiques étoient trop occupés de la décadence de leur religion, pour songer à la ruine de leur liberté. Leur foiblesse ne leur permettant pas d'opposer avec succès les lois à une puissance qu'on avoit rendue despotique, ils prirent le parti le plus naturel à des opprimés, et devinrent les flatteurs d'un gouvernement qu'ils ne pouvoient détruire. En attendant avec patience que la providence appelât sur le trône la princesse Marie, qui pensoit comme eux, et qui les vengeroit, ils prêchèrent l'obéissance la plus entière, dans la crainte d'être traités en séditieux.

Marie fut plus catholique qu'Edouard, son frère, n'avoit été protestant; mais le parti disgracié connoissoit ses forces, et n'ayant pas le même besoin qu'autrefois de ménager le gouvernement, on ne vit plus chez les Anglais la même indifférence au sujet de leurs lois et de leur liberté. Les novateurs, accoutumés à dominer, et qui pouvoient se faire craindre, ne devoient pas souffrir les abus du gouvernement de Marie avec la même patience que les catholiques avoient toléré ceux du règne d'Edouard. En sortant de leur distraction, les Anglais ne sentirent que le poids de leurs chaînes, et ils n'auroient su comment sortir de l'esclavage où ils étoient réduits, si la grande charte, en leur faisant connoître les droits de leurs pères, ne leur avoit appris ceux dont ils devoient jouir. Heureusement qu'Henri VIII avoit dédaigné de détruire un parlement qui, se précipitant sans pudeur au-devant du joug, étoit devenu l'instrument et l'appui du pouvoir arbitraire: mais si ce parlement, réveillé par les murmures du public, sortoit de son assoupissement, parvenoit à connoître encore sa dignité, et servoit de point de ralliement aux partisans de la liberté, le sort de l'Angleterre n'étoit pas encore désespéré.

En effet, le parlement osa montrer une sorte de courage sous le règne de Marie. Quelques-uns de ses membres, attachés à la nouvelle doctrine, se vengèrent d'une princesse qui les persécutoit en se plaignant de ses dépenses et des subsides qu'elle arrachoit au peuple épuisé. Un sentiment étranger à celui de la religion paroissoit déjà, et l'avarice lui auroit fait faire des progrès rapides, si Elisabeth n'eût porté sur le trône que la foiblesse et l'imprudence de Marie.

Cette princesse, aussi jalouse du pouvoir arbitraire que son père, étoit moins propre à l'établir, mais plus capable de le conserver. Naturellement défiante, quoique courageuse, la prospérité du moment présent ne la rassura jamais sur l'avenir. Toujours appliquée à prévoir et prévenir ce qu'elle pouvoit craindre, aucun danger ne lui parut médiocre; elle n'eut jamais cette sécurité qui néglige les petites choses, qui produisent quelquefois des maux extrêmes, auxquels on n'applique ensuite que des remèdes impuissans. Toujours armée des lois par lesquelles le parlement avoit remis dans les mains d'Henri VIII le pouvoir entier de la nation, elle exigea l'obéissance la plus servile, mais ne laissa craindre de sa part ni les caprices ni les passions qui ne sont que trop naturelles aux despotes. Voyant que les Anglais souffroient les demandes fréquentes des subsides moins patiemment que le reste, elle chercha les moyens de les enrichir, et gouverna ses finances avec une extrême économie. Plutôt que de fatiguer l'état de ses besoins, elle vendit des terres de la couronne, c'étoit assurer la tranquillité de son règne, mais multiplier les embarras de ses successeurs, et les exposer à perdre l'autorité qu'Henri VIII avoit acquise.

Quoique tout eut plié sous le joug d'Elisabeth, l'esprit de liberté n'avoit pas laissé de faire quelque progrès. Tantôt on avoit osé dire qu'il étoit injuste que les membres du parlement ne fussent pas jugés par le parlement même; tantôt on avoit représenté l'absurdité qu'il y avoit à ne pas laisser opiner librement les députés d'un corps assemblé pour délibérer sur les besoins de l'état et conseiller le prince. C'est blesser, disoit-on, les règles les plus communes de la raison, que de suspendre par un ordre du conseil les délibérations du parlement; et comment la nation échappera-t-elle à la servitude la plus cruelle, s'il est permis de jetter dans une prison les membres de la chambre basse, ou de les citer devant des ministres despotiques pour répondre de leur conduite, de leurs discours et même de leurs pensées?

Étrange effet de la bizarrerie des évènemens humains! Le fanatisme, qui avoit ruiné la constitution de l'ancien gouvernement, étoit destiné à la rétablir, et les soins mêmes qu'Elisabeth avoit pris pour calmer et concilier les esprits au sujet de la religion, en faisant un mélange de la doctrine nouvelle avec le rit et les cérémonies de l'église romaine, devoit hâter la révolution que l'esprit national et le souvenir de la grande charte préparoient.

Des novateurs zélés, croyant que la pureté de leur religion étoit profanée par un reste de cérémonies romaines auxquelles Elisabeth avoit fait grâce, refusèrent de se soumettre à un culte qu'ils regardoient comme impie. La sévérité de leurs maximes leur acquit un grand nombre de partisans, et leur donnant une inflexibilité opiniâtre, les exposa aux persécutions d'un gouvernement intolérant; mais les puritains irrités ne tardèrent pas à faire une diversion favorable en joignant des questions politiques aux questions théologiques. On rechercha la nature du pouvoir qu'exerce la société, son origine, son objet, sa fin; on discuta les moyens que le magistrat doit employer pour faire le bonheur public. Les esprits s'émeutent, et des citoyens, lassés de leur situation, qui désiroient d'être libres, et accoutumés aux mouvemens irréguliers et impétueux que donne le fanatisme, portèrent dans leurs nouvelles querelles la chaleur, l'emportement, le courage et l'opiniâtreté nécessaires pour produire une grande révolution.

Il se forma deux partis, celui de la cour et celui du parlement, qui, conduits par leur haine, leur rivalité et leur ambition, se portèrent aux excès les plus opposés. La faction intraitable des puritains, sans oser encore avouer ouvertement sa doctrine sous le règne de Jacques I, ne tendoit, en effet, qu'à détruire la royauté et les prérogatives de la pairie, pour mettre une parfaite égalité entre les familles et établir une pure démocratie. Le parti de la cour, également outré dans ses principes, affranchissoit l'autorité royale de toutes les lois, et à la faveur de je ne sais quel droit divin, qu'il est difficile de croire, condamnoit les citoyens à obéir aveuglément au prince comme à Dieu même. Les puritains, toujours animés du même zèle, abolirent successivement tous ces actes scandaleux par lesquels le parlement avoit détruit les libertés ecclésiastiques et civiles, et conféré à Henri VIII toute la puissance législative. La chambre étoilée, la cour de haute trahison et la cour martiale, trois tribunaux qui ne servoient qu'à donner une forme légale à l'injustice et à la violence, furent anéanties. Quels que fussent les succès des deux partis, leurs haines croissoient toujours avec leurs espérances ou leur désespoir. Quand les puritains se furent emparés de l'autorité publique, ils firent périr Charles I sur un échafaud: et quand le parti de la cour triompha à son tour, il ne se contenta pas de rappeler Charles II sur le trône de ses pères, il lui accorda le pouvoir le plus étendu.

Il n'est pas difficile, si je ne me trompe, de prévoir quel auroit été le sort de l'Angleterre, déchirée par deux factions implacablement ennemies, qui avoient conjuré ou contre la nation, ou contre le roi, et qui étoient trop puissantes pour avoir l'une sur l'autre un avantage décisif. Le despotisme le plus odieux auroit sans doute été le fruit de la foiblesse et de l'épuisement où l'état seroit tombé par ses divisions, si au milieu de la tempête, les Anglais n'avoient trouvé une ancre pour s'opposer à l'impétuosité des vagues qui les emportoient. Cette ancre, ce fut la charte de Jean-sans-Terre. Des citoyens éclairés, ou naturellement plus modérés, y trouvèrent les titres de leur liberté, des droits de la couronne, et les principes d'un gouvernement, qui, tenant un milieu entre les deux factions, pouvoit servir à les rapprocher. Ils formèrent un troisième parti d'abord foible, et qui ne pouvoit se faire entendre dans le tumulte que causoient les passions; mais qui devoit acquérir des forces à mesure que l'Angleterre, instruite par ses malheurs, se lasseroit de ses troubles. En effet, elle a dû de nos jours son salut au même acte, qui, quatre siècles auparavant, avoit établi les fondemens de sa liberté.

Je ne suivrai point ici l'histoire de la maison de Stuart. Qu'il me suffise de demander, si la cause des malheurs de Charles I ne fut pas de s'être laissé conduire par l'esprit d'une faction, plutôt que par l'esprit des anciens principes de la nation? Dès que le fanatisme avoit formé le plan d'établir une démocratie, il n'étoit plus temps pour ce prince de casser le parlement, de déclarer qu'il ne l'assembleroit plus, de lever des impôts, et de remplir les prisons des personnes qui lui étoient suspectes et désagréables. Par cette conduite imprudente, il n'attachoit à ses intérêts que ses flatteurs, les courtisans, quelques théologiens décriés, et des hommes sans honneur et sans patrie, qui vendent leurs services au plus offrant. Il devoit succomber avec un pareil secours; car si la nation se refusoit au fanatisme des puritains, elle avoit déjà repris assez de goût pour la liberté, pour ne point vouloir d'un maître absolu. Quelques succès que Charles eût obtenus contre les rebelles, il n'auroit jamais atteint le but qu'il se proposoit; parce que les citoyens qui tenoient à l'ancienne constitution, auroient succédé aux puritains défaits pour défendre la liberté; ou plutôt il auroit eu la prudence de les secourir à propos pour empêcher leur ruine. Toutes les fautes de Charles ne sont qu'une suite nécessaire de la malheureuse position où il s'étoit mis en voulant porter trop loin la prérogative royale: s'il n'eut pas fait celles qu'on lui reproche, et qu'on regarde communément comme la cause de ses malheurs, il en auroit nécessairement commis d'autres qui n'auroient pas été moins dangereuses.

Si ce prince, au contraire, eût consulté l'ancien esprit de la nation qui avoit commencé à renaître sous le règne précédent, qui doutera qu'en refusant d'être un despote, il n'eût abattu la faction qui vouloit établir une vraie république? S'il eût déclaré qu'il se contentoit du pouvoir que Jean-sans-Terre avoit laissé à ses successeurs; s'il eût renouvellé la grande charte en jurant de l'observer, il auroit été secondé du vœu général de la nation, et auroit disposé de toutes ses forces. Le fanatisme est un sentiment déraisonnable et outré, que le temps use et détruit. On auroit vu sous le règne de Charles I, ce qu'on ne vit que sous celui de son successeur, les Torys, et les Whigs, abandonner l'esprit de faction, et se rapprocher en adoptant à la fois les principes du gouvernement établi par la grande charte.

A l'exception des chefs de ces deux partis, qui s'étoient montrés trop à découvert pour oser renoncer à leurs principes, les Torys vouloient communément que Charles II eût des prérogatives, mais de manière cependant que la liberté du peuple fût assurée; et les Whigs prétendoient que le peuple fût libre, sans que sa liberté pût détruire la prérogative royale. Ainsi que le remarque un historien profond, qui a écrit sur cette matière, les hommes modérés de ces deux partis, c'est-à-dire, le corps de la nation, pensoient de même sur le fond de cette question; ils se proposoient la même fin, et ne varioient que sur les moyens nécessaires pour affermir à la fois la prérogative royale et la liberté des citoyens.

Cette manière de penser avoit fait de si grands progrès, que quand Jacques II se fut rendu odieux par une administration également injuste et imprudente, il ne vit plus auprès de lui que quelque Torys outrés, mais trop consternés, trop décriés et trop foibles pour tenter de le conserver sur le trône. Dans le moment de cette grande révolution, il subsistoit aussi des Whigs fanatiques sur la liberté, et qu'on n'auroit pu satisfaire qu'en établissant une démocratie rigoureuse, mais leur nombre étoit si petit et leur doctrine si contraire à l'esprit national, qu'ils n'osèrent point se faire entendre. Le gouvernement conserva sa forme ancienne, et le parlement ne songea qu'à associer, par un heureux mélange, la dignité du prince à celle de la nation.

Grâces au crédit que la charte de Jean-Sans-Terre a repris en Angleterre, les noms mêmes de Torys et de Whigs n'y sont plus connus aujourd'hui. Ce qui, sans doute, a le plus contribué à leur ruine, c'est que Guillaume III et la reine Anne, conformant leur administration au système de gouvernement adopté par leurs sujets, ne furent point forcés de faire des cabales, de ménager tour à tour les Torys et les Whigs, et de se servir de leurs passions et de leur autorité pour se rendre plus puissans; les successeurs de ces princes n'ayant fait aucune entreprise suivie, qui tendît à détruire la forme du gouvernement, toutes les disputes ont enfin cessé sur cette matière. Les Hanovriens ne règnent, et ne peuvent régner sur l'Angleterre, que parce que c'est une nation libre, qui se croit en droit de disposer de la couronne. S'ils affectoient la même puissance que les Stuarts, s'ils pensoient qu'elle leur appartient de droit divin, ce seroit se condamner eux-mêmes, et avouer que la place qu'ils occupent ne leur appartient pas.

On dit qu'il y a encore en Angleterre des hommes qui pensent comme ont pensé les Whigs et les Torys les plus emportés sous le règne de Charles I; mais ils sont obligés de déguiser leurs principes, et ils n'ont aucune influence dans les affaires. Peut-être ce reste de levain est-il nécessaire pour entretenir une fermentation salutaire, et empêcher que les esprits ne s'abandonnent mollement à une sécurité qui seroit bientôt suivie d'un assoupissement trop profond. Le parti de la cour et le parti de l'opposition ne se proposent plus comme les anciennes factions, de ruiner la liberté publique ou la prérogative royale. Leur politique est bornée à des objets particuliers d'administration; ils se craignent, ils se trompent, ils se balancent mutuellement. A la faveur de ces divisions toujours renaissantes, l'Angleterre est libre; si elles cessoient, l'Angleterre seroit esclave.

Les Anglois doivent à la charte de Jean-sans-Terre leur gouvernement actuel; dans les temps les plus difficiles, après les commotions les plus vives, ils ont constamment recours à cette loi comme à leur oracle. Servant de règle à l'opinion publique, elle a empêché que des révolutions souvent commencées ne fussent consommées. Que l'on ne soit donc pas surpris de la forme de gouvernement que l'Angleterre a conservée au milieu des mouvemens convulsifs dont elle a été agitée, et qui sembloient asservir ses lois aux caprices de ses passions. C'est parce que la France n'avoit au contraire aucune loi fondamentale consacrée par l'estime et le respect de la nation, qu'elle a été condamnée à ne consulter dans chaque conjoncture que des intérêts momentanés; les Français obéissoient sans résistance aux événemens, les Anglais résistoient à leur impulsion: de-là, sur les ruines des fiefs s'élève chez les uns une monarchie, et chez les autres un gouvernement libre.

Je n'examinerai point en détail ce que les écrivains anglais disent de leur gouvernement. Cette matière me méneroit trop loin. Je sais que l'esprit général de la nation est propre à réprimer plusieurs défauts de la constitution, et à tenir en équilibre plusieurs pouvoirs auxquels les rois n'ont pas donné une force égale. Mais si le luxe, les richesses, le commerce et l'avarice altèrent cet amour de la liberté; si la corruption et la vénalité avilissent les ames; par quel prodige une partie du gouvernement n'opprimera-t-elle pas les autres? Si dans cette décadence des mœurs publiques, la fortune ramenoit les circonstances qui rendirent Henri VIII tout-puissant, ou si elle plaçoit sur le trône une adroite Elisabeth, quelles mesures a-t-on prises pour que le gouvernement résistât aux secousses qu'il recevroit? Jacques II avoit le despotisme dans le cœur et dans l'esprit; il se croyoit le maître de dispenser des lois; il établit des impôts sans l'aveu du parlement; il parla en souverain absolu dans ses proclamations; il professa ouvertement une religion odieuse à ses sujets et voulut détruire la leur; il contracta des alliances suspectes avec les étrangers; il eut une armée sur pied, et menaça d'opprimer tout ce qui lui résisteroit: ce fut un événement étranger aux mœurs, aux lois et à la constitution des Anglais, qui, dans ce moment, les sauva du danger dont ils étoient menacés. Il fallut que Guillaume fît une descente en Angleterre, et qu'une armée Hollandoise servît de point de ralliement aux mécontens, qui, sans ce secours, ne pouvant ni se montrer, ni se réunir, auroient été obligés de subir le joug et de perdre le souvenir de leurs droits. Les Anglais, énivrés de la joie que leur causa la révolution, auroient dû trembler en voyant qu'elle n'étoit pas leur ouvrage. Qui leur a répondu que dans une pareille circonstance ils trouveront un second Guillaume; et que leur roi, aussi timide que Jacques, fuira sans oser confier sa fortune et celle de son royaume au sort d'une bataille, ou sera vaincu?

CHAPITRE V.

Suite du règne du roi Jean.—Désordres qui suivent les états de 1356.—Conduite du dauphin pour reprendre l'autorité qu'il avoit perdue.—Situation du royaume à la mort du roi Jean.

Nos pères s'étoient flattés que la dernière ordonnance qu'ils avoient dictée au dauphin, assureroit leur bonheur; et cependant le royaume se trouvoit plus malheureux après les états de 1356, qu'il ne l'avoit encore été. On n'opposa d'abord que des plaintes et des murmures aux injustices du gouvernement, qui les méprisa. Les hommes qui avoient dirigé la conduite des états, croyant de bonne foi avoir épuisé tout ce que la politique a de plus sublimes préceptes pour la prospérité des nations, n'osoient rien espérer d'une nouvelle assemblée, ni des lois qui en seroient l'ouvrage. Les uns étoient en fuite ou attendoient dans des cachots l'arrêt de leur mort; et les autres flottoient entre la consternation et le désespoir: suite funeste d'une ordonnance bien différente de la charte de Jean-sans-Terre, et qui, ne conciliant point les avantages des différens ordres de citoyens, pour ne leur donner qu'un même intérêt, les laissoit dans leur première foiblesse, et n'ouvroit que la voie impuissante et dangereuse des émeutes et des séditions, pour arrêter les entreprises du conseil.

Robert-le-Cocq, évêque de Laon, et Marcel, prévôt des marchands de Paris, se trouvoient à la tête des mécontens. Ces deux hommes ne méritent peut-être pas les noms odieux que les historiens leur ont prodigués: l'ignorance, les préjugés et les mœurs du temps peuvent servir à les excuser; mais sûrement ils ne seroient point indignes des éloges dont on les auroit comblés, si par hasard ils avoient obtenu quelques succès, et réussi à donner quelque stabilité aux lois. Il est vraisemblable qu'ils eurent de bonnes intentions dans le commencement de leur entreprise; mais n'ayant pas vu les fautes des derniers états, ne les soupçonnant pas même, il s'en falloit bien qu'ils pussent les réparer dans un pays où l'ancien orgueil des fiefs avoit inspiré autant de respect pour la haute noblesse que de mépris pour la bourgeoisie; il étoit bien difficile que le Cocq et Marcel, en voulant agir pour la nation, parvinssent à s'en faire avouer: peut-être que la grande charte n'auroit jamais réuni les Anglais, si au lieu d'être l'ouvrage des barons, elle n'avoit été accordée qu'aux demandes des communes mutinées. Quoiqu'il en soit, l'évêque de Laon et le prévôt des marchands, sans vues générales, sans projets fixes, inférieurs aux obstacles qu'ils devoient éprouver, et qu'ils n'avoient pas même prévus, mirent de l'audace et de l'emportement où il n'auroit fallu que de la fermeté et de la raison. Forcés d'obéir aux événemens, sans savoir ni ce qu'ils devoient craindre, ni ce qu'ils devoient espérer, ils furent plutôt des conjurés et des ennemis de l'état, que les défenseurs de la fortune publique.

Avec quelque hauteur que le conseil usât de son autorité, il étoit impossible qu'en excitant un mécontentement général, il n'eût pas lui-même quelques alarmes. Marcel, qui gouvernoit à son gré la populace de Paris, s'aperçut de la crainte du dauphin, et le contraignit à convoquer les états pour le 7 novembre 1357. Le temps nous a malheureusement dérobé tout ce qui pouvoit nous donner quelque connoissance des premières opérations de cette assemblée. Soit qu'il faille l'attribuer au défaut de patriotisme et d'union, ou aux brigands qui commençoient à infester les campagnes et les grands chemins, on sait seulement que la plupart des bailliages n'y envoyèrent point leurs représentans. Marcel, qui sans doute avoit médité avec l'évêque de Laon de nouveaux moyens pour rendre son parti plus puissant, mais qui nous sont inconnus, se préparoit à réparer, par de nouvelles fautes, les fautes des états précédens, lorsqu'on apprit que le roi de Navarre s'étoit échappé de sa prison et s'approchoit de Paris.

C'étoit un prince éloquent, brave, ambitieux, imprudent, sans honneur, et le plus méchant des hommes; il avoit le double motif de se venger d'une double captivité, et de revendiquer deux provinces, la Champagne[217] et la Brie, sur lesquelles il prétendoit avoir des droits. Sans intérêt pour sa fortune, et conduit par sa seule inquiétude, il auroit été capable d'exciter des troubles: on l'a soupçonné d'aspirer à la couronne même, du moins faut-il convenir qu'il ne mettoit aucune borne à ses espérances. Tant de vices et si peu de talens ne permettoient pas au roi de Navarre de se rendre le maître des affaires. Tel étoit le chef que Marcel et le Cocq voulurent se donner, sans songer qu'il ne les regarderoit que comme des instrumens de sa fortune et de ses intrigues, qu'il briseroit après s'en être servi; et cette cabale auroit réussi dans ses entreprises, sans que la nation en eût retiré aucun avantage.

Si l'arrivée du roi de Navarre avoit consterné le dauphin et son conseil, elle répandit dans Paris une audace nouvelle, et une confusion extrême y succéda. L'activité des états fut suspendue, et toutes les personnes qui auroient dû agir parurent, pour ainsi dire, embarrassées et intimidées. On se bornoit à s'examiner et à s'insulter, sans oser prendre aucun parti; et cette inaction des chefs produisit en peu de temps la plus monstrueuse anarchie. Paris étoit plein d'une populace inquiète, indocile, indigente et malheureuse. Le pouvoir, qui sembloit suspendu entre le prince et les états, par la plus étonnante des révolutions, se trouva tout entier entre les mains de la multitude: elle crut devoir commander, parce qu'on ne la forçoit pas d'obéir.

Paris offrit en effet l'image de la démocratie la plus ridicule: on vit le dauphin, le roi de Navarre et Marcel haranguer tour-à-tour la populace. Jamais les événemens contraires ne se succédèrent avec plus de rapidité et de bizarrerie; jamais aussi un peuple plus ignorant, plus brutal, plus grossier n'avoit décidé d'intérêts si importans et qui demandoient les lumières les plus profondes. Par ignorance, on commit de part et d'autre des attentats inutiles.

Les mœurs atroces de la capitale ne tardèrent pas à se répandre avec l'anarchie dans les provinces. De nouvelles compagnies de brigands se formèrent de toutes parts, et on vit autant de désordres différens que la bizarrerie des passions en peut produire, quand elles n'ont aucun frein. La noblesse, qui avoit fait la faute insigne de ne pas protéger les habitans de ses terres pour paroître dans les états armés de leurs forces, crut stupidement qu'en les opprimant elle se rendroit plus puissante, et exerça sur eux la tyrannie la plus cruelle. Mais les gens de la campagne, qui ne pouvoient espérer aucune protection d'un gouvernement dont les ressorts étoient rompus, allumèrent bientôt une nouvelle espèce de guerre civile, plus effrayante que toutes les dissentions qu'on avoit éprouvées jusqu'alors. Ils s'armèrent: l'espérance de faire du butin se joignit à la fureur de se venger: les attroupemens se multiplièrent, et cette faction, connue sous le nom de Jacquerie, ne fit grâce à aucun gentilhomme qui tenta de lui résister, ou dont le château valoit la peine d'être pillé.

En voyant l'état déchiré par cent factions différentes, toutes ennemies du gouvernement, mais qui n'avoient aucune relation entre elles; incapables d'agir de concert, parce qu'elles ne pouvoient se rendre compte de l'intérêt qui les faisoit agir, et d'autant plus foibles qu'elles sembloient ne se proposer d'autre objet que de faire inutilement beaucoup de mal; il étoit aisé, si je ne me trompe, de prévoir que les Français, lassés de leurs désordres, viendroient enfin se ranger sous la sauvegarde de l'autorité royale, si le dauphin, délivré de la tyrannie de Marcel, pouvoit alors recouvrer assez de crédit pour offrir une protection utile aux citoyens qui désiroient la paix. C'est dans ces circonstances, que ce prince s'échappa de la capitale, d'où le roi de Navarre étoit déjà sorti pour aller cabaler dans les provinces, tandis que Marcel formeroit le projet insensé de faire la guerre au gouvernement et de rester sur la défensive.

Le dauphin, réfugié à Compiègne, prit le titre de régent, et commença à faire paroître cette politique adroite qui a rendu son règne si célèbre. N'ayant ni les moyens d'assembler une armée, ni les talens pour la commander, il ne fut point tenté de prendre contre les mécontens, le seul parti que l'esprit de chevalerie et l'ignorance du temps sembloient lui indiquer, et que son père auroit pris. Au lieu de les réduire par la force, en rassemblant ses amis, ressource impuissante qui l'auroit mis dans la nécessité de conquérir successivement toutes les provinces septentrionales de son royaume, et qui auroit infailliblement augmenté la confusion, il fit entendre le nom des lois, nom qu'on peut craindre, mais qu'on n'ose mépriser publiquement, et qui est toujours si puissant sur les personnes même intéressées à entretenir les désordres.

Il assembla à Compiègne, au commencement de 1358, les états-généraux de la Languedoyl. Il s'y rendit un grand nombre de prélats et de seigneurs, dont la vanité souffroit trop impatiemment les abus du pouvoir anarchique que le peuple exerçoit, pour imiter les barons d'Angleterre, auteurs de la grande charte, et penser qu'ils n'affermiroient leur fortune particulière, qu'en conciliant les intérêts de tous les ordres de l'état. Il ne tenoit qu'au régent de se faire déclarer le seul juge des besoins du royaume, et le maître d'établir à son gré des impositions; mais il sentit que pour faire respecter des états, dont il attendoit le rétablissement de la tranquillité publique, sans laquelle il n'auroit aucun pouvoir, il falloit qu'ils ne révoltassent pas les esprits, et que cette assemblée lui donneroit en vain une autorité que le reste de la nation désavoueroit. En effet, s'il étoit indispensable de ne pas irriter de plus en plus, les provinces révoltées de la Languedoyl, il étoit nécessaire de ne pas effaroucher celles de la Languedoc ou du Midi. Quoique ces dernières eussent eu jusques-là la docilité d'accorder au gouvernement tout ce qu'il demandoit, elles n'avoient pas laissé de murmurer contre les demandes trop fréquentes qu'on leur faisoit. Elles se plaignoient qu'on leur eût ôté la liberté de refuser ce qu'elles donnoient, et que leurs subsides ne fussent plus appelés des dons gratuits.

On retrouve dans l'ordonnance publiée à la clôture des états de Compiègne, les mêmes articles qui avoient été mis dans celles de 1355 et de l'année suivante, au sujet des monnoies, des généraux des aides, des élus des provinces, du droit de prise, des emprunts forcés et des autres franchises de la nation. Les subsides y sont encore appelés des dons[218] gratuits, et le dauphin consent à n'inférer de cette libéralité des états, aucun droit pour l'avenir. Les assemblées précédentes avoient voulu prendre part à l'administration du royaume; celle-ci l'abandonna toute entière au dauphin, en réglant seulement qu'il n'ordonneroit ni ne statueroit rien sans l'avis de trois de ses ministres qui contresigneroient[219] ses ordres, ou du moins y mettroient leur cachet, s'ils ne savoient pas écrire leur nom. Quels garants de la sagesse des lois, de la justice, de l'administration et de la stabilité du gouvernement, que des hommes complaisans par état, à qui le prince ouvre ou ferme à sa volonté, l'entrée de son conseil, qui peuvent trouver leur avantage particulier à donner des avis contraires au bien public; ou qu'on peut du moins surprendre et tromper, puisqu'ils ne savent ni lire ni écrire!

Le dauphin savoit combien il lui importoit d'avoir la disposition entière des finances, pour jouir de l'autorité sans bornes qu'il désiroit; mais il falloit feindre d'y renoncer pour s'en emparer dans la suite plus sûrement. En faisant régler que tout le produit de l'aide qu'on lui accorde sera employé aux dépenses de la guerre, il se fait permettre d'en prendre la dixième partie, dont il disposera à son gré. C'est ainsi qu'il trompe le peuple, toujours inquiet et soupçonneux sur l'administration et l'emploi des finances; et sans doute, que toutes les sommes qu'il fera verser des coffres des états dans les siens, ne seront jamais réputées que cette dixième partie qui lui appartient. Établit-on par cette ordonnance quelque règle générale qui paroisse fixer l'état des choses? on ne manquera point d'y ajouter quelque[220] clause dont on abusera pour anéantir la loi. Il ne falloit pas plus d'art dans le quatorzième siècle pour tromper et gouverner les hommes, qu'on n'en soit pas surpris, cette politique grossière a eu un pareil succès dans des temps plus éclairés.

Cette ordonnance produisit l'effet que le régent en attendoit. Les Parisiens souffrant trop de leur révolte, pour ne pas désirer la paix, se flattèrent que les états de Compiègne auroient un sort plus heureux que ceux de Paris. La division se mit parmi eux. Après avoir porté Marcel aux derniers excès, ils ne furent plus disposés à seconder ses emportemens. Et cet homme séditieux, accablé sous le poids de son entreprise, fut assassiné dans le moment où il vouloit ouvrir une porte de Paris au roi de Navarre. Sa mort fut le signal de la paix; les Parisiens reçurent le dauphin dans leur ville, sans exiger aucune condition, et les provinces, tyrannisées par l'anarchie plus terrible que la levée de quelques impôts, imitèrent la capitale dans sa soumission.

Le régent ne déguisa pas long-temps ses vrais sentimens; il savoit que plus les peuples se sont écartés de leur devoir, plus ils sont patiens après y être rentrés. La division qui régnoit entre les différens ordres de citoyens, lui donna de la confiance; et assemblant les états-généraux de la Languedoyl, le 25 Mai 1359, il s'y rendit, non pas comme trois ans auparavant, pour traiter avec eux, mais pour leur déclarer que les états de 1357 n'avoient été qu'une faction de séditieux et de traîtres, qui avoient conspiré la ruine de la monarchie; et on n'auroit dû leur reprocher que d'avoir pris de fausses mesures pour corriger des abus intolérables. Le dauphin rétablit dans leurs charges les officiers qu'on l'avoit contraint de déposer; et des hommes couverts d'ignominie, et qui par leurs rapines avoient causé tant de malheurs, furent honorés comme les martyrs et les défenseurs de la patrie.

Quand le roi Jean revint en France après la conclusion du traité de Bretigny, son fils lui remit un pouvoir beaucoup plus étendu que celui dont ses prédécesseurs avoient joui, et auquel tous les ordres du royaume paroissoient également soumis. A peine avoit-il eu le temps de se faire rendre compte de la situation des affaires, que de sa propre autorité, et sans assembler les états, il établit différentes impositions,[221] et créa pour les percevoir des généraux des aides et des élus, qui devenant dès lors des officiers royaux, donnèrent naissance à ces tribunaux que nous connoissons aujourd'hui, sous les noms de Cour des Aides et d'Elections, et qui, sans effort, mirent entre les mains du roi une régie que les états s'étoient auparavant réservée. Tous les droits que les représentans de la nation avoient voulu s'attribuer, furent oubliés; et comme les Anglais, réunis par le seul intérêt que leur donnoit la grande charte, devoient de jour en jour, affermir leur liberté, les Français, divisés par les efforts mêmes qu'ils avoient faits pour se rendre libres, ne pouvoient opposer qu'une résistance inutile aux progrès de la monarchie.

Si le roi Jean convoque encore l'assemblée de la nation, elle se contente de présenter des requêtes et de faire des remontrances; le prince ne traite plus avec elle, c'est dans son conseil qu'il délibère[222] sur les grâces qu'il veut bien lui accorder. Cette situation n'étoit pas cependant affermie pour toujours; et si la liberté éprouva des disgraces en Angleterre, la monarchie n'étoit pas exempte des mêmes revers en France. Nos pères avoient été plutôt surpris que soumis par la politique du dauphin. Les Anglais avoient à combattre l'ambition de leurs princes; et nos rois, l'avarice du peuple et l'indocilité que le gouvernement des fiefs avoit donnée à la noblesse.

Fin du livre cinquième.

OBSERVATIONS

SUR

L'HISTOIRE DE FRANCE.

LIVRE SIXIÈME.

CHAPITRE PREMIER.

Règne de Charles V. — Examen de sa conduite. — Situation incertaine du gouvernement à la mort de ce prince.

Quelque dociles qu'eussent été les états pendant les dernières années du roi Jean, son fils avoit trop appris à les craindre, pour ne pas faire de leur ruine le principal objet de sa politique. Il regardoit ces grandes assemblées comme une puissance rivale de son autorité. Le souvenir des malheurs qu'on avoit éprouvés après la bataille de Poitiers, contribuoit à rendre les Français dociles ; mais ce souvenir pouvoit s'effacer et l'indocilité

OBSERVATIONS
SUR
L'HISTOIRE DE FRANCE.

LIVRE SIXIÈME.

CHAPITRE PREMIER.

Règne de Charles V.—Examen de sa conduite.—Situation incertaine du gouvernement à la mort de ce prince.

QUELQUE dociles qu'eussent été les états pendant les dernières années du roi Jean, son fils avoit trop appris à les craindre, pour ne pas faire de leur ruine le principal objet de sa politique. Il regardoit ces grandes assemblées comme une puissance rivale de son autorité. Le souvenir des malheurs qu'on avoit éprouvés après la bataille de Poitiers, contribuoit à rendre les Français dociles; mais ce souvenir pouvoit s'effacer et l'indocilité renaître. Si l'usage de convoquer les états subsistoit, le moindre événement étoit capable de leur rendre leur crédit, et d'ôter au prince ses prérogatives acquises avec tant de peine. Charles ne permit donc qu'aux seuls bailliages des frontières de continuer à tenir des assemblées particulières; soit parce qu'il étoit aisé de les contenir dans le devoir, soit parce qu'il falloit les ménager. D'ailleurs, il n'étoit pas naturel que des états provinciaux qui n'avoient aucune force, songeassent à revendiquer des droits que les derniers états-généraux avoient négligés.

Si, dans quelques occasions, il étoit avantageux à Charles de paroître autorisé de la nation, pour prévenir ses murmures ou l'empêcher de demander les états, il appela seulement auprès de lui, des prélats, des seigneurs et les officiers municipaux de quelques villes dévoués à ses volontés. En feignant de délibérer avec des gens à qui il ne faisoit qu'intimer ses ordres, il ne vouloit, en effet, que ne pas répondre seul du succès des événemens, et donner plus de crédit à ses opérations. Telle est vraisemblablement une assemblée tenue à Compiègne en 1366, dont nous ignorons tous les détails; et telle est certainement celle dont il fit l'ouverture à Chartres, dans les premiers jours de Juillet de l'année suivante, et qui, ayant été brusquement transférée à Sens, fut encore plus brusquement terminée le 19 du même mois.

C'est pour effacer, s'il étoit possible, le souvenir des états, qu'il se contenta quelquefois de se transporter au parlement, non pas avec la simplicité de ses prédécesseurs, pour remplir ses fonctions de premier juge, mais pour y tenir des assemblées[223] solennelles, auxquelles on a depuis donné le nom de lits de justice. C'est ainsi qu'il en usa, quand il s'agit de recevoir les plaintes de quelques seigneurs et de quelques villes d'Aquitaine, contre les entreprises du prince de Galles, sur leurs droits, affaire qui devoit rallumer la guerre; et en 1375, pour publier la célèbre ordonnance par laquelle il fixa la majorité de ses successeurs à quatorze ans.

Les lits de justice ou conseils extraordinaires tenus au parlement, étoient une image des assemblées de la nation; des évêques, des seigneurs et quelques notables bourgeois de Paris, à la suite de leurs officiers municipaux, y prenoient place avec les premiers magistrats du royaume. Les Français, d'autant plus disposés à espérer un avenir heureux, qu'ils étoient plus las des calamités du dernier règne, crurent que la justice, la liberté et l'amour du bien public étoient l'ame de ces assemblées, où la flatterie et la complaisance ne dictoient que trop souvent les opinions. Charles, en effet, s'y comportoit avec assez d'adresse pour ne paroître que céder au mouvement qu'il avoit lui-même imprimé aux esprits; et ses sujets, moins malheureux, ne regrettèrent plus des états dont ils n'avoient jusqu'alors retiré aucun avantage, et que peut-être ils croyoient essentiellement pernicieux, parce qu'ils n'avoient pas eu l'art aisé de les rendre utiles.

Charles purgea le royaume de ces fameuses compagnies de brigands qui, depuis les derniers troubles, infestoient les provinces, se vendoient indifféremment à tous ceux qui pouvoient acheter leurs services, nourrissoient les inquiétudes des mécontens dont ils augmentoient le nombre, et entretenoient ainsi un foyer dangereux de révolte dans une nation courageuse, pleine d'indocilité, que les fiefs lui avoient donnée. Jamais prince ne sut mieux que Charles le secret de manier les esprits, en cachant son ambition sous le voile du bien public. Occupé de ses seuls avantages, il avoit eu l'art de persuader qu'il aimoit la justice: parce que ses sujets se confioient à sa prudence, ils applaudirent aux principes de son gouvernement, comme si cette prudence eût dû régner éternellement sur eux. Ses entreprises étoient méditées et préparées avec une extrême circonspection; il ne vouloit rien obtenir par la force; il savoit que ces coups d'autorité qui paroissent asservir les esprits, ne font que les étonner pour un moment, en les rendant ensuite plus défians et plus farouches. Il tâtoit continuellement les dispositions des Français, osoit plus ou moins, suivant que les conjonctures lui étoient plus ou moins favorables: et n'appesantissant jamais son pouvoir de façon qu'on fût tenté d'en secouer le joug par la révolte, la lenteur de ses démarches et de ses progrès faisoit la docilité des Français.

Il permit aux bourgeois de Paris, dont il n'avoit pas oublié les injures, qu'il haïssoit, de posséder des fiefs dans toute l'étendue du royaume,[224] et ne leur accorda peut-être encore d'autres distinctions réservées à la noblesse que dans la vue de dégrader un ordre dont il craignoit l'orgueil, et pour s'assurer de la docilité d'une ville dont la conduite servoit de modèle aux provinces. Il détruisoit les châteaux de plusieurs seigneurs puissans ou qui lui étoient suspects, sous prétexte que les ennemis de l'état pouvoient en faire des postes et incommoder le pays. Ces variations ou ces altérations éternelles dans les monnoies, qui avoient causés tant de troubles, et cependant si avantageuses à Philippe-le-Bel et à ses successeurs, quand ils n'obtenoient qu'avec beaucoup de peine des subsides très-médiocres, et qu'il leur importoit d'appauvrir les seigneurs, il comprit qu'elles seroient nuisibles à ses intérêts depuis que la situation des affaires avoit changé, et que la prérogative d'établir arbitrairement des impôts commençoit à s'établir. Il ne fit aucun changement aux espèces; et la nation, dupe de la politique du prince, regarda comme un bienfait de sa générosité le mal qu'il ne se fit pas à lui-même.

Il prodigua ses largesses: mais sa libéralité fut le fruit d'une avarice rédigée en système. Pour ne pas craindre le soulèvement de la multitude, toujours prête à murmurer contre les impôts, il partagea ses dépouilles avec ceux qui pouvoient la protéger et l'aigrir; mais il donnoit peu pour prendre beaucoup. On payoit les subsides sans se plaindre, et on les croyoit nécessaires, parce qu'il avoit la sagesse de ne les pas consumer en dépenses fastueuses. Loin de travailler à corriger sa nation du vice pernicieux auquel les fiefs[225] l'avoient accoutumée, de vendre ses services à l'état, il regarda cet esprit mercenaire comme le ressort principal et le nerf du gouvernement, parce qu'il vouloit être tout et que la patrie ne fût rien. Il crut qu'il seroit puissant s'il étoit riche, et voulut avoir un trésor pour acheter dans le besoin des amis ou perdre ses ennemis. Le dirai-je, il se dédommagea de ce que lui coutoient sa libéralité et l'avarice des courtisans et de ses officiers, en devenant un usurier public. Il fit de l'usure une prérogative de la couronne. On aura peine à croire qu'un prince aussi circonspect que Charles, envoya dans les principales villes des espèces de courtiers[226] ou d'agioteurs, à qui il accordoit le privilége exclusif de prêter sur gages et à gros intérêts, et qui lui rendoient une partie de leur gain abominable. Le roi prenoit ces hommes odieux sous sa protection spéciale; il leur donnoit une sorte d'empire sur les femmes de mauvaise vie, en défendant qu'elles fussent reçues à se plaindre en justice de leurs violences, et leur promettoit de les défendre contre le clergé, qui, malgré son ignorance et ses mauvaises mœurs, n'étoit pas cependant assez corrompu pour tolérer cette usure atroce.

Il étoit dangereux de laisser dans l'oisiveté une noblesse inquiète, pleine d'idées de chevalerie, et qui n'étoit propre qu'à la guerre. Pour s'occuper et distraire en même temps la nation de ses intérêts présens et de ses droits anéantis, Charles entreprit d'arracher aux Anglais les pays qui leur avoient été cédés par la paix de Bretigny. L'histoire moderne offre peu de projets plus difficiles, et dont l'exécution ait été conduite avec plus d'habileté. Ce ne fut point par une guerre offensive que ce prince tenta de dépouiller Edouard III; il imagina une défensive savante et inconnue en Europe, depuis que les barbares l'avoient envahie; elle auroit honoré les capitaines les plus célèbres de l'antiquité. Sans sortir de son palais, Charles régloit et ordonnoit les mouvemens de ses troupes; elles étoient présentes par-tout, en évitant partout d'en venir aux mains. Sans combattre, sans être battues, les armées anglaises paroissoient s'anéantir, et la France fut vengée des disgraces qu'elle avoit éprouvées à Crécy et à Poitiers.

Charles jouissoit tranquillement du fruit de son ambition et de son habileté à conduire à son gré les esprits; mais enfin il fut lui-même effrayé de son pouvoir, quand il s'aperçut que le gouvernement ne portoit que sur deux bases fragiles et peu durables, sa volonté et son adresse à parvenir à ses fins. Malgré la docilité avec laquelle on lui obéissoit, il voyoit encore quelquefois les coutumes[227] anarchiques des fiefs se reproduire, et essayer de reprendre leur ancien crédit. En se rappelant les prétentions des états, les troubles de Paris et les séditions des provinces, il ne put se déguiser que les Français, toujours remplis d'anciens préjugés peu favorables à la subordination, fléchissoient sous sa politique adroite, mais n'étoient point accoutumés à obéir à un souverain qui ne sauroit pas déguiser son pouvoir, et rendre l'obéissance facile en rendant ses ordres agréables. Si les peuples tiennent compte au prince des événemens heureux, qui ne sont quelquefois que l'ouvrage de la fortune, Charles n'ignoroit pas qu'ils le rendent également responsable des revers que la sagesse humaine ne peut prévenir; et, souvent embarrassé en tenant le timon de l'état, il avoit éprouvé, malgré ses talens, combien un roi est imprudent et téméraire d'oser se charger de rendre une nation heureuse. Il trembla en voyant l'étrange succession dont son fils encore enfant devoit bientôt hériter. Il étoit trop éclairé pour compter sur le zèle et la fidélité que lui montroient ses courtisans; et connoissant les princes ses frères, qui devoient être les dépositaires de l'autorité royale pendant la minorité du jeune roi, l'avenir ne lui présentoit que des désordres et la ruine de la puissance qu'il avoit formée avec tant d'art et de peine.

Pour donner une sorte de consistance au gouvernement, Charles pensa d'abord à faire sacrer son successeur de son vivant; car on croyoit alors qu'un roi avant cette cérémonie ne pouvoit exercer la puissance royale: et, en effet, ni son nom, ni son sceau ne paroissoient dans aucun acte public. Mais il comprit que cette cérémonie, en donnant à son fils le titre de roi, ne lui donneroit pas la capacité nécessaire pour gouverner. Il avança seulement sa majorité à l'âge de quatorze ans; foible ressource! Et quoiqu'il eût cité dans son ordonnance la bible et l'art d'aimer d'Ovide, pour prouver que les rois enfans peuvent, par un privilége particulier, être de grands hommes, il n'en fut pas plus rassuré sur la fortune de ses descendans.

Il étoit aisé de penser que le meilleur tuteur et le seul appui solide de la grandeur d'un jeune roi, c'est la sagesse des lois, c'est la confiance des peuples pour un gouvernement qui les rend et qui doit les rendre heureux: en cherchant d'autres moyens pour prévenir des révolutions, et fixer ou arrêter la prospérité d'un état, la politique ne trouvera que des erreurs. Loin de travailler à faire oublier les états-généraux, il falloit donc les assembler; au lieu de réprimer les efforts que les esprits faisoient pour s'éclairer, il ne falloit que les diriger. Les circonstances étoient les plus favorables pour donner enfin aux assemblées de la nation la forme la plus propre à maintenir la sûreté publique. La France vouloit un roi, mais elle vouloit être libre, et il n'étoit pas impossible de concilier les intérêts jusqu'alors opposés du prince et des divers ordres du royaume, et de fixer les bornes de leurs droits et de leurs devoirs, dont des coutumes incertaines et des événemens contraires avoient jusqu'alors décidé. Quel nom donnera-t-on à un gouvernement qui n'a aucune règle, pour n'être pas la victime des foiblesses et des vices des personnes chargées de l'administration? Les peuples aimeront-ils leur patrie, lui dévoueront-ils leurs talens? En prévoyant l'incapacité d'un prince qui montera un jour sur le trône, on commence à être inquiet sur le sort de l'état; les passions se réveillent et s'agitent, et l'on devient incapable de goûter le bonheur d'un règne éclairé et prudent. Charles, qui avoit le malheur de craindre ses sujets et de les regarder comme des ennemis qu'il falloit réduire par la force ou par l'adresse, ne put se résoudre, à l'exemple de Charlemagne, de rendre la nation elle-même garante de ses lois, de sa prospérité et de la fortune inébranlable du prince; il voulut affermir l'autorité qu'il laissoit à son successeur, par les mêmes moyens qu'il l'avoit acquise.

Ce prince partagea l'autorité souveraine entre un régent et des tuteurs; il espéra, tant la passion du pouvoir arbitraire est facile à se tromper, qu'il établissoit entre eux une sorte d'équilibre favorable à ses desseins. Il imagina que ne jouissant que d'une autorité partagée, ils s'imposeroient mutuellement; que leur rivalité contribueroit à conserver leur égalité; qu'ayant besoin les uns des autres, ils agiroient de concert pour ne point laisser entamer la portion du pouvoir dont chacun seroit dépositaire, et qu'ils la remettroient enfin toute entière entre les mains de leur pupille. Quels ressorts déliés et délicats pour mouvoir et contenir des hommes tels qu'étoient alors les Français! Il auroit été imprudent de se livrer à une pareille espérance, dans une nation dont le gouvernement auroit été consacré par le temps et l'habitude, et où l'honnêteté des mœurs publiques auroit invité le prince et ses sujets à respecter leurs devoirs et les bienséances.

Charles conféra au duc d'Anjou la régence du royaume; et en confiant aux ducs de Bourgogne et de Bourbon la tutelle de ses enfans, il les chargea de l'administration de quelques provinces, dont les revenus étoient destinés à l'entretien de la maison du jeune roi et de son frère. Il exigea du régent et des tuteurs un serment, par lequel ils s'engageoient à gouverner conformément aux coutumes reçues, à remplir leurs fonctions avec fidélité, et à suivre les ordres qu'il leur donneroit. Charles crut que cette vaine formalité, sur laquelle une politique prudente ne doit jamais compter, seroit plus efficace sur leur esprit que les exemples d'ambition qu'il leur avoit donnés. Les passions sont toujours assez ingénieuses, pour interpréter en leur faveur un serment qui les gêne; quel est le pouvoir de ces sermens dans un siècle où les hommes sont assez méchans ou assez stupides pour croire qu'ils peuvent à prix d'argent se faire dispenser des devoirs de la religion! Un prince qui a été assez malheureux pour jouir d'une autorité arbitraire, peut-il ignorer que toute sa puissance expire avec lui, et qu'il ne laisse à son successeur que la passion de n'obéir à aucune règle?

Charles fit la veille de sa mort une ordonnance pour supprimer les impôts qu'il avoit établis sans le consentement des états; mais il n'étoit plus temps de rien faire d'utile.

Quand cette ordonnance auroit été publiée et exécutée, quel en auroit été le fruit? Les bienfaits d'un prince qui se meurt ne font que des ingrats, et ne servent qu'à rendre plus difficile l'administration de son successeur. Toujours agité, toujours inquiet sur l'avenir, Charles mourut en ne prévoyant que des malheurs. Le règne d'un prince à qui les historiens ont donné le surnom de sage, fut perdu pour la nation; et s'il est vrai que pouvant donner des règles et des principes fixes au gouvernement, son ambition s'y soit opposée, ne faut-il pas le regarder comme l'auteur de tous les désastres que la France va éprouver?

CHAPITRE II.

Règne de Charles VI.—La nation recouvre ses franchises au sujet des impositions.— Examen des états de 1382.—Établissement des impôts arbitraires.

QUELQUE vaste[228] autorité que la régence conférât au duc d'Anjou, il n'en étoit pas satisfait. Plus avare encore qu'ambitieux, il voyoit avec indignation que tout le royaume ne fût pas également ouvert à ses rapines, et regardoit comme une conquête digne de lui les provinces dont l'administration avoit été confiée aux tuteurs du roi et de son frère. Le duc de Bourgogne et le duc de Bourbon, chefs du conseil de tutelle, étoient jaloux, de leur côté, du crédit que la régence donnoit au duc d'Anjou: ils le connoissoient trop pour ne le pas craindre; mais loin d'être unis par cet intérêt commun, leur égalité dans la gestion de la tutelle les avoit divisés. Le duc de Bourgogne affectoit sur le duc de Bourbon, oncle maternel du roi, une supériorité que celui-ci ne vouloit pas reconnoître. Le duc de Berry profita de ces divisions domestiques du palais, pour se venger du juste mépris que le feu roi son frère avoit marqué pour lui, en ne lui donnant aucune part au gouvernement. Les différends du régent et des tuteurs tirèrent ce prince de son obscurité; son nom seul lui suffit pour se faire craindre et rechercher; chacun voulut l'attacher à ses intérêts et il ne devoit qu'embarrasser le parti dans lequel il se jetteroit.

A l'exception du duc de Bourbon, dont tous les historiens louent la modération, ces princes, avares et ambitieux, n'étoient retenus par aucun amour du bien; leur incapacité étoit à peu près égale, et ils n'avoient que le talent de se nuire en voulant se détruire. Aucun d'eux ne pouvoit prendre par l'habileté de sa conduite un certain ascendant sur les autres; leurs haines n'en devenoient que plus dangereuses; et leur caractère, autant que les mœurs de la nation, les portant à décider leurs querelles par la force, ils firent avancer leurs troupes dans les environs de Paris. Par ce trait seul il seroit aisé de juger combien la politique injuste de Charles V avoit été peu propre à produire les effets qu'il en attendoit. En ruinant le crédit des états, tandis qu'il auroit pu en faire l'appui du trône, il exposoit la puissance royale à se détruire par ses propres mains, et le sort de la France ne dépendoit plus que des caprices et des passions de trois ou quatre princes qui trahissoient le roi, sans que la nation, instrument et victime nécessaire du mal qu'ils vouloient se faire, pût pourvoir à la sûreté publique et les réprimer.

Tout annonçoit la guerre civile, et l'état alloit peut-être éprouver une seconde fois les mêmes malheurs qui avoient ruiné la fortune des Carlovingiens. Tous les ordres de citoyens étoient divisés, et les grands regrettoient la grandeur évanouie de leurs pères. Dans cette situation, n'étoit-il pas à craindre que les divisions domestiques des oncles de Charles VI, après avoir fait perdre à la couronne les droits qu'elle avoit acquis, ne fussent suivies de l'anarchie et des démembremens que les guerres des fils de Louis-le-Débonnaire avoient produits? Heureusement les créatures des oncles du roi étoient intéressées à ne leur pas laisser prendre des partis extrêmes, qu'ils étoient incapables de soutenir, et on s'empressa de les réconcilier malgré eux. Il se tint un conseil nombreux pour régler la forme du gouvernement; mais ce conseil, trop foible pour se faire respecter, y travailla sans succès; et après de longs débats, on convint seulement de nommer quatre arbitres, qui s'engageroient par serment de n'écouter que la justice en prononçant sur les prétentions du régent et des tuteurs: et ces princes jurèrent à leur tour sur les évangiles de se soumettre au jugement qui seroit prononcé. On décida que Charles seroit sacré le 4 de novembre, que jusques-là le duc d'Anjou jouiroit de tous les droits de la régence, qu'ensuite le royaume seroit gouverné au nom et par l'autorité du roi, et que ses oncles assisteroient à son conseil.

Le duc d'Anjou, dont la régence à peine commencée étoit prête à expirer, pilla en un jour tout ce que l'administration de plusieurs années auroit pu lui valoir. Il savoit que Charles V avoit amassé des sommes considérables, et ne doutant pas que Philippe de Savoisy ne fût instruit du lieu où elles étoient renfermées, il le menaça de la mort en présence du bourreau, et l'obligea de trahir le secret qu'il avoit promis au feu roi. Quelque odieux que fût cet acte de despotisme, les grands n'en furent point irrités; mais le peuple, en voyant une avarice qui préageoit les actions les plus criantes, se crut condamné à remplir le trésor qu'on venoit de voler. Il fit des plaintes d'autant plus amères, qu'il n'ignoroit pas que Charles V avoit donné la veille de sa mort une ordonnance pour supprimer plusieurs impositions.

La multitude demandoit à grands cris l'exécution de cette loi; mais n'étant pas secondée de la noblesse, que le règne précédent avoit accoutumée à recevoir ou espérer des bienfaits de la cour, ni même des bourgeois qui avoient quelque fortune et qui craignoient de la compromettre, les murmures n'excitèrent que des émeutes, dont Charles V auroit eu l'art de profiter pour augmenter encore et affermir son pouvoir, sous prétexte d'assurer la tranquillité publique. Ces séditions inspirèrent cependant le plus grand effroi au conseil de Charles VI, et ce prince, à son retour de Rheims, où il avoit été sacré, ne se crut pas en sûreté dans Paris. Pour calmer les esprits il publia des lettres[229] patentes, dans lesquelles, avouant tous les torts faits à son peuple par les rois ses prédécesseurs, il abolit tous les subsides levés depuis Philippe-le-Bel, sous quelque nom ou quelque forme qu'ils eussent été perçus. Il renouvela en même-temps cette clause si souvent répétée et si souvent violée, que ces contributions ne nuiroient point à la franchise de la nation, et ne serviroient jamais de titres à ses successeurs pour établir arbitrairement des impôts.

Après une déclaration si formelle, le royaume, ramené à des coutumes et à une forme de gouvernement que la politique de Charles V avoit tâché inutilement de faire oublier, se retrouvoit encore dans la même situation où il avoit été à l'avènement de Philippe-de-Valois au trône. La tenue des étatsgénéraux redevenoit indispensable; car il étoit impossible qu'un prince, assez intimidé par les premières émeutes de Paris et de quelques autres villes, pour abolir les anciens impôts, osât en établir de nouveaux sans le consentement de la nation; et il étoit encore plus difficile que le conseil pût se passer des secours extraordinaires auxquels il s'étoit accoutumé.

Charles, en effet, fut forcé de convoquer à Paris les états-généraux de la Languedoyl. Le clergé, la noblesse et le peuple, sans confiance les uns pour les autres, malgré le grand intérêt qui les pressoit de s'unir étroitement, ne sentirent que leur foiblesse, firent des représentations, eurent peur, murmurèrent, et crurent cependant avoir négocié avec beaucoup d'habileté, parce qu'à force de marchander, ils achetèrent la confirmation[230] de leurs priviléges en accordant un subside, bien médiocre par rapport à l'avidité du gouvernement et même aux besoins du royaume, mais bien considérable, si on ne fait attention qu'à la patente inutile qu'on leur accordoit.

Ne pas voir qu'on ne cherchoit à inspirer de la sécurité à la nation que pour l'opprimer dans la suite avec moins de peine, après tant d'espérances trompées; espérer encore que le gouvernement respecteroit les franchises des citoyens, si les états n'assuroient pas leur existence, c'étoit le comble de l'aveuglement. Si jamais circonstances ne furent plus favorables pour réparer les fautes qu'on avoit faites sous le règne du roi Jean, jamais les François ne connurent moins leurs intérêts que dans cette occasion. Les oncles du roi étoient convenus entr'eux, qu'en l'absence du duc d'Anjou, on ne décideroit aucune affaire importante, qu'après lui en avoir donné avis et obtenu son consentement; cependant, s'il s'opposoit sans de fortes raisons à ce qui auroit été décidé, on devoit n'avoir aucun égard à son opposition. Par cet arrangement vague, et qui n'étoit propre qu'à multiplier les difficultés et les querelles, le conseil s'étoit mis des entraves qui l'empêchoient d'agir; ou ses opérations sans suite, et même opposées nécessairement les unes aux autres, devoient le couvrir de mépris. Les états ne sentirent pas la supériorité qu'ils pouvoient prendre sur de pareils ministres. Faut-il l'attribuer à l'ascendant que Charles V lui-même avoit pris sur la nation? Est-ce un reste du mouvement que son règne avoit imprimé au corps politique, et auquel on ne pouvoit résister? Ou les François n'avoient-ils une conduite si différente des Anglais que faute d'une loi également chère à tous les ordres du royaume, et qui leur apprît à chercher leur avantage particulier dans le bien général?

Soit que le duc d'Anjou fût enhardi par la conduite pusillanime des états, soit qu'il crût que la nation entière avoit le même esprit que cette assemblée et montreroit la même mollesse, il se flatta de pouvoir rétablir les anciens impôts. A peine les états avoient-ils été séparés, qu'il tâta les dispositions des Parisiens à cet égard. Les premières difficultés ne le rebutèrent pas; on négocia avec les principaux bourgeois; on prodigua les promesses; il auroit été plus court et plus sûr de tromper les Parisiens par la ruse, c'est-à-dire, d'établir sourdement quelque impôt léger, qui auroit servi d'exemple et de prétexte pour en lever bientôt un plus considérable: mais l'avarice du duc d'Anjou n'étoit pas patiente comme celle de Charles V. Il voulut intimider les parisiens par un coup d'autorité, et il ne fit que les irriter. Dès qu'il eut fait publier le rétablissement des anciennes impositions, la révolte éclata dans Paris. L'exemple fut contagieux, quelques villes se soulevèrent aussi dans les provinces; on massacra les receveurs préposés à la levée des impôts; et le gouvernement, aussi timide dans le danger qu'il avoit été présomptueux dans ses espérances, ne trouva d'autre ressource, pour appaiser la sédition des Maillotins, que d'assembler une seconde fois les états.

Armand de Corbie, premier président du parlement, fit l'ouverture de cette assemblée en 1382, par un discours où il exagéra les besoins du royaume; et les députés, qui sentoient plus vivement leurs besoins domestiques, l'écoutèrent froidement. Il représenta que le roi ne pouvoit rien diminuer des dépenses nécessaires qui avoient été faites sous le règne de son père, et demanda les mêmes secours; mais chacun pensa qu'il seroit insensé, puisque le royaume étoit en paix, d'accorder encore les mêmes subsides qui avoient suffi à Charles V, non-seulement pour faire la guerre avec avantage aux Anglais, mais pour enrichir ses ministres et ses favoris, et former un trésor considérable, qui étoit devenu la proie du duc d'Anjou. Quand on délibéra sur les demandes du roi, les députés répondirent que leurs commettans ne leur avoient donné aucun pouvoir à cet égard, et se chargèrent seulement de leur faire le rapport de ce qu'ils avoient vu et entendu. Ils se séparèrent, et en partant pour leurs provinces, ils reçurent ordre de se rendre à Meaux à un jour marqué, et munis des pouvoirs nécessaires pour prendre une résolution définitive.

Quelques baillages, croyant s'affranchir d'une contribution à laquelle ils n'auroient pas consenti, refusèrent d'envoyer leurs représentans à ce rendez-vous. C'étoit ne pas connoître les devoirs solidaires de tous les membres de la société; c'étoit, ou négliger le soin de la chose publique, ou ignorer que le pouvoir des états n'est point borné à refuser et accorder des subsides; c'étoit, en un mot, affoiblir une assemblée dont ils avoient intérêt de faire respecter les forces. Les députés des autres baillages, après avoir rendu compte de l'opposition qu'ils avoient trouvée dans tous les esprits au rétablissement des impôts, conclurent en disant qu'on étoit résolu de se porter aux dernières extrémités plutôt que d'y consentir. Si les provinces avoient encore été dans l'usage de former des associations et des ligues entre elles, comme sous les fils de Philippe-le-Bel; si elles avoient pris quelques mesures pour résister de concert, et eussent été liées par une confiance mutuelle; si le clergé, la noblesse et le peuple, plus instruits de ce qui fait le bonheur des citoyens, avoient montré un égal intérêt à la conservation de leurs immunités, et que l'amour de la liberté et de la patrie, et non pas l'avarice, eût été l'ame de leur résistance, peut-être ne trouveroit-on pas téméraire la réponse des états, quoiqu'elle fût une espèce de déclaration de guerre. Elle auroit vraisemblablement réprimé la cupidité du conseil, et on l'auroit forcé de recourir à des moyens économiques. Mais il paroîtra toujours très-imprudent de menacer de la guerre, sans être en état de la commencer. C'étoit exposer le royaume à être traité en pays vaincu: car si la guerre ne produit pas la liberté, son dernier terme est l'esclavage.

Puisque les besoins du fisc s'étoient réellement multipliés et accrus depuis le règne de S. Louis, et que les revenus ordinaires du prince ne pouvoient plus y suffire, les états ne devoient-ils pas proportionner leur conduite à cette nouvelle situation? Parce qu'il y avoit des abus énormes dans la régie des finances, falloit-il refuser ce que des besoins véritables exigeoient? Pourquoi ne pas entrer en négociation, et ne pas accorder des subsides nécessaires, à condition que le prince n'en demanderoit jamais de superflus? C'est un grand malheur pour un peuple de vouloir changer trop brusquement de conduite: quand on a commis des fautes, il faut même souffrir d'en être puni. Puisque les états de 1382 succédoient à des états qui n'avoient pas eu l'art de mettre leurs immunités en sûreté, ils devoient se résoudre à payer des subsides, mais avoir en même-temps la sagesse dont les états précédens avoient manqué. Ils devoient entrer dans le détail des abus, et moins se plaindre des maux que la nation avoit soufferts, que prévenir ceux qu'elle craignoit; il falloit pardonner au gouvernement ses fautes passées, mais l'empêcher d'en faire de nouvelles. Les états devoient se défier des conseils que leur donnoit l'avarice; et quelques subsides qu'ils eussent accordés, ils auroient beaucoup gagné, s'ils étoient parvenus à fixer irrévocablement les droits du prince et les devoirs de la nation.

Le duc d'Anjou ne tarda pas de se venger des refus obstinés des états. Pour faire un exemple capable d'intimider le royaume entier, il appela des troupes dans le voisinage de Paris, et leur abandonna la campagne au pillage. On ne lit qu'avec indignation, dans les historiens, les excès odieux auxquels les soldats se portèrent. Le peuple, consterné dans Paris, n'osoit sortir de ses murailles, et ne voyoit dans les provinces effrayées aucun mouvement qui lui permît d'espérer quelque diversion favorable. N'ayant ni chefs ni assez de courage pour défendre ses possessions contre des troupes aguerries, il fut contraint de se racheter de la violence qu'il éprouvoit. Il paya cent mille francs au gouvernement, que ce succès devoit rendre plus hardi, et qui, par un renversement de toutes les idées, accorda aux Parisiens une amnistie générale de l'odieux traitement qu'il avoit exercé sur eux; c'étoit déclarer que les foibles sont toujours coupables, et qu'on ne connoissoit plus d'autre droit que celui de la force.

Ce n'étoit-là qu'un essai des entreprises du conseil; l'occasion qu'il attendoit pour consommer son ouvrage, ne se fit pas long-temps attendre. Le duc d'Anjou, chargé des dépouilles de la France, étoit passé dans le royaume de Naples, où la reine Jeanne l'avoit appelé en le déclarant son héritier; et le duc de Bourgogne, qui se trouvoit à la tête de l'administration, mena Charles VI au secours du comte de Flandre, contre qui ses sujets s'étoient révoltés. C'est au retour de cette expédition, célèbre par la victoire de Rosebèque, que Charles, toujours inspiré par un conseil avare, se vengea pour la seconde fois de l'émeute oubliée des Maillotins, et de la résistance des derniers états à ses volontés; ou plutôt, voulut enfin décider par la force une question depuis trop long-temps débattue, et s'affranchir de la contrainte où le tenoient ses sujets, en refusant de renoncer à des franchises qu'ils ne s'étoient pas mis en état de faire respecter.

Il s'approchoit de Paris à la tête de son armée victorieuse; le prévôt des marchands, suivi des officiers municipaux et des bourgeois les plus distingués, étant allé à sa rencontre pour lui présenter l'hommage de la capitale, on lui refusa audience. L'armée continua sa marche avec cette joie sinistre et insultante qu'ont des soldats qui courent sans péril au pillage. Les Parisiens s'attendoient à des fêtes, et le roi se préparoit à les traiter en ennemis: comme si on eût voulu leur dire que leur ville étoit soumise au droit rigoureux de la guerre, on brisa ses barrières et ses portes en y entrant. Le calme farouche des troupes ne présageoit que des malheurs, et tandis que Charles se rendoit à l'église cathédrale pour y adorer un dieu de paix, le protecteur de la justice, et lui rendre des actions de grâces, ses soldats s'emparoient des postes les plus avantageux, et on disposa de toutes parts des corps-de-garde.

Si on eût cru le lâche et avare duc de Berry, Paris auroit été traité en ville prise d'assaut, et ses habitans, sans distinction ni de sexe ni d'âge, auroient été passés au fil de l'épée. La terreur étoit répandue dans toutes les familles; le peuple, qui ignoroit son crime, se croyoit condamné à une proscription générale, et attendoit en frémissant le supplice auquel il étoit réservé. Le roi ordonna enfin qu'on fit la recherche des auteurs de la dernière sédition. Sous prétexte d'arrêter les coupables, le conseil, qui vouloit s'enrichir, fit jeter dans les prisons trois cents des plus riches bourgeois, qui n'avoient d'autre crime que de tenter par leurs richesses la cupidité du gouvernement.

On procéda avec lenteur contre les prisonniers, afin d'affaisser les esprits par une longue consternation. Des juges prostitués à la faveur; et qui auroit le front de me contredire? prêtèrent scandaleusement à l'injustice le ministère sacré et auguste des lois. On frémit quand on voit des hommes destinés à protéger l'innocence persécutée, abuser des lois et consentir sans pudeur et sans remords à devenir les plus lâches et les plus exécrables de tous les assassins. C'est au milieu des exécutions, dont Paris voyoit tous les jours renouveler l'infâme spectacle, que Charles VI, supprimant les officiers municipaux de la capitale, défendit aux bourgeois, sous peine de la vie, toute espèce d'assemblée, les priva de leurs droits de commune, rétablit les impôts qui avoient été levés par son père sous le consentement des états, et donna à ses élus et à ses conseillers des aides[231] un pouvoir arbitraire.

On avoit déjà sacrifié à l'avarice du conseil plus de cent riches bourgeois condamnés au dernier supplice, quand on assembla enfin le peuple dans la cour du palais; et le roi s'y étant rendu accompagné de ses oncles, de ses ministres et de ses courtisans, le chancelier Pierre d'Orgemont reprocha au peuple, comme le plus énorme des attentats, d'avoir cru sur la parole, les ordonnances et les chartes de tous les rois précédens et de Charles VI lui-même, que les subsides payés par les Français étoient des dons purement gratuits, qui ne pouvoient tirer à conséquence, ni former des titres ou des droits nouveaux à la couronne, et qu'il n'étoit pas permis au prince d'exiger des contributions qui ne lui avoient pas été accordées par les états: voilà les crimes qu'on avoit l'effronterie de reprocher aux Parisiens. La société ne seroit-elle donc qu'un assemblage de brigands, où la force auroit le droit d'opprimer la foiblesse? Les lois saintes, éternelles et immuables de la nature et de l'humanité n'existeroient-elles plus, dès qu'on peut les fouler aux pieds impunément? La religion des sermens ne seroit-elle qu'un jeu pour les princes? Leur parole, leurs lois, leurs traités avec leurs sujets, ne seroient-ils que des pièges tendus à la crédulité et à la bonne foi pour les tromper, les séduire, et imposer avec moins de peine le joug de la tyrannie? Un de nos princes a dit que si la bonne foi étoit bannie du monde entier, la cour des rois devoit lui servir d'asile! Qu'on étoit éloigné de cette maxime salutaire sous le règne de Charles VI! C'est pour n'avoir pas consenti à rassasier l'insatiable avarice du conseil; c'est pour n'avoir pas accordé des subsides qu'on étoit en droit de refuser; c'est pour avoir opposé une résistance légitime à une violence évidemment contraire à toutes les coutumes et à toutes les lois, que le premier magistrat du royaume, qui auroit dû connoître au moins les droits de l'humanité s'il ne connoissoit pas le droit public de la nation, au lieu de plaindre les Parisiens, d'excuser et même de justifier leur emportement, eut la lâcheté de leur dire que les supplices les plus rigoureux n'étoient pas capables d'expier leurs forfaits.

Chaque bourgeois croyoit avoir un glaive suspendu sur sa tête. Un silence stupide n'étoit interrompu que par de longs gémissemens que la terreur étouffoit à moitié. On attendoit en frémissant le dénouement de cette horrible tragédie; lorsque le frère du roi et ses oncles, feignant d'être attendris du spectacle qui étoit sous leurs yeux, se jetèrent aux pieds de Charles, implorèrent sa clémence et demandèrent grâce pour les coupables. Il faut oser le dire, jamais la force ne se joua avec plus d'insolence de la justice. Charles, ainsi qu'il en étoit convenu avec ceux qui l'avoient dressé à cette abominable scène, commua la peine de mort que les Parisiens avoient encourue, en des amendes pécuniaires. La capitale fut ruinée. Froissart fait monter la contribution à quatre cent mille livres, somme prodigieuse dans un temps où l'argent, encore très-rare, ne valoit que cent sols le marc, et que Paris, renfermé dans une enceinte très-bornée, n'étoit pas encore le gouffre où toutes les richesses du royaume fussent portées, accumulées et englouties.

Les auteurs de cette conspiration contre les Parisiens partagèrent entre eux le butin qu'ils avoient fait. Au milieu de la misère publique, on vit le luxe des courtisans s'accroître, donner un nouveau prix aux richesses, porter avec la soif de l'or la corruption dans tous les cœurs, et plutôt affoiblir qu'adoucir les mœurs. Une petite partie des amendes fut destinée à la solde des troupes qui désirèrent de n'avoir désormais à châtier que des bourgeois indociles. Les officiers, au lieu de payer leurs soldats, préférèrent de leur abandonner les environs de Paris, qu'ils pillèrent avec la dernière barbarie: c'eût été un crime pour ces malheureux bourgeois que d'oser s'en plaindre. La dévastation de Paris fut un exemple terrible pour toute ville, qui, fière de ses franchises, de ses immunités et de ses priviléges établis par la coutume et scellés de l'autorité du prince, auroit osé désobéir: elle apprit que ses droits et ses titres étoient vains, et que tout étoit anéanti.

Rouen et quelques autres villes éprouvèrent le même sort que Paris, et l'événement qui les soumit à payer des contributions arbitraires, asservit en même temps tout le tiers-état du royaume. Le clergé même et la noblesse ne tardèrent pas à en ressentir le contre-coup: tant il est vrai que, dans une monarchie, un ordre de citoyens ne perd point ses prérogatives, sans que celles des autres ordres en soient ébranlées et enfin détruites! Le conseil, enhardi par l'expérience qu'il venoit de faire sur le peuple, et par le silence du reste des citoyens, déclara que personne n'étoit exempt de payer[232] les aides. On établit une taille générale sur le royaume, et les gentilhommes qui ne servoient pas, ou que leur âge et leurs blessures n'avoient pas mis hors d'état de porter les armes, furent obligés de la payer. Que peut la noblesse quand elle a perdu son crédit sur le peuple, ou qu'elle l'a laissé opprimer. Le clergé continuellement vexé par les traitans, voyoit tous les jours saisir son temporel. Pour se racheter de ces extorsions, et sauver ses immunités du naufrage général, dont les franchises du royaume entier étoit menacées, il sépara lâchement ses intérêts de ceux[233] de la nation, traita en particulier avec le prince au sujet des secours qu'il lui donnoit. On lui permit, il est vrai, de dire qu'il donnoit volontairement ce qu'il ne lui étoit plus possible de refuser; mais quelle pouvoit être désormais la force de cette clause dont tout le monde connoissoit l'abus? Dans les lettres-patentes mêmes, où le roi continuoit à reconnoître les priviléges et les immunités ecclésiastiques, il parloit aussi de ses droits sur leur temporel. Peut-être le clergé crut-il que sa charge seroit plus légère, si celle des autres ordres étoit plus pesante: erreur grossière!

l'avarice des gouvernemens est insatiable; le clergé ne conserva qu'une ombre de liberté, en contribuant par sa mauvaise politique à ruiner les franchises de la noblesse et du tiers-état.

CHAPITRE III.

Suite du règne de Charles VI.—Les Français perdent le souvenir de leurs anciennes coutumes, et le caractère que le gouvernement des fiefs leur avoit donné.

DES entreprises si injustes et si violentes annonçoient l'avenir le plus funeste. Soit que le gouvernement abusât impunément de la consternation qu'il avoit répandue, soit que les différens ordres de l'état fissent enfin un effort pour recouvrer leurs priviléges, on étoit menacé de maux également redoutables. Si les Français cédoient à la crainte, ils étoient soumis pour toujours au pouvoir arbitraire; s'ils tentoient de secouer le joug, ils étoient trop divisés pour causer des désordres utiles; et une anarchie passagère ne devoit servir qu'à les soumettre à une autorité plus absolue.

Tout fut calme, et peut-être ne dût-on cette espèce de bonheur qu'à la jeunesse du roi; on excusa son inexpérience, et loin de le regarder comme l'auteur des injustices de son conseil, on le plaignit d'être gouverné lui-même par ses oncles. Charles, pour être maître, les éloigna du gouvernement, et donna sa confiance à des ministres d'un rang et d'une fortune moins considérable, qui n'osèrent point abuser de son nom et de son pouvoir avec la même effronterie que les ducs d'Anjou, de Bourgogne et de Berry. Sous un joug plus léger, la nation fut moins impatiente: au lieu de se rappeler le souvenir de ses anciennes franchises, elle ne vit que les dernières vexations qu'elle avoit éprouvées, et dont elle étoit délivrée; elle compara sa situation, non pas à celle de ses pères, mais à celle sous laquelle elle avoit gémi. Elle se crut heureuse, et cette espèce de relâche dans ses malheurs prévint les soulèvemens que la continuité de la même oppression auroit sans doute excités, et prépara les Français à prendre d'autres mœurs et le génie de leur gouvernement.

Charles tomba en démence, et les ducs de Bourgogne et de Berry ne tardèrent pas à reprendre le timon de l'état. Le duc d'Orléans, frère du roi, étoit entouré d'hommes intéressés à le rendre plus puissant pour abuser de son crédit; et ils lui persuadèrent que par le droit de sa naissance, il devoit être le dépositaire de l'autorité que son frère ne pouvoit plus exercer. Mais, soit que ce prince fût mal conduit par les personnes auxquelles il avoit donné sa confiance, soit que l'ambition ne fût en lui qu'une passion subordonnée à la vanité et à l'avarice, il ne put, malgré ces avantages, que partager avec le duc de Bourgogne l'exercice de la puissance souveraine. On auroit vraisemblablement été exposé à la tyrannie la plus accablante, si ces deux princes avoient été unis, ou que l'un eût pris l'ascendant sur l'autre; mais occupés et obstinés à se nuire, ils ne jouirent que d'un pouvoir qui se balançoit, et chacun sentit séparément le besoin qu'il avoit de ménager la nation, pour perdre son concurrent ou lui résister. Ils ne se servirent du nom du roi que pour satisfaire des haines particulières, ou s'acheter des créatures. Ces deux cabales d'intrigans regardèrent l'enceinte du palais comme tout l'état, et, par je ne sais quel vertige, les révolutions qui changeoient sans cesse la face de la cour, devinrent les objets les plus intéressans pour les Français. L'esprit de parti se répandit dans tout le royaume; des créatures du duc d'Orléans et du duc de Bourgogne, il passa jusques dans la classe des citoyens, qui naturellement ne devoient prendre aucune part à ces querelles. On étoit menacé d'une guerre civile, non pour limiter, comme sous le règne du roi Jean, la prérogative royale, et régler les droits de la nation, mais seulement pour décider quel prince abuseroit de l'autorité du roi.

Des arbitres ou des médiateurs réussirent à entretenir une fausse paix. S'il leur étoit impossible de concilier les intérêts inconciliables du duc d'Orléans et du duc de Bourgogne, ils surent mettre, pour ainsi dire, des entraves à leurs haines; ils les trompèrent par des négociations, et eurent l'art de leur proposer et faire accepter des articles d'accommodement qui, en calmant par intervalles les esprits, les empêchoient de se porter aux dernières extrémités. Mais il eût été insensé d'espérer que des moyens qui ne remontoient pas à la source des divisions, produisissent toujours un effet également salutaire, et le feu caché sous la cendre menaçoit l'état d'un incendie toujours prochain. En effet, tout l'art de ces médiateurs pacifiques devoit être impuissant après la mort du duc de Bourgogne, prince dans qui l'âge commençoit à ralentir le feu des passions, et qui, dès son enfance, s'étoit accoutumé dans la cour de son père au plus profond respect pour l'autorité royale. Ne portant point l'indépendance féodale aussi loin[234] que la première maison de Bourgogne et les autres grands vassaux de la couronne qui subsistoient encore, on pouvoit se flatter qu'un reste de considération pour le bien public ne lui permettroit pas de ravager la France par ses armes.

Mais son fils, violent, ambitieux, impatient et implacable dans ses haines et dans ses vengeances, ne pouvoit être retenu par aucun des motifs qui avoient touché son père. Las de retrouver sans cesse les obstacles que lui opposoit un ennemi qu'il méprisoit, il fit assassiner le duc d'Orléans. Cet attentat devint le germe de ces dissentions déplorables dont un Français ne peut lire l'histoire sans une sorte d'horreur mêlée de pitié. Les partisans du duc d'Orléans jurèrent une haine éternelle au duc de Bourgogne, et leur parti grossit de tous ceux à qui il restoit assez d'honneur pour voir ce crime tel qu'il étoit. Le duc de Bourgogne ne perdit cependant aucun de ses amis; ils regardèrent l'assassinat qu'il avoit commis comme une vengeance légitime, et plus il auroit dû leur paroître odieux, plus il leur devint cher.

Si l'esprit de parti et de faction est une espèce d'ivresse capable de changer entièrement les mœurs et le génie d'un peuple sage et éclairé, dès qu'il s'y laisse emporter, quels ravages ne devoit-il pas faire en France? On ne connut plus d'autre intérêt que celui de la faction à laquelle on s'étoit attaché.

On fut chaque jour plus emporté, parce que chaque jour on faisoit, ou recevoit une injure nouvelle. Les attentats les plus atroces furent regardés comme les preuves les plus éclatantes du courage, du zèle et de la fidélité. Ainsi que l'a dit un ancien, en parlant des factions qui déchirèrent autrefois la Grèce, les actions changèrent en quelque sorte de nature, et les hommes perdirent jusqu'à leurs remords. Tandis que le royaume étoit frappé dans toutes ses provinces du même fléau, on vit l'imbécille Charles VI tantôt au pouvoir d'une faction, tantôt au pouvoir de l'autre, tour-à-tour Armagnac et Bourguignon, ne recouvrer, par intervalles, une raison encore à moitié égarée, que pour avouer successivement leur fureur, s'en rendre complice et attiser le feu de la guerre civile.

Tant de malheurs, qui sembloient annoncer la ruine de la monarchie, réveillèrent l'ambition des Anglais alors tranquilles, mais que l'esprit de parti devoit bientôt porter aux mêmes excès que nous. Henri V aimoit la gloire, avoit les plus grands talens pour la guerre, et crut que le moment étoit arrivé de consommer le projet médité par Edouard III, ou du moins de rentrer en possession des provinces que ses pères avoient possédées en-deçà de la mer. En se déclarant pour une faction, il étoit sûr d'attacher l'autre à ses intérêts, et d'augmenter les troubles. Il fit des préparatifs dignes de l'entreprise qu'il méditoit. Si quelque soin des choses d'ici-bas touche encore les morts, quel jugement humiliant Charles V ne dût-il pas porter de sa politique? Henri entra sur les terres de France, et la bataille d'Azincourt ne nous fut pas moins funeste que l'avoient été celles de Crécy et de Poitiers.

Qu'on me permette de passer sous silence les événemens de cette guerre! Elle n'offre que des malheurs dont on ne peut tirer aucune instruction. Quelque foibles que parussent les forces divisées de la France, quelque aveugles que fussent les passions des Français, quelque grands que fussent les talens de Henri V, et le zèle de ses sujets à concourir à ses vues, la supériorité des Anglais et leurs succès ne les auroient vraisemblablement conduits qu'à s'emparer de la Normandie et des provinces cédées par la paix de Bretigny, que la France avoit recouvrées sous le règne précédent, si l'assassinat du duc de Bourgogne, commis à Montereau par les amis du dauphin, n'eût excité un nouveau vertige dans la nation, et ne l'eût livrée, pour ainsi dire, à son ennemi qui n'auroit pu la subjuguer.

Après tant d'événemens sinistres, on conclut le traité de Troyes, et malgré l'ordre de succession que les Français avoient établi avec tant de peine et tant de sang, la maison de Hugues-Capet fut proscrite. On laissoit à Charles le nom et le titre inutiles de roi de France qu'il avoit déshonorés, et qu'on lui auroit ôtés, s'il avoit encore pu inspirer quelque crainte. Henri, en épousant la princesse Catherine, étoit reconnu pour légitime héritier de la couronne; il prenoit dès-lors les rênes du gouvernement, et devoit laisser à ses descendans, comme une portion de son héritage, le royaume qu'il venoit d'acquérir.

L'Angleterre et la France, sans former un seul corps, quoique soumises au même prince, devoient conserver leurs coutumes et leurs franchises anciennes.

Tandis que les Anglais, enivrés de la gloire de leur roi, ne prévoient point le danger auquel ils s'exposoient en le portant sur le trône de France, et lui donnoient imprudemment des forces suffisantes pour détruire leur liberté dont ils étoient si jaloux, Paris, la plupart des principales villes, le clergé et la noblesse s'empressoient à faire hommage à Henri. La haine des ennemis du dauphin n'étoit point satisfaite de l'avoir déshérité par un traité de paix, pour avoir vu assassiner en sa présence le duc de Bourgogne. On le crut l'instigateur et le complice des assassins. Le nouveau duc de Bourgogne demanda justice au parlement de la mort de son père, et ce tribunal, sur les conclusions des gens du roi, rendit un arrêt par lequel le dauphin, comme criminel de lèse-majesté, est déclaré déchu de toute succession, honneur et dignité. On le proscrit, et on délie ses vassaux du serment de fidélité qu'ils lui avoient prêté. Que les princes, qui ne croient jamais leur pouvoir assez étendu, interrogent Charles VII; qu'ils lui demandent s'il importe aux rois d'affoiblir et d'humilier leur nation, au point qu'elle ne puisse les retenir sur le bord de l'abîme que leur démence ou leurs passions creusent sous leurs pas!

Charles VII avoit des qualités estimables, mais aucune de celles qui lui étoient nécessaires pour ramener ses sujets de leur erreur, et conquérir son royaume presque entièrement occupé par ses ennemis. Ce ne fut point lui qui sauva la France du joug des Anglais, et les força à se renfermer dans leur île: ce furent les Français qui lui étoient affectionnés, et qui, à force de constance et de courage, placèrent leur prince sur le trône, et, si j'ose le dire, sans qu'il daignât les seconder. La licence des temps, la foiblesse de son père, ses propres malheurs et ses disgraces, n'avoient encore développé en lui aucun talent, quand Charles VI mourut. Rien n'est capable de donner des qualités héroïques à une ame commune. Après une vaine inauguration, l'oisiveté et les douceurs d'une vie privée sembloient seules en droit de le toucher; une maîtresse et des favoris qui le gouvernèrent, lui tenoient lieu d'un empire. Heureusement ils eurent plus de courage et d'élévation d'ame que lui, et il leur importoit de relever sa fortune. On peut conjecturer que ce prince, né sur un trône affermi, et dans des temps assez heureux, pour que ses partisans eussent trouvé leur avantage à le laisser languir dans la mollesse, se seroit livré à ces passions lâches et paresseuses qui rendent les peuples malheureux, et perdent les plus puissantes monarchies.

L'esprit de faction, qui, en divisant la France l'avoit livrée à ses propres fureurs et aux armes des Anglais, servit lui-même de remède aux maux qu'il avoit causés. Cet esprit, capable d'inspirer le plus grand courage, et de donner aux passions la plus grande activité, est quelquefois capable de produire, pendant quelques momens, dans une monarchie, des actions aussi extraordinaires que l'amour de la patrie et de la liberté en produit chez les peuples les plus jaloux de leur indépendance. Il agit avec d'autant plus de force sur les partisans de Charles, que les affaires de ses ennemis paroissoient dans la situation la plus avantageuse. Ils sentirent qu'ils avoient besoin de faire des prodiges de valeur. On espéra, si je puis parler ainsi, par désespoir, et la confiance s'accrut avec les obstacles qu'il falloit vaincre.

Bientôt les Français crurent que le ciel s'intéressoit par des miracles à la fortune de leur roi. Les partisans du roi d'Angleterre et du duc de Bourgogne furent étonnés des exploits de Jeanne d'Arc, et les prirent pour autant d'avertissemens par lesquels Dieu les invitoit à changer de parti. Les Anglais croyant voir les opérations du diable où les Français voyoient le doigt de Dieu, furent vaincus par leurs terreurs paniques. Henri V étoit mort, et le régent, pendant la minorité de son fils, pouvoit avoir des talens supérieurs, mais n'eut pas la même autorité. Charles triompha de tout côté, et ses ennemis, pour se maintenir dans des conquêtes qui leur échappoient, appesantirent leur joug; ils se firent haïr. Les Français désirèrent d'obéir au fils de leurs anciens rois, et la révolution fut prompte et entière.

Si j'avois fait ici une peinture plus détaillée des calamités sous lesquelles les Français gémirent pendant le règne de Charles VI, et des succès qui réparèrent leurs disgraces, on verroit aisément qu'il avoit dû se former dans le royaume un ordre de choses, d'intérêt et de passions tout nouveau. En effet, la nation, toujours emportée loin d'elle-même par des événemens bizarres et inattendus, et toujours placée dans des circonstances qui la mettoient hors de toute règle, perdit la tradition de ses coutumes. La nécessité, la plus impérieuse des lois, anéantissoit chaque jour d'anciens usages, et chaque jour en produisoit de nouveaux, qui pour la plupart ne subsistoient qu'un instant. On sacrifia au bien de sa faction des préjugés et des intérêts qu'on n'auroit pas sacrifiés au bien de la patrie. Le souvenir des états-généraux fut en quelque sorte perdu. Personne ne songea à réclamer ses anciennes immunités. Tous les corps, tous les ordres du royaume se déformèrent; tandis que les uns voyoient échapper de leurs mains l'autorité dont ils avoient joui, les autres acquéroient un crédit et des prérogatives qui leur avoient été inconnus.

Après que les Anglois eurent enfin perdu toutes les provinces qu'ils possédoient en-deçà de la mer, les Français obéirent sans résistance au zèle que des succès, qu'ils n'avoient pas osé espérer, avoient encore augmenté, et se laissèrent emporter par ce sentiment plus loin qu'ils n'auroient voulu dans d'autres conjonctures. Fatigué des maux qu'on avoit soufferts, on n'en demandoit que la fin, telle qu'elle pût être, et l'avenir ne pouvoit rien offrir d'effrayant.

Après tant d'agitations, de troubles, de révolutions, on ne demandoit que le repos. Si on étoit malheureux, on sentoit moins ses malheurs, parce qu'on les comparoit à des calamités plus grandes dont on étoit à peine délivré, et on vouloit du moins jouir tranquillement de sa misère. Il étoit naturel de s'abandonner sans défiance à la modération de Charles, qu'on aimoit d'autant plus qu'on l'avoit mieux servi; tous les ordres de l'état crurent que sa fortune étoit leur ouvrage; et un prince, aussi dur que Charles étoit humain, n'auroit pas paru un maître incommode, il s'étoit formé une nouvelle génération qui ignoroit les coutumes anciennes; et quand Charles fut enfin assis tranquillement sur le trône de ses pères, et qu'il fallut donner une forme au gouvernement incertain, les Français, moins heureux que les Anglais dans des circonstances pareilles, ne trouvèrent point parmi eux une loi chère à tous les ordres de citoyens, qui les guidât dans cette opération délicate. Ce fut des nouveautés produites pendant le règne de Charles. C'est de la régence des Anglais en France qu'on forma avec précipitation et au hasard le nouveau gouvernement: et c'est principalement à l'autorité que les grands et le parlement acquirent, qu'il faut faire attention, parce qu'elle devint le principal ressort de tous les événemens.

REMARQUES ET PREUVES

DES

Observations sur l'histoire de France.

SUITE DU LIVRE IIIme.

CHAPITRE III.

(1) « SE uns gentishome baille une pucelle à garder à un autre gentilhomme son home, et soit de son lignage ou d'autre, si il la dépuceloit et il en porroit estre prouvés, il en perdroit fié, tant fustce à la volenté de la pucelle. » *(Estab. de S. Louis, L. 1, C. 51.)* « Se il gesoit à la fame son home, ou à la fille, se elle estoit pucelle, ou se li hom avoit aucunes de ses parentes, et elle fust pucelle, et il l'eust baillé à garder à son seigneur, et il li depucellast, il ne tendra jamais riens de lui. *(Ibid. L. 1, C. 52.)* »

Il seroit trop long de rapporter ici les autorités qui servent de preuve à tout ce que j'ai dit des devoirs respectifs des suzerains et des vassaux. Voyez les « établissemens de

Mably. *Tome II,*   Z

REMARQUES ET PREUVES
DES
Observations sur l'histoire de France.

SUITE DU LIVRE III.me

CHAPITRE III.

[98] «SE uns gentishome baille une pucelle à garder à un autre gentilhomme son home, et soit de son lignage ou d'autre, si il la dépuceloit et il en porroit estre prouvés, il en perdroit fié, tant fustce à la volenté de la pucelle.» (*Estab. de S. Louis, L. 1, C. 51.*) «Se il gesoit à la fame son home, ou à la fille, se elle estoit pucelle, ou se li hom avoit aucunes de ses parentes, et elle fust pucelle, et il l'eust baillé à garder à son seigneur, et il li depucellast, il ne tendra jamais riens de lui. (*Ibid. L. 1, C. 52.*)»

Il seroit trop long de rapporter ici les autorités qui servent de preuve à tout ce que j'ai dit des devoirs respectifs des suzerains et des vassaux. Voyez les «établissemens de S. Louis», (*L. 1, C. 48, 50, 51, 52,* et *L. 2. C. 42.*) Voyez encore Beaumanoir, (*C. 2.*)

[99] «Se un home a plusieurs seignors, il puet sans mesprendre de sa foi aider son premier seignor à qui il a fait homage devant les autres en toutes choses et en toutes manières contre ses autres seignors, parceque il est devenu home des autres sauve sa loyauté, et aussi puet il aider à chascun des autres, sauf le premier et sauf ceaux à qui il a fait homage avant que celuy à qui il vodra aider (*Assises de Jérus. C. 222.*)» Voyez les *C. 204* et *295*), où il est dit que les coutumes du royaume de Jérusalem, rédigées sous Godefroi de Bouillon, sont les mêmes que celles du royaume de France.

Hoc quoque ratum similiter et firmum volumus observare, quod si fortè rex Francorum insultum fecerit imperio, tu in propria tua persona auxilium nobis præbebis de omni casamento quod à nobis habes: et si nos regi Francorum et ejus regno insultum fecerimus, tu similiter ipsi in propria tua persona auxilium præstabis de omni casamento quod de eo habes. Ce traité fut conclu le 3 juin 1186, entre Henri I, alors roi des Romains, et depuis empereur sous le nom de Henri VI, et Hugues III, duc de Bourgogne.

Dans le traité dont j'ai parlé, et conclu le 10 mars 1101, entre le roi d'Angleterre, duc de Normandie, et le comte Robert de Flandre, il est dit: *comes Robertus ad Philippum ibit cum decem militibus tantum, et <u>allii</u> prædicti milites remanebunt cum rege (Henrico) in servitio et fidelitate sua.* (Art. 19.)

[100] «Se aucuns est semons pour aidier son seigneur à deffendre contre ses ennemis, il n'est pas tenus, se il ne vieut, à oissir hors des fiés ou du moins des arrières-fiés son seigneur contre les ennemis son seigneur; car il seroit clere chose que ses sires asseuroit-il ne deffendroit pas, puisque il istroit de sa terre et de sa seigneurie, et ses Hons n'est pas tenus à li aidier à autrui assaillir hors de ses fiés.» (*Beaum. C. 2.*)

[101] M. Ducange fait mention d'une charte de 1220, où il est dit: *Præsentibus et ad hoc vocatis hominibus meis paribus, videlicet D. Vuillelmo de Brule milite, Johanne clerico, Hugone, Clavel de Hovem, Sara Esblousarude et filia ejus majorisa qui pares à me et à domino suo propter hoc adjudicati judicaverunt.*

[102] «Quand le roi de France oit les nouvelles et complaintes qui de tous les côtés venoient des gens le roi d'Angleterre, moult en fu iré. Si manda tantost les pers de France, et leur montra les injures que le roy d'Angleterre lui faisoit, et les conjura que drois lui en disent; et les pers jugèrent qu'on envoya deux des pers au roi d'Angleterre. Tantôt on y envoya l'évesque de Beauvais et l'évesque de Noyon; et ne finirent, si vindrent en Angleterre, et trouvèrent le roi en un sien chastel qu'on appelle Windesore. Là lui baillèrent leurs lettres et lui dirent: sire, les pers de France ont jugé qu'on vous adjourne sur les demandes que le roi de France vous fait, et nous qui sommes pers de France vous y adjournons, etc.» (*Chron. de Fland. C. 33.*) Tel étoit la façon régulière de procéder. Il est assez extraordinaire que les évêques de Beauvais et de Noyon aillent en Angleterre, et ne se contente pas d'ajourner le roi d'Angleterre à Rouen, capitale de son duché de Normandie.

[103] «Du meffait ke li sires feroit à son home lige, ou à son propre cours, ou à son coses ki ne seroient mie du fief ke on tient de lui, ne plaideroit-il ja en sa court, ains s'enclameroit au sengneur de qui ses sires tenroit. Car li home n'ont mie pooir de jugement faire seur le cours leur sengneur, ne de ses forfaits amender, se ce n'est du fait ki appartiengne au fief dont il est sires». (*P. de Font, C. 21, §. 35.*)

Avant le règne de Philippe-Auguste, un seigneur à qui son suzerain faisoit déni de justice par le refus de tenir sa cour, pouvoit lui déclarer la guerre, et s'il la faisoit avec succès, il se soustrayoit à son autorité, soit en prêtant hommage au seigneur dont il n'étoit que l'arrière-vassal, soit en rendant sa terre purement allodiale, s'il étoit assez puissant pour se passer d'un protecteur. Il est vrai qu'on en devoit venir rarement à ces extrémités, vu la manière dont on faisoit alors la guerre; les parties belligérantes, après s'être pillées et brûlées, s'accommodoient ordinairement par une sorte de traité qui rétablissoit la foi et l'hommage sur l'ancien pied.

J'ai deux propositions à prouver dans cette remarque; 1º. Que le déni de justice de la part du suzerain, étoit une cause légitime de guerre; 2º. Qu'il s'exposoit à perdre son droit de suzeraineté sur son vassal.

«Se li sires a son hons lige, et il li die, venez-vous-en o moi, car je veuil guerroier mon seigneur, qui m'a véé le jugement de sa court. Li hons doit respondre en tele manière à son seigneur; sire, je iray volontiers sçavoir à mon seigneur, ou au roi, se il est ainsi que vous dites. Adonc il doit venir au seigneur, et doit dire; sire, messire dit que vous lui avés véé le jugement de vostre court et pour ce suis je venu en vostre court pour sçavoir en la vérité, car messire m'a semons que je aille en guerre en contre vous. Et se li seigneur li dit que il ne fera ja nul jugement en sa cour; li hons en doit tantost aller à son seigneur, et ses sires li doit pourveoir de ses despens: et se il ne s'en voloit aller o lui, il en perdroit son fié par droit.» (*Estab. de S. Louis, L. 1. C. 45.*) On ne peut rien opposer à l'autorité qu'on vient de lire, et, pour le remarquer en passant, elle nous montre ce qu'il faut penser de ces historiens, qui ne manquent jamais de traiter de rebelles les seigneurs qui faisoient la guerre au roi, et qui ne doivent être appelés que felons, s'ils avoient commencé la guerre contre la règle et l'ordre prescrit par les coutumes féodales.

De ce que le droit de guerre étoit établi entre le suzerain et le vassal pour déni de justice, il s'ensuit nécessairement que le suzerain, en refusant de tenir sa cour à la demande de son vassal, s'exposoit à perdre sa suzeraineté, s'il faisoit la guerre malheureusement. S. Louis dit, dans ses établissemens, (*L. 1, C. 52,*) «que quand li sires vée le jugement de sa court, il (son vassal) ne tendra jamais rien de lui, ains tendra de celui qui sera par-dessus son seigneur.» Mais je ne profiterai pas de cette autorité pour appuyer mon sentiment; car je conjecture que la coutume dont S. Louis rend compte, n'existoit point avant le règne de Philippe-Auguste, c'est-à-dire, que sous les premiers Capétiens, il n'y avoit point de voie juridique pour priver des droits de suzeraineté un seigneur qui refusoit la justice à son vassal; il falloit lui faire la guerre. Ce n'est qu'après l'établissement de l'appel en déni de justice ou défaute de droit, qu'on eut recours aux voies de la justice.

Or, c'est sous le règne de Philippe-Auguste qu'on vit le premier exemple d'un vassal, qui, n'étant pas assez fort pour faire la guerre à son seigneur qui lui dénioit le jugement de sa cour, porta sa plainte au suzerain de ce seigneur en déni de justice. Je prouve que cette démarche étoit une nouveauté; 1º. parce qu'elle n'avoit aucune analogie avec les usages pratiqués dans la seconde race. En effet, quand un seigneur refusoit alors de juger un de ses justiciables, l'affaire n'étoit point portée au tribunal du comte voisin ou des envoyés royaux; on ne le privoit point de sa justice ni de ses autres droits seigneuriaux, mais ces magistrats se mettoient simplement en garnison chez le seigneur jusqu'à ce qu'il jugeât. *Si vassus noster justitias non fecerit, tunc et comes et missus ad ipsius casam sedeant et de suo vivant quousque justitiam faciat.* (Cap. an. 779. art. 21.)

2º. Nos monumens ne parlent d'aucun appel en déni de justice, avant le règne de Philippe-Auguste. Est-il vraisemblable qu'une coutume qui suppose un commencement d'ordre et de bonne police, fût connue dans un temps où tout tendoit, au contraire, à la plus monstrueuse anarchie? On devine aisément les causes qui ont pu contribuer à l'établissement de l'appel en défaute de droit; et il est vrai que, quand cette coutume fut autorisée, un vassal à qui on avoit refusé la justice, étoit délivré de tout devoir de vasselage à l'égard de son suzerain. Le passage des établissemens de S. Louis, que je viens de rapporter, ne peut point être équivoque, et je ne conçois pas comment le président de Montesquieu ose avancer qu'en cas de déni de justice, un suzerain ne perdoit pas sa suzeraineté, mais seulement le droit de juger l'affaire à l'occasion de laquelle il y avoit plainte de défaute de droit. Ce n'eût pas été le punir; on ne seroit pas entré dans l'esprit du gouvernement féodal, qui, en cas de déni de justice, autorisoit le vassal à se soustraire à l'autorité de son suzerain: la guerre lui avoit d'abord donné ce droit; la forme judiciaire devoit le lui conserver.

Qu'on me permette encore quelques réflexions au sujet de la guerre que le vassal avoit droit de faire à son suzerain, en cas de déni de justice.

Je prie le lecteur de relire le premier passage des établissemens de S. Louis, que je viens de rapporter dans cette remarque; il est suivi des paroles suivantes. «Et se li chief seigneur avoit respondu, je feré droit volontiers à vostre seigneur en ma court, li hons devroit aller à son seigneur et dire: Sire mon chief seigneur m'a dit que il vous fera volontiers droit en sa court. Et se li sires dit; je n'enterré jamais en sa court, mes venés vous-en o moi, si come je vous ai semons. Adont pourroit bien dire li hons, je n'iray pas, parce que ne perdroit ja par droit ne fié ne autre chose.»

Toutes ces allées et ces venues du vassal étoient vraisemblablement des formalités nouvelles sous le règne de S. Louis. Au ton même que prend ce prince, qui a fait tous ses efforts pour détruire le droit de guerre entre les seigneurs, on peut conjecturer qu'elles étoient très-peu accréditées. «Adont pourroit bien dire li hons, etc.» Ce n'est point ainsi qu'on s'exprime en rendant compte d'une coutume constante et avouée de tout le monde. S. Louis semble approuver la réponse du vassal, mais non pas l'ordonner. Ce qui confirme mes soupçons, c'est que cette manière de procéder supposeroit dans un seigneur quelque pouvoir direct sur ses arrière-vassaux, ou les vassaux de son vassal immédiat; et cependant il est certain que S. Louis lui-même n'osoit encore affecter aucun droit sur ses arrière-vassaux: un fait rapporté par Joinville, et que personne n'ignore, en est la preuve.

Philippe-le-Hardi fut le premier des rois Capétiens qui se fit autoriser par un arrêt de l'échiquier de Rouen, à jouir d'un pouvoir direct et immédiat sur les arrière-vassaux du duché de Normandie. *Concordatum fuit quod dicta citatio et responsio ad dominum regem tantummodo, et non ad alios, plenariæ pertinebant, et quod dicti nobiles qui prohibitionem fecerant hominibus suis, ne ad mandatum domini regis prædicta facerent, emendabunt.* Cet arrêt, de la cour de l'échiquier, est cité par Brussel. (*Traité de l'usage des fiefs, L. 2, C. 6.*) Philippe-le-Bel voulut jouir dans plusieurs provinces du droit nouveau que son prédécesseur avoit acquis en Normandie; mais il est certain que les seigneurs de Bourgogne, du comté de Forez et des évêchés de Langres et d'Autun, s'en plaignirent comme d'une injustice. (*Voyez leurs remontrances à Louis X. Ordonnances du Louvre, T. 1, p. 557.*)

CHAPITRE IV.

[104] Voyez le glossaire de Ducange, au mot *fidelitas*.

[105] La loi de Charlemagne, qui défendoit le service militaire aux évêques, et dont j'ai rendu compte dans le premier livre de cet ouvrage, ne subsista pas long-temps après lui; et ce furent sans doute les courses des Normands et les guerres privées des seigneurs qui la firent oublier. *Quoniam quosdam episcoporum ab expeditionis labore corporis defendit imbecillitas....... ne per eorum absentiam res militaris dispendium patiatur..... cuilibet fidelium nostrorum, quem sibi utilem judicaverint, committant.* (Cap. an. 845, art. 8.) Il paroît, par ce capitulaire, qu'il n'y avoit que les évêques, que leur âge ou leurs infirmités retenoient chez eux, qui ne firent pas la guerre en personne, et qu'ils étoient alors obligés de donner leurs troupes à quelque seigneur. Ce service, qui n'avoit d'abord été, ainsi que je l'ai dit, qu'une prérogative seigneuriale, devint par la révolution du gouvernement une charge des terres que le clergé possédoit. Les prélats, dont les prédécesseurs n'avoient point paru dans les armées, se firent de cette absence un droit de ne point servir en personne leurs suzerains à la guerre.

«Ne pueent (les biens donnés à l'église) revenir en main laie pour le meffet de chaux qui sont gouverneurs des églises. Pour che de tous meffés quelque ils soient, li meinburnisseur des églises si se passent par amendes d'argent.» (*Beaum. C. 45.*)

[106] L'archevêque de Rheims, les évêques de Laon, Beauvais, Noyon et Châlons. L'évêque de Langres ne commença à relever directement du roi que sous le règne de Louis-le-Jeune. (*Voyez le traité des fiefs de Brussel, L. 2, C. 13.*)

[107] (*Voyez le traité de Brussel sur les fiefs, L. 2, C. 17, 18, 19 et 20.*) Ce savant écrivain prouve très-bien que les ducs de Normandie et d'Aquitaine, les comtes de Poitou, de Toulouse, de Flandre et de Bretagne, jouissoient du droit de régale dans les seigneuries, et que le duc de Bourgogne et le comte de Troyes ou de Champagne n'avoient pas le même avantage. C'est en qualité de ducs de France, et non de rois, que les Capétiens avoient le même droit de régale sur plusieurs églises. Dans le dernier, il s'éleva de grandes contestations au sujet de la régale; et les écrits qu'on publia sur cette matière prouvent combien on ignoroit nos antiquités et notre ancien droit public. Je remarquerai que le mot régale ne tire pas son étymologie de *regius, regalis*, qui signifie royal, régalien, ce qui appartient au roi, mais de régale ou régal, vieux mot français, qui signifioit fête, cadeau, bon traitement.

[108] *Clerici trahunt causam feodorum in curiam christianitatis, propter hoc quod dicunt, quod fiduciæ vel sacramentum fuerunt inter eos inter quos causa vertitur, et propter hanc occasionem perdunt domini justitiam feodorum suorum.* (Ord. Phil. Aug.)

[109] «Car justice si couste mout souvent à garder et à maintenir plus que ele ne vaut.» (*Beaum. C. 27.*) Voilà une preuve certaine de la décadence où les justices des seigneurs étoient tombées dans le temps de Beaumanoir. Les émolumens en avoient été d'abord très-considérables. Pour juger de ce que le produit des officialités valoit aux ecclésiastiques, voyez dans les preuves des libertés de l'église gallicane, les discours de Pierre Roger, élu archevêque de Sens, et de Roger Bertrandi, évêque d'Autun, à la conférence qui se tint en présence de Philippe-de-Valois, sur la juridiction ecclésiastique, le 15 décembre 1329.

[110] Voyez dans le recueil des historiens de France, par Dom Bouquet, T. 4, p. 61, la lettre du pape Virgile à Auxanius, évêque d'Arles, qu'il fait son légat dans les Gaules. A la page suivante, on trouve le bref du même pape aux évêques des Gaules. *Quapropter Auxanio fratri et co-episcopo nostro Arelatensis civitatis Antistiti, vices nostras caritas vestras nos dedisse cognoscet; ut si aliqua, quod absit, fortassis emerserit contentio, congregatis ibi fratribus et co-episcopis nostris, causas canonica et apostolica autoritate discutiens, Deo placita æquitate diffindat; contentiones verò si quæ, quas dominus auferat, in fidei causa contigerint, aut emiserit forte negotium quod pro magnitudine sui Apostolicæ Sedis magis judicio debeat terminari, ad nostram, discussa veritate, præferat sine dilatione notitiam.*

[111] *At illi (Salonius et Sagittarius) cum adhuc propitium sibi regem esse nossent, ad eum accedunt, implorantes se injuste remotos sibique tribui licentiam ut ad papam urbis Romanæ accedere debeant. Rex verò annuens petitionibus eorum, datis epistolis, eos abire permisit. Qui accedentes coram papa Joanne, exponunt se nullius rationis existentibus causis dimotos. Ille epistolas ad regem dirigit in quibus locis eosdem restitui jubet.* (Greg. Tur. L. 5, C. 21.)

[112] *Stultitiæ elogio denotandi, qui illam Petri Sedem aliquo pravo dogmate fallere posse arbitrati sunt, quæ nec se fallit, nec ab aliqua hæresi unquam falli potuit.* (Ann. Met. an. 864.)

[113] *Concedo per hoc pactum confirmationis nostræ, tibi beato Petro principi Apostolorum, et pro te vicario tuo domino Paschali summo pontifici et universali papæ et successoribus ejus in perpetuum, sicut à prædecessoribus nostris usque nunc in vestra potestate et ditione tenuistis, et disposuistis civitatem Romanam cum ducato suo, et suburbanis atque viculis omnibus et territoriis ejus montanis.... has omnes supradictas provincias, urbes, civitates, oppida et castella, viculos et territoria, simulque et patrimonia jam dictæ ecclesiæ tuæ, beate Petre apostole, et per te vicario tuo spirituali patri nostro domino Paschali summo pontifici et universali papæ, ejusque successoribus usque ad finem sæculi eodem modo confirmamus, ut in suo detineant jure, principatu ac ditione.... salva super eosdem ducatus nostra in omnibus dominatione, et illorum ad nostram partem*

subjectione.... nullamque in eis nobis partem aut potestatem disponendi aut judicandi, subtrahendive aut minorandi vindicamus; nisi quando ab illo, qui eo tempore hujus sanctæ ecclesiæ regimen tenuerit, fuerimus. Et si quilibet homo de supradictis civitatibus ad vestram ecclesiam pertinentibus ad nos venerit, subtrahere se volens de vestra jurisdictione, vel potestate, vel quamlibet aliam iniquam machinationem metuens, vel culpam fugiens, nullo modo eum aliter recipiemus, nisi ad justam pro eo faciendam intercessionem, ita duntaxat si culpa quam commisit, venalis fuerit inventa. (Don. Lud. Pii ad Sed. Apost.)

Electione sua aliorumque episcoporum ac cæterum fidelium regni nostri voluntate, consensu et acclamatione, cum aliis archiepiscopis et episcopis Wenilo in diœcesi sua, apud Aureliani civitatem, in Basilica Sanctæ Crucis, me secundum traditionem ecclesiasticam regem consecravit et in regni regimine chrismate sacro perunxit, et diademate atque regni sceptro in regni solio sublimavit, à qua consecratione vel regni sublimitate supplantari vel projici à nullo debueram, saltem sine audientia et judicio episcoporum quorum ministerio in regem sum consecratus, et qui throni Dei sunt dicti, in quibus Deus sedet, et per quos sua decernit judicia, quorum paternis correptionibus et castigatoriis judiciis me subdere fui paratus et inpræsenti sum subditus. (Cap. an. 859, art. 3.)

[114] *Quod solus Romanus pontifex judicatur universalis, quod ille solus possit deponere episcopos vel reconciliare.... quod absque synodali conventu possit episcopos deponere vel reconciliare.... quod illi soli licet de canonica abbatiam facere, et è contra divitem episcopatum dividere, et inopes unire.... quod illi liceat de sede ad sedem, necessitate cogente, episcopos transmutare, quod de omni ecclesia quocumque voluerit, clericum valeat ordinare.... quod nulla synodus absque præcepto ejus debet generalis vocari.* (Dict. Greg. VIII. pap.) Quelques savans regardent cette pièce comme supposée, et d'autres croient qu'elle est en effet l'ouvrage du pape Grégoire VII. Quoi qu'il en soit, elle est très-ancienne, et on ne peut s'empêcher de convenir qu'elle ne contienne en peu de mots toutes les prétentions que la cour de Rome s'est faites.

Quod illi soli licet pro temporis necessitate novas leges condere, novas plebes congregare.... quod solus possit uti imperialibus insigniis, quod solius papæ pedes omnes principes deosculentur. Quod unicum est nomen in mundo papæ videlicet. Quod illi liceat imperatores deponere.... quod sententia illius à nullo debeat retractari, et ipse omnium solus retractare possit, quod à nemine ipse judicari debeat.... quod Romanus Pontifex, si canonice fuerit ordinatus, meritis B. Petri indubitanter efficitur sanctus, testante sancto Ennodio, Papiensi episcopo, ei multis sanctis patribus faventibus, sicut in decretis beati Symmachi papæ continetur.... quod fidelitate iniquorum subjectos potest absolvere. (Ibid.)

[115] «Li appel doivent estre fet en montant de dégré en dégré, sans nul seigneur trespasser. Mais il n'est pas ainsint à la cour de chrétienté qui ne vieut, car de quelque juge que che soit, l'en puet apeler à l'apostoile, et qui vieut, il puet apeler de dégré en dégré, si comme du doien à l'évesque, et de l'évesque à l'archevesque, et de l'archevesque à l'apostoile. (*Beaum. C. 61.*)

CHAPITRE V.

[116] *SI rex Francorum vellet firmare in Villanova super Cherum, firmare poterit..... si comes sancti Egidii* (nom et titre qu'on donnoit quelquefois au comte de Toulouse) *nollet esse in pace, dominus noster rex Franciæ non erit in auxilium contra nos, et nos omnia mala quæ possumus facere faceremus.* (Traité de l'an 1195, entre Philippe-Auguste, et Richard I, corps diplom. de Dumont.)

[117] «Li rois ne puet mettre ban en la terre au baron, sans son assentement, ni li bers ne puet mettre ban en la terre au vavassor». (*Establ. de S. Louis, L. 1, C. 24.*)

[118] *In hoc concordati sunt rex et barones, quod bene volunt quod ipsi (episcopi) cognoscant de feodo, et si quis convictus fuerit de perjurio vel transgressione fidei, injungant ei pecuniam; sed propter hoc non amittat dominus feodi justitiam feodi, nec propter hoc se capiant ad feodum.* (Ordon. Phil. Aug.)

Nos omnes regni majores attento animo percipientes quod regnum non per jus scriptum, nec per clericorum arrogantiam, sed per sudores bellicos fuerit adquisitum, præsenti decreto omnium juramento statuimus ac sancimus ut nullus clericus vel laïcus alium de cætero trahat in causam coram ordinario judice vel delegato, nisi super hæresi, matrimonio, vel usuris, amissione omnium bonorum suorum et unius membri mutilatione transgressoribus imminente.... reducantur ad statum ecclesiæ primitivæ, et in contemplatione viventes, nobis, sicut decet, activam vitam ducentibus, ostendant miracula quæ dudum à sæculo recesserunt. (Preuv. des libert. de l'églis. Gall. T. 1, p. 229.)

«Nous avons élu par le commun assent et octroy de nous tous, le duc de Bourgogne, le comte Perron Bretaigne, le comte d'Angoulesme et le comte de S. Pol, à ce que s'aucun de cette communité avoit affaire envers le clergié, tel aide comme cil quatre devant dits esgarderoient que on li deuts faire, nous li ferions, etc.» (*Ibid.*)

[119] Il est important de faire ici une remarque au sujet du mot parlement, pour prévenir les erreurs où un lecteur peu attentif pourroit tomber.

J'ai dit, en parlant du gouvernement féodal en France, que sur la fin de la seconde race, et sous les premiers Capétiens, il n'y eut point d'assemblée de la nation en qui résidât la puissance publique, et qui eût droit de faire des lois auxquelles chaque seigneur fût obligé d'obéir. La foi et l'hommage entre les suzerains et leurs vassaux, tous vrais despotes dans leurs terres, étoient les seuls liens qui les unissent. Cependant pour suppléer, autant qu'il étoit possible, à cette puissance publique dont on sent toujours la nécessité, les seigneurs qui avoient quelques affaires communes, imaginèrent de s'assembler dans un lieu commode dont ils convenoient, et prirent l'habitude d'inviter leurs amis et leurs voisins à s'y rendre, pour délibérer de concert sur leurs prétentions, et la manière dont ils se comporteroient.

Ces espèces de congrès, qu'on tint assez souvent à l'occasion des croisades, des entreprises du clergé, etc. se nommoient alors parlemens, parce qu'on y parlementoit. Il faut se garder de confondre ces assemblées avec la cour de justice du roi, qu'on ne commença à nommer parlement, que vers le milieu du treizième siècle; (*voyez le traité des fiefs de Brussel, p. 321.*) Les seigneurs qui tenoient les assises ou les plaids du roi, profitant de l'occasion qui les rassembloit pour conférer ensemble sur leurs affaires communes ou particulières, ainsi qu'ils avoient coutume de faire dans les assemblées ou congrès dont je parle, on s'avisa de se servir du mot de parlement, pour désigner la cour de justice du roi; et bientôt ce nom lui fut attribué privativement, soit parce que la cour du roi formoit une assemblée plus auguste et plus importante que les autres, soit parce qu'elle s'assembloit régulièrement plusieurs fois l'année, et que les autres assemblées n'avoient, quant à leur convocation et tenue, rien de régulier et de fixe.

C'est dans le sens de congrès que Villehardoüin emploie le mot de parlement, ainsi qu'on en peut juger par les passages suivans. «Après pristrent li baron (qui étoient croisés) un parlement à Soissons, pour savoir quand il voldroient movoir, et quel part il voldroient tourner. A celle foix ne se porent accorder, porce que il lor sembla que il n'avoient mie encore assés gens croisié. En tot cet an (1200) ne se passa onques deux mois, que il n'assemblassent à parlement à Compiegne en qui furent tuit li comte et li baron qui croisié estoient (*art. 10*), pristrent un parlement al chief del mois à Soisons, per savoir que il pourroient faire. Cil qui furent li Cuens Balduin de Flandres, et de Hennaut, et li Cuens Loeys de Blois et de Chartrain, li Cuens Joffroy del Perche, li Cuens Hues de S. Pol, et maint autre preudome.» (*art. 20.*)

Les parlemens ou congrès ne faisoient point partie du gouvernement féodal. Quelque seigneur que ce fût, étoit le maître de les proposer et s'y rendoit qui vouloit. On convenoit quelquefois dans ces assemblées de quelques articles qui n'obligeoient que ceux qui les avoient signés; c'étoient des conventions ou des traités de ligue, d'alliance ou de paix, et non pas des lois.

[120] On ne me demandera pas, je crois, les preuves de cette proposition; on les trouve par-tout, et personne n'ignore que les femmes ont hérité sans contestation des fiefs les plus considérables; voyez l'histoire, imprimée il y a quelques années, de la réunion des grands fiefs à la couronne. Il n'y a qu'un historien aussi peu instruit de nos coutumes et de nos lois anciennes que le P. Daniel, qui ait pu dire, dans la vie du roi Robert et de Henri I, que les grands fiefs étoient réversibles à la couronne, par le défaut d'hoirs mâles et légitimes.

CHAPITRE VI.

[121] JE n'ai point osé fixer l'époque où se fit, dans les justices des rois Capétiens, la confusion dont je parle, et je crois qu'il est impossible de la déterminer d'une manière certaine. On pourra peut-être dire que cette confusion des cours de justice commença lorsque les vassaux les plus puissans se firent des droits particuliers, et formèrent un ordre à part, en ne regardant plus comme leurs pairs les seigneurs qui relevoient, comme eux, immédiatement de la couronne, mais qui n'avoient que des seigneuries moins riches et moins étendues. Cette opinion est très-vraisemblable, et j'en conclurai qu'il est impossible de fixer l'époque de la confusion des cours de justice, puisqu'il n'est pas possible de dire en quel temps précisément le nombre des pairs fut fixé à douze. En s'abandonnant à des conjectures, on ajoutera que les douze seigneurs qui prirent le titre de pairs du royaume, sous le règne de Philippe-Auguste, n'interdirent pas l'entrée du parlement aux seigneurs dont ils se séparoient, et qui relevoient, omme eux, immédiatement de la couronne, parce qu'étant accoutumés à les voir siéger avec eux, ils ne songèrent point à faire cette exclusion, ou qu'il leur aura paru trop dur de les exclure des assises du roi. On ajoutera que cette première condescendance aura servi de prétexte pour faire assister aux jugemens des pairs, d'autres seigneurs qui ne relevoient pas immédiatement de la couronne, mais qui commençoient à paroître égaux en dignité à ceux qui en relevoient immédiatement, et qui, malgré cet avantage, étoient dégradés depuis qu'il s'étoit établi des pairs qui formoient un ordre séparé.

Tout cet arrangement n'est que l'ouvrage de l'imagination. Je réponds que c'est le propre de la raison d'être distraite et négligente, parce qu'elle se lasse; mais que la vanité n'a ni négligence ni distraction. Pourquoi des seigneurs, qui affectoient une supériorité marquée sur leurs égaux en dignité, les auroient-ils ménagés, quand il s'agissoit de ne les plus reconnoître pour leurs juges? C'est alors, au contraire, qu'ils auroient dû se comporter avec le plus d'attention et de fermeté: car le droit de n'être jugé que par ses pairs étoit certainement le droit le plus essentiel au gouvernement féodal, et la prérogative dont les seigneurs étoient avec raison le plus jaloux. C'est parce que les douze pairs n'exclurent point des assises qu'ils tenoient chez le roi, les seigneurs dont ils se séparoient, que j'oserois avancer que la confusion des justices des Capétiens a précédé l'établissement des douze pairs.

Je prie de se rappeler ce que j'ai dit ailleurs, qu'il est très-vraisemblable que les derniers rois Carlovingiens ne tinrent point leur cour de justice; et que c'est en offrant sa médiation à ses vassaux, et en se soumettant à leur arbitrage dans ses propres querelles, que sous la troisième race le roi reprit sa qualité de juge, et que les seigneurs les plus puissans, quelquefois lassés de la guerre ou hors d'état de la faire, s'accoutumèrent à reconnoître l'autorité d'une cour féodale. C'est alors vraisemblablement que se fit la confusion de toutes les justices différentes que devoient avoir les Capétiens. Les grands vassaux réclamoient rarement la cour du roi, et quand ils y portoient leurs plaintes, c'étoit dans des besoins pressans: ils ne songeoient pas alors à faire des chicanes, ou plutôt à contester sur leurs droits.

Avec quelque rapidité que les abus fissent des progrès, sur-tout en France, est-il probable qu'on eût déjà osé appeler au parlement de 1216, les évêques d'Auxerre, de Chartres, de Senlis, de Lysieux, les comtes de Ponthieu, de Dreux, de Bretagne, de S. Pol, de Joigny, de Beaumont, d'Alençon, et le seigneur des Roches, Sénéchal d'Anjou, si la confusion des justices n'avoit commencé qu'après l'établissement des douze pairs, qui étoit incontestablement une nouveauté sous le règne de Philippe-Auguste? *Judicatum est ibidem à paribus regni Franciæ, videlicet à venerabili patre nostro A. Remense archiepiscopo et dilectis fratribus nostris Willelmo Lingonensi, Ph. Belvacensi, S. Noviomensi, episcopis, à nobis etiam (Chatalaunensi episcopo) et ab Odone, duce Burgundiæ, et à multis episcopis et baronibus regni Franciæ, videlicet Altisiodorensi, R. Carnotensi, G. Silvanectensi, et J. Lexoviensi episcopis, et W. comite Pontivi, R. comite Drocarum, P. comite Britaniæ, G. comite sancti Pauli, W. de Ruspibus Senescallo Andegavensi, W. comite Joigniaci, J. comite Belli Montis, R. comite de Alençon.* Cet arrêt, rendu en 1216, dans le procès qu'Erard de Brene et sa femme intentèrent à Blanche, comtesse de Champagne, et à son fils Thibauld, se trouve dans le glossaire de M. Ducange, au mot *submonere*.

On sait d'ailleurs que dans le même temps le chancelier, le boutillier, le chambellan et le connétable, c'est-à-dire, les principaux officiers domestiques du prince, et vassaux par leurs charges, espèce de fiefs la moins noble, siégeoient de plein droit dans le parlement. La preuve en est claire, puisqu'en 1224, la comtesse Jeanne de Flandre les récusa pour juges dans le procès que Jean, sire de Nesle, lui intenta en appel de faute de droit: cette récusation devint la matière d'un nouveau procès, où tous les pairs intervinrent, et leur ordre entier, dans une affaire qui intéressoit sa dignité, fut jugé par des seigneurs d'une classe inférieure. L'arrêt portoit que les quatre officiers ou vassaux récusés étoient en possession d'assister au jugement des pairs. (Voyez le glossaire de Ducange, au mot *pares*.)

J'ai appelé le chancelier, le boutillier, le chambellan et le connétable, des domestiques du roi, et je crois n'avoir pas tort, parce qu'ils étoient officiers de la maison des Capétiens et non pas de la couronne. Ils n'avoient aucune juridiction, ni même aucune fonction au-dehors des domaines du roi et de sa maison. Ils ne pouvoient même en avoir aucune, attendu la forme du gouvernement féodal qui rendoit chaque seigneur souverain dans sa terre. «Li rois ne puet mettre ban en la terre au baron, sans son assentement, ne li pers ne puet mettre ban en la terre au vavassor.» (*Estab de St. Louis, L. 1, C. 24.*) Les prélats et les barons avoient à leur cour les mêmes officiers que les Capétiens, et ces officiers exerçoient dans les seigneuries de leurs suzerains, les mêmes fonctions que les officiers du roi exerçoient dans les domaines du prince. Ceux du roi ont fait fortune avec leur maître. De simples officiers de la personne et de la maison du prince, ils sont devenus grands officiers de la couronne, quand la ruine du gouvernement féodal a revêtu les rois de toute la puissance publique.

J'ajouterai ici un mot au sujet des seigneurs qui relevoient immédiatement de la couronne, à l'avénement de Hugues-Capet au trône, et qui tenoient leurs fiefs en même dignité que les ducs et les comtes, seuls compris depuis au nombre des pairs. Tels étoient les comtes de Vermandois, Chartres, Blois, Tours, Anjou, Meaux, Mâcon, Perche, Auxerre, &c. les sires de Bourbon-Montmorency, Beaujeu, Coussi, &c. (*Voyez le traité de Brussel, p. 647, et le glossaire de Ducange au mot pares.*) Plusieurs de ces seigneurs étoient en même temps trop puissans et trop éloignés du duché de France, pour que les prédécesseurs de Hugues-Capet, en qualité de ducs de France, les eussent forcés de relever de leur duché; et les autres étoient trop voisins des derniers Carlovingiens, pour n'avoir réussi facilement à conserver leur immédiateté à la couronne. On pourroit faire sur cette matière plusieurs dissertations, très-longues, et même curieuses, mais trop peu importantes relativement à l'objet que je me propose, pour que je les entreprenne. Il me suffit qu'il soit prouvé en général que d'autres seigneurs que ceux qu'on nomme les douze pairs relevoient immédiatement de la couronne. J'ajouterai que toutes les seigneuries qui avoient le titre de comté sous Hugues-Capet avoient relevé immédiatement de la couronne sous les derniers Carlovingiens: tels étoient les comtes de Périgord, d'Angoulême, de Poitiers, &c. Si ces seigneurs n'en relevoient plus immédiatement, quand Hugues-Capet monta sur le trône, c'étoit par une suite des troubles arrivés sur la fin de la seconde race, et qui dérangèrent l'ordre naturel des vasselages.

[122] Voyez dans la remarque 103 du troisième chapitre de ce livre, ce que j'ai dit sur l'appel en déni de justice.

C'étoit une coutume constante d'être ajourné par deux de ses pairs. Sous le règne de Louis VIII, la comtesse de Flandre ne l'ayant été que par deux chevaliers, prétendit que cet ajournement étoit nul; mais elle perdit son procès, et le parlement jugea qu'elle avoit été suffisamment ajournée.

[123] Henri, duc de Bourgogne, étant mort sans postérité, le roi Robert, son neveu, s'empara de ce duché, dont il donna l'investiture à Henri son second fils. Ce prince parvint à la couronne par la mort de Hugues son frère aîné, et se dessaisit du duché de Bourgogne en faveur de son frère Robert, chef de la première maison royale de Bourgogne, qui ne s'éteignit que sous le règne du roi Jean.

CHAPITRE VII.

[124] JE croyois n'avoir plus à combattre l'abbé du Bos; mais l'origine de nos communes me remet aux mains avec lui. Les Gaulois ont eu des sénats sous les empereurs romains; pendant la première et la seconde race de nos rois, on trouve dans les Gaules des magistrats connus sous les noms de *Racheinburgii* ou de *Scabinei*: du mot *scabineus* on a fait échevin; les échevins ont été des officiers municipaux de quelques communes. Ces frêles matériaux suffisent à l'abbé du Bos pour bâtir un systême, et prétendre que les conseils de plusieurs communes et leur juridiction soient un reste des anciens sénats des Gaulois. Tout cela se tient, selon lui; il ne voit aucune lacune; et certainement ce n'est point la faute de cet écrivain, si les bourgeois n'ont pas toujours été libres et heureux.

Premièrement, il y avoit long-temps que les sénats des Gaulois ne subsistoient plus, quand les Français firent leur conquête; et je l'ai prouvé dans une remarque de mon premier livre; j'y renvoie le lecteur. En second lieu, j'ai fait voir que les Rachinbourgs ou Scabins étoient de simples officiers des ducs, des comtes et de leurs centeniers, ou plutôt qu'ils servoient d'assesseurs dans les tribunaux de ces magistrats, et y faisoient à peu près les mêmes fonctions que les jurés font aujourd'hui en Angleterre. On prouve encore par nos anciens monumens, que ces Rachinbourgs ou Scabins entroient dans les états-généraux et provinciaux, sous la seconde race. Quelle ressemblance peut-on donc trouver entre ces officiers et les sénateurs Gaulois, à qui l'abbé du Bos accorde les plus grandes prérogatives? Qui ne voit pas que les mots *Rachinburgius* et *Scabineus* ne peuvent signifier les magistrats d'une juridiction romaine? Malgré leur terminaison latine, qui ne sent que ces mots sont purement germains, et ne peuvent désigner par conséquent qu'un officier connu dans les coutumes de la jurisprudence germanique? Quand il seroit vrai que les Gaulois eussent conservé des sénats sous la domination des Français, certainement on ne pourroit pas dire que les Rachinbourgs ou Scabins fussent les magistrats de ces sénats. Il seroit impossible à l'abbé du Bos de concilier la grande autorité qu'il donne aux sénateurs Gaulois, avec le pouvoir médiocre que les lois saliques et ripuaires attribuent aux Rachinbourgs. Il ne seroit pas moins extraordinaire de vouloir reconnoître dans ces Scabins les officiers municipaux de nos communes. Suffit-il de vouloir, avec le secours d'une étymologie forcée, qu'on ait fait le mot d'Echevin de celui de Scabin, pour que les Rachinbourgs ou Scabins de la première et de la seconde race deviennent les échevins des communes de la troisième? Leurs fonctions, leurs priviléges, leurs droits sont trop différens, pour qu'on puisse les confondre.

L'abbé du Bos ne nie pas que le droit de commune n'ait été donné à plusieurs villes sous la troisième race, et comment nieroit-il un fait prouvé par mille pièces authentiques, qui sont entre les mains de tout le monde?

«Mais on trouve, dit-il, dès le douzième siècle, plusieurs villes du royaume de France, comme Toulouse, Rheims et Boulogne, ainsi que plusieurs autres, en possession des droits de commune, et surtout du droit d'avoir une justice municipale, tant en matière criminelle qu'en matière civile, sans que, d'un autre côté, on les voie écrites sur aucune liste des villes à qui les rois de la troisième race avoient, soit octroyé, soit rendu le droit de commune, sans qu'on voie la charte par laquelle ces princes leur avoient accordé ce droit comme un droit nouveau.» Avec ce bel argument, l'abbé du Bos n'imagine pas qu'on puisse ne pas voir dans nos juridictions municipales les éternels sénats des Gaulois.

Si on trouve plusieurs villes qui jouissoient, dès le douzième siècle, du droit de commune, cela n'est pas surprenant, puisque Louis-le-Gros, qui vendit le premier des priviléges à ses villes, commença à régner en 1108. Qu'importent ces listes dont parle l'abbé du Bos? Pense-t-il qu'elles soient toutes venues jusqu'à nous? Quand il en seroit sûr, pourquoi voudroit-il trouver sur ces listes des villes qui n'étoient pas du domaine du roi, et qui tenoient leurs droits de commune de leur seigneur particulier, et non pas du prince? C'est Louis VIII qui, le premier des Capétiens, prétendit que lui seul pouvoit donner le droit de commune. Toutes ces propositions seront prouvées dans les remarques suivantes.

L'abbé du Bos fait un raisonnement plus spécieux, en disant que «quelques chartes des communes sont plutôt une confirmation qu'une collation des droits de commune.» Rien n'est plus vrai; mais il me semble que l'abbé du Bos n'en peut rien conclure en faveur de son système. Parce que plusieurs chartes ne paroissent que confirmer des priviléges déjà acquis, est-ce une raison pour que des chartes précédentes, que nous avons perdues, ne les eussent pas conférés? Et quelles pertes en ce genre n'avons-nous pas faites? N'a-t-on pas lieu de conjecturer, ou plutôt d'être certain, que plusieurs villes, ainsi que je le dis dans le corps de mon ouvrage, n'attendirent pas le consentement de leur seigneur pour s'ériger en communes? Les chartes qu'on leur donnoit ensuite n'étoient que des chartes de confirmation. N'est-il pas certain que les bourgeois se défioient de la bonne foi de leurs seigneurs, et que, comptant très-peu sur les traités qu'ils passoient avec eux, ils avoient raison de ne pas se contenter de la charte primitive qui leur avoit conféré le droit de commune? Il étoit prudent de profiter de toutes les occasions où ils pouvoient se faire donner des chartes confirmatives; c'étoit lier plus étroitement les seigneurs; et pour peu qu'on parcoure les ordonnances du Louvre, on verra qu'en effet les villes eurent souvent cette sagesse.

Que l'abbé du Bos nous dise ensuite que plusieurs villes assurent qu'elles ont toujours eu juridiction sur elles-mêmes, et un tribunal composé de leurs propres citoyens; c'est nous prouver simplement que les villes adoptent, comme les particuliers, les chimères qui flattent leur vanité; vérité dont personne ne doute. Nicolas Bergier, personnage très-illustre dans la république des lettres, a écrit un mémoire en faveur des prétentions de la ville de Rheims, et je conviens, avec l'abbé du Bos, que Bergier est un savant d'un mérite très-distingué et que son histoire des grands chemins de l'empire romain est excellente; mais Bergier aura voulu flatter les Rémois ses compatriotes, et d'ailleurs il n'est pas infaillible. Si son mémoire contient des raisons triomphantes pour prouver que de tout temps la ville de Rheims a joui du droit de commune, pourquoi l'abbé du Bos n'en a-t-il pas fait usage dans son histoire critique, pour prouver le paradoxe qu'il avance? Il ajoute que le parlement de Paris a reconnu, par un arrêt, la justice des droits de la ville de Rheims. Cette autorité est sans doute très-respectable, mais quelle est la compagnie qui ne soit jamais trompée? Le parlement ne sera sans doute pas offensé, si je prends la liberté de dire qu'il pourroit se faire, pendant qu'il jugeoit le procès de Rheims, qu'il n'eût pas assez approfondi une question de notre ancien droit public.

Ce qui est certain sur la matière que je traite, c'est que les communes les plus anciennes dont il nous reste quelque monument, furent établies dans les domaines du roi, et ne remontent pas au-delà du règne de Louis-le-Gros. Si on me disoit que ce prince n'est peut-être pas l'inventeur des communes, qu'il en a peut-être trouvé le modèle dans les terres de quelque seigneur; je répondrois que cela est possible, et qu'il peut fort bien se faire que quelque seigneur eût déjà traité avec ses sujets, mais qu'on n'en a aucune preuve. Dire que quelques villes ont pu conserver leur liberté pendant les troubles qui donnèrent naissance au gouvernement féodal, et reconnoître cependant un seigneur, c'est avancer la plus grande des absurdités. Soutenir que quelques villes, en se révoltant, ont pu secouer le joug de leur seigneur avant le règne de Louis-le-Gros, c'est faire des conjectures qui n'ont aucune vraisemblance, et que tous les faits connus semblent démentir.

[125] *Firmitates urbis debent detineri à juratis in statutali in quo traditæ fuerunt juratis.* (Chart. de J. comte Dreux, pour la ville de Dommart, en 1246.) Je n'ai rapporté aucune autorité pour prouver ce que j'ai dit des droits civils et judiciaires des communes: il me semble que les propositions que j'ai avancées, ne seront point contredites. Il n'en est pas tout-à-fait de même du droit de guerre; j'ai trouvé quelquefois des personnes qui se piquent de connoître notre histoire, et qui avoient de la peine à croire ce que je disois des milices des communes: on est toujours porté à juger des temps anciens par celui où l'on se trouve.

Ut quicumque foris fecerit homini qui hanc communiam juraverit, major et pares communie, si clamor ad eos indè venerit, de corpore suo vel de rebus suis justitiam faciant secundùm deliberationem ipsorum, nisi forìs factum secundùm eorum deliberationem emendaverit. (Chart. de Phil. Aug. pour la ville de Beauvais, art. 3.) *Si verò ille qui forìs factum fecerit, ad aliquod receptaculum perrexerit, major et pares communie dominum receptaculi, vel eum qui in loco ejus erit, super hoc convenient, et de inimico suo, si eis secundùm deliberationem eorum satisfecerit, placebit, et si satisfacere noluerit, de rebus vel de hominibus ejus vindictam secundùm deliberationem ipsorum facient.* (Ibid. art. 4.) *Nullus enim homo de communie, pecuniam suam hostibus suis crediderit vel accommodaverit, quandiù guerra duraverit, quia si fecerit, parjurus erit.* (Ibid. art. 10.) *Et si aliquandò contra hostes suos extrà villam communie exierit, nullus eorum cum hostibus loquatur, nisi majoris et parium licentia.* (Ibid. art. 11.)

[126] *Volumus etiam ut de villis infrà Banleugam suam constitutis, eam habeant justitiam quam ibi hactenùs habuerunt.* (Chart. pour la ville de Beauvais.) Cette juridiction que Philippe-Auguste conserve aux bourgeois de Beauvais, en leur donnant une charte de commune, étoit donc une usurpation; à moins qu'on ne dise que la charte que je cite, n'étoit point la première qui eût été donnée à la ville de Beauvais, et que Philippe-Auguste, en lui accordant de nouveaux priviléges, confirme les anciens. Quoi qu'il en soit, il est venu jusqu'à nous quelques chartes dont les dispositions supposent qu'indépendamment de tout traité, de toute concession, la ville jouissoit déjà des droits que son seigneur lui accorde.

Voyez dans les ordonnances du Louvre, (T. 8, p. 197,) la transaction du 11 Janvier 1312, entre l'évêque de Clermont et la ville nommée en latin *Laudosum*, et que Secousse croit être Ludesse dans l'élection de Clermont. On voit dans le préambule de cette pièce, que l'évêque de Clermont prétendoit que les habitans de Ludesse lui devoient par an, pour leur taille, 52 liv. payables en monnoie courante, qu'il avoit droit d'exiger une certaine mesure de blé de chaque propriétaire de terre, et que tout habitant qui avoit des bœufs de labour ou des chevaux, étoit tenu à transporter à son château de Beauregard, son bois, son foin et son avoine. Le prélat prétendoit avoir droit de maréchaussée et de péage dans ce lieu, et nioit aux habitans qu'ils eussent droit de commune. *Et quod*, dit l'évêque, *ex quo nos non docebamus quo titulo prædicta petebamus, pro tanto dicebant nos non posse eadem petere..... Dicebant dicti consules et habitantes se prædictis usos fuisse, et pluribus aliis privilegiis, libertatibus et franchisiis; nobis in oppositum dicentibus quod supposito quod usi fuissent, de præmissis, tales usus et consuetudines nobis non poterant præjudicium generare, etc.* Tous les raisonnemens des deux parties prouvent évidemment que la ville de Ludesse n'avoit point reçu de charte de commune de son seigneur. Elle auroit produit cette charte, si elle l'avoit eue, ou du moins elle auroit dit que les évêques de Clermont l'avoient gratifiée du droit de commune, et qu'elle en avoit perdu l'acte. La contestation fut terminée par une transaction qui maintint les bourgeois de Ludesse dans la jouissance de leurs franchises.

[127] *Sciendum est enim quod homines communie mee, de mandato et voluntate meâ, mecum in præsentiâ domini regis in palatio suo apud Paris apparuerunt, et quod dominus rex ad petitionem meam universos homines communie mee in suâ protectione suscepit et advocatione, per decem libras censuales in natali domini annuatìm hæreditarias ab ipsis*

domino regi persolvendas. (Chart. du comte de Poix, pour les habitans de sa ville, en 1208.)

[128] Voyez le Glossaire de Ducange au mot *communa*. *Ludovicus VIII reputabat civitates omnes suas esse in quibus communiæ essent,* dit ce savant auteur; et il approuve cette prétention, ce qui me surprend beaucoup. *Nec injuria,* ajoute-t-il, *cum eo ipso deinceps oppidorum incolæ quodam modo à dominorum dominio absoluti, regi ipsi parerent. Quod prodit auctor* (hist. Ludovici VII, p. 418), *ubi tradit Vezeliaces communiam inter se facientes, communiter conjurasse, quod ecclesiæ domino ulteriùs non subjacerent. Eadem habet Aimonius,* (L. 5, C. 65.) *Guibertus verò de vitâ suâ* (C. 10), *inter missas sermonem habuit de execrabilibus communiis illis, in quibus contrà jus et fas violenter servi à dominorum jure se subtrahunt.*

Je ne conçois point en vertu de quel principe on peut avancer que le droit de commune, qu'un seigneur accordoit à ses sujets, les affranchît de sa seigneurie. Parce qu'un seigneur par sa charte de commune renonçoit au privilége honteux d'être un tyran, parce qu'il limitoit ses droits et permettoit à ses sujets d'être des hommes, est-il permis d'en conclure qu'il avoit renoncé à sa seigneurie? Le sens commun réprouve une pareille conséquence. Quand le comte de Poix vouloit que ses sujets missent leurs priviléges sous la protection et l'avocatie du roi, prétendoit-il perdre sa seigneurie? Les rois, en prenant sous leur protection les traités que quelques seigneurs passèrent avec leurs sujets, ne furent que de simples garans; et il seroit ridicule de penser que cette garantie leur donnât quelque nouveau droit de seigneurie ou de souveraineté sur les contractans. En partant des principes du gouvernement féodal, la garantie du roi de France ne lui donnoit pas plus de droit sur les terres des seigneurs, qu'elle en donne aujourd'hui à un prince, sur deux puissances indépendantes dont il garantit les engagemens.

Les autorités que rapporte Ducange, ne prouvent pas le droit, mais seulement les prétentions des rois de France et des communes. Les uns vouloient abuser de leur garantie, pour se mêler du gouvernement des seigneurs dans leurs terres, et les autres du pouvoir qui leur avoit été accordé, et vouloient encore l'augmenter, en feignant seulement de prendre des précautions pour l'affermir.

Comment la prétention de Louis VIII peut-elle être légitime, si ce n'est que par une conjuration et une révolte que la commune de Vezelay veut se soustraire à l'autorité de son abbé? Pourquoi Guibert traite-t-il d'exécrables les communes qui refusent de reconnoître leur seigneur, si on croyoit dans ce temps-là que le droit de bourgeoisie eût détruit tous les droits seigneuriaux? Il ne faut que jeter les yeux sur quelques chartes de communes, pour voir que les seigneurs en les donnant, ne crurent jamais avoir perdu leurs droits de seigneurie ou de souveraineté sur leurs bourgeois. Ils croyoient avoir établi une règle fixe, et n'être plus les maîtres de gouverner arbitrairement.

[129] «Se ainssint éstoit que uns hom eust guerre à un autre, et il venist à la justice pour li fere asseurer, puisque il le requiert, il doit fere jurer à celui del qui il se plaint, ou fiancer que il ne li fera domage ne il ne li sien, et se il dedans ce li fet domage; et il puet estre prouvé, il en sera pendus: car ce est appelé trive enfrainte qui est une des grans traisons qui soit.... se ainssint estoit que il ne volist asseurer, et la justice li deffendist et deist: je vous deffens que vous ne vous alliés par devant ce que vous aurés asseuré, et se il s'en alloit sur ce que la justice li auroit deffendu, et l'en ardist à celui sa maison, ou l'en li estrepast ses vignes, ou l'en li tuast, il en seroit aussi bien coupable, comme s'il l'eust fait.» (*Etabl. de S. Louis, L. 1, C. 28.*) Quand un différend étoit porté à une cour de justice, si une des parties promettoit de ne commettre aucune hostilité contre son adversaire, celui-ci étoit obligé de prendre le même engagement. Nous en avons la preuve dans une lettre de Philippe-Auguste à Blanche, comtesse de Champagne. *Mittimus ad vos dilectos et fideles nostros, Guil. de Barris, et Mathe de Montemorenciaci, ut in manu eorum detis rectas Treugas Erardo de Brena et suis de vobis et vestris. Scientes pro certo, quod ipse Erardus coram nobis rectas dedit et fiduciavit Treugas nobis et nostris de se et suis. Sciatis quod Treugæ istæ durare debent quamdiù placitum durabit coràm nobis inter vos, &c.*

[130] «Nous comandons que se aucun vuelt appeler aucun de multre, que il soit ois; et quant il voldra fere sa clameur, que l'en li die: se tu vuels de multre, tu sera ois, mais il convient que tu te lies à tele peine sofrir come ton adversaire sofreroit se il estoit ataint: et sois certain que tu n'auras point de bataille, ains te conviendra pruever par tesmoins, comme il te plest à pruever; tant quand que tu congnoitrois que aidier te doie; et se vaille un qui te doict valoir, quar nos l'ostons nule prueve qui aist es, é rechuë en cort laie siques à ore, fors la bataille; et sache bien que ton adversaire porra dire contre tes tesmoins.... et quand il vendra au poinct dont la bataille soloit venir, cil qui prueva par la bataille, se bataille fust, pruevera par tesmoins, et la justice fera venir les tesmoins ascousts de celi que les requiert, se il sont dessoubs son povoir.... en tele manière ira l'en avant es quereles de traïson, de rapine, de arson, de larrecin, et de tous crimes où aura peril de perdre ou vie ou membre. En querele de terrage, chil qui demandera hom com son serf, il fera sa demande et porsievra sa querele jusques au poinct de la bataille, cil qui proveroit par bataille, provera par tesmoins, ou par chartes; ou par autres prueves bons et loyaulx qui ont esté accoutumé en cort laie jusques à ore, et ce que il provast par bataille, il provera par tesmoins: et se il faut à ses prueve il demorra à la volonté au seigneur por l'amende.» Cette ordonnance de S. Louis est sans date; quelques savans croient qu'elle est de l'an 1260.

«Se aucun veult fausser jugement au pays où il apartient que jugement soit faussé, il n'i aura point de bataille, mes les clains et les repons et les autres destrains du plet seront aportés en nostre cort, et selonc les erremens du plet, l'en sera depecier le jugement ou tenir, et chil qui sera trouvé en son tort l'amendera selonc la coustume de la terre.» (*Ibid.*)

Quand les Français eurent adopté la jurisprudence de duel judiciaire, on se battit également pour les questions de droit comme pour celles de fait. Dans l'anarchie générale où le royaume étoit tombé, de nouvelles lois ne prirent point la place des anciennes qu'on avoit oubliées, ainsi on n'avoit, par exemple, aucune raison pour décider si la représentation devoit avoir lieu ou non, et si le partage d'une succession devoit se faire d'une manière plutôt que d'une autre. Dans l'incertitude où l'on se trouvoit, on laissa au sort, c'est-à-dire, au combat judiciaire, à décider ces questions. Chaque opinion fut défendue par des champions, et lorsque, avec le secours du temps et du duel, les coutumes furent constatées dans une seigneurie, et qu'on eut quelque règle fixe sur les questions de droit, les juges n'ordonnèrent plus de duel que dans les procès dont le jugement dépendoit de faits obscurs et incertains.

«Sont deux manières de fausser jugement, desquelles si un des apiaux se doit demener par gages, si est quand l'en ajouste avec l'apel vilain cas, l'autre se doit demener par erremens seur quoi li jugemens fu fés..... vous avés sait jugement faus et mauvais comme mauvés que vous estes, ou par louier, ou par promesse, ou par autre mauvaise cause, laquel il met avant, li apiaux se demene par gages. (*Beaum. C. 67.*) Il convient apeler de degré en degré, chest à dire selonc cheque li hommage descendent dou plus bas au plus prochain seigneur après... li appel doivent estre fet en montant de degré en degré sans nul seigneur trespasser.» (*Ibid. C. 61.*)

[131] Depuis Hugues-Capet jusqu'à Philippe-Auguste, les prévôts rendirent compte de leur administration au sénéchal de la cour, dont l'office, conféré en fief, donnoit à celui qui en étoit pourvu, l'autorité la plus étendue sur tous les domaines du roi. Le sénéchal étoit une espèce de maire du palais; il s'étoit rendu suspect au prince, et Philippe-Auguste en supprima l'office en 1191, ou, pour parler l'ancien langage, ne conféra plus ce fief. Je n'ai point parlé dans le corps de mon ouvrage de ce changement, parce que c'étoit une affaire purement domestique, qui n'intéressoit en rien le gouvernement général, qui est le seul objet que je me propose. Philippe-Auguste partagea ses domaines en différens districts, dont chacun comprenoit plusieurs prévôtés; et à la tête de chaque district, qu'on nomma bailliage, il plaça un premier magistrat nommé bailli, qui eut sur les prévôts de son ressort la même autorité de surveillance que le sénéchal de la cour avoit eue auparavant sur tous. Dans le livre suivant, il sera beaucoup parlé de ces baillis qui furent un des principaux instrumens de la ruine des fiefs.

[132] Les prédécesseurs de S. Louis avoient un conseil pour l'administration de leurs affaires particulières et de leurs domaines. Ce conseil embrassoit toutes les parties du gouvernement. Il avoit soin des finances du

prince, régloit la guerre, la paix, et expédioit en conséquence les ordres nécessaires, &c. Mais je crois que ce n'est que sous le règne de Saint-Louis, que ce conseil prit connoissance des procès, et devint une cour de judicature qui donna naissance, ainsi qu'on le verra dans la suite, au conseil des parties, à la chambre des comptes, et au tribunal que nous appelons le grand conseil.

Pourquoi le conseil du prince auroit-il eu la prérogative de juger avant le règne de S. Louis, puisqu'on ne voit point quelles sortes de personnes ou d'affaires auroient été soumises à sa juridiction? Les seigneurs qui relevoient du roi avoient sa cour féodale ou le parlement pour juge: ses sujets, soit gentilshommes, qui possédoient des terres en roture, soit bourgeois ou vilains, étoient jugés par les prévôts, les baillis et les officiers municipaux dont les justices étoient souveraines, ou jugeoient en dernier ressort, puisque tout s'y décidoit par le duel judiciaire, de même que dans le reste du royaume. A l'égard des officiers subalternes de sa cour et de ses domestiques, ils étoient soumis à la juridiction de quelque grand officier, comme le chancelier, le connétable, le boutillier ou le chambellan.

Après que S. Louis eut établi dans ses terres l'appel dont j'ai parlé, il fallut nécessairement qu'il formât auprès de lui un tribunal, pour connoître des jugemens des baillis dont on appelleroit à sa personne. Il n'est pas vraisemblable qu'à la naissance de cette nouvelle jurisprudence, les appels interjetés des sentences rendues par les baillis fussent portés au parlement. Cette cour féodale, dont tous les juges étoient alors de grands seigneurs, auroit cru se dégrader en jugeant des affaires peu importantes, ou des affaires qui ne regardoient que des gens peu importans. Si le parlement avoit d'abord connu de ces appels, pourquoi le conseil du roi auroit-il commencé à devenir une cour de judicature? Le parlement ne dut prendre connoissance des appels que quand cette nouvelle jurisprudence fut devenue générale, et qu'il fut question de réformer les jugemens rendus dans les justices des grands vassaux.

«Maintefois ay veu, dit Joinville, que le bon Saint (S. Louis) après qu'il avoit ouy la messe en esté, il se alloit esbattre au bois de Vicennes, et se seoit au pié d'un chesne, et nous faisoit seoir tous emprès lui; et tous ceuls qui avoient affaire à lui, venoient à lui parler sans ce que aucun huissir ne autre leur donnast empeschement, et demandoit hautement de sa bouche s'il y avoit nul qui eust partie.» Voilà l'origine de ce tribunal domestique dont je parle.

Trente-six ans après la mort de S. Louis, le parlement avoit, en quelque sorte, changé de nature par le changement qui s'étoit fait dans ses magistrats, et le conseil avoit déjà tellement pris la forme d'une cour de justice, qu'il partageoit, concurremment avec le parlement, la connoissance des appels interjetés des juridictions subalternes. J'en tire la preuve du traité que

Philippe-le-Bel passa avec l'archevêque de Lyon, dans le mois de janvier 1306; il y est dit qu'on pourra appeler au parlement ou au conseil du roi, des sentences du juge séculier de Lyon; et on ajoute: *Discutietur cognitio istius ressorti seu appellationum in parlamento Parisiensi, vel coràm duobus vel tribus viris probis de concilio regis non suspectis per dominum regem deputatis.*

La nouvelle jurisprudence de S. Louis causa un changement prodigieux dans toutes les parties du gouvernement: j'en parlerai dans le livre suivant.

[133] «Nous faisons savoir que nous, à nostre chier cousin et féal Edouard..... octroïons que s'il advient qu'on appelle de lui, ou de ses seneschauls ou de leurs lieutenans qui ore sont ou après seront en toutes les terres que il a ou aura en Gascogne, Agenois, Caorsin, Pierregort, Lemousin et en Xantonge, à nous ou à nostre court par quele achoison que ce soit de mauvés et de fauls jugement, ou de défaute de droit ou en quele autre maniere faite ou à faire...... octroïons nous à notre chier cousin, que de apiauls que vendront en notre court, de lui, ou de ses seneschauls, ou de leurs lieutenans, en quelque cas que ce soit, que nous les appellans revoirons et leur donrons espace de trois mois des le hore que il seroit requis de celi qui aura appellé, de leur jugement amender, et de faire droit se défaut i est; et si ne le font dedans le temps devant dit, si puissent les appellans adoncques retourner en nostre court, et retenir droit en nostre court.» (*Lett. Pat. de 1283.*)

[134] «Li quens n'est pas tenus à prester ses hommes pour aler juger en la court de ses sougez se il ne li plest, si comme sont li autre seigneur dessous li à leur hommes. Et tuit chil qui ont défaute d'hommes par quoi il ne pueent jugement fere en leur court, pueent mettre le plet en la court du conte, et la li doivent li homme et li conte jugier. (*Beaum. C. 67.*) Sire je di que ches jugement qui est prononciés contre moi, et auquel P.......... s'est accordé, est faux et mauvés et deloïaux, et tel le ferai contre le dis P.......... qui s'est accordés, par moi ou par mon homme qui fere le puet et doit pour moi, comme chil qui a essoine, et laquelle je monterrai bien en lieu convenable, en la court des cheens ou en autre la ou droit me menra par reson de cet appel.» (*Ibid. C. 61.*) Il y avoit donc des cours qui, pouvant ordonner le duel judiciaire, n'avoient pas le droit de le tenir chez elles, et renvoyoient le combat à la cour du suzerain. Il est très-vraisemblable que ce droit dont parle Beaumanoir, étoit une usurpation récente des barons.

«Le coustume de Biauveisis est tels que li seigneurs ne jugent pas en leurs cours.» (*Beaum. Capit. 67.*)

(*Voyez les conseils de Pierre de Fontaine, C. 22, §. 14.*) «Li rois Felippe (c'est Philippe-Auguste) envoia jadis tout son conseil en la court l'abbé de Corbie, pour un jugement ki i estoit faussés.»

Brussel, dans ses additions au traité de l'usage des fiefs, rapporte un arrêt rendu en 1211, par l'échiquier de Normandie, qui prouve ce que je dis ici au sujet des appels. *Robertus Brunet, et alii in assisia judicaverunt, quod Erembeure haberet saisinam; in Scacario judicatum fuit, quod illud judicium erat falsum, et habuit Aalesia saisinam suam.*

[135] «Nus gentishom ne puet demander amandement de jugement que l'en li face, ains convient que l'en le fausse tout oultre, ou que il le tienne pour bon, se ce n'est en la cort le roy; car illuec puent toute gent demander amandement de jugement. (*Estab. de S. Louis, Liv. 1, C. 76.*) Nus hom coustumier ne puet jugement fere froissier ne contredire, et se ses sires li avoit fet bon jugement et loïal, et demandats amandement de jugement, il feroit au seigneur amende de sa loi 5 souls, ou 5 sols et demi, selon la coustume de la chastelerie, et se il avoit dit à son seigneur, vous m'avés fet faux jugement, et le jugement fust bon et loïaux, il feroit au seigneur six sols d'amende.» (*Ibid. L. 1. C. 136.*)

[136] «Quand la partie demande qui ensient de tel jugement, et tuit li home se taisent, fors que doi, ki disent qu'il ensievent, se on en fait amende, pour coi seroit elle fait fors à ciaus qui si asentirent apertement, fors k'es cas qui devant sunt dit. Mais ka la partie demande ki ensient cest jugement, se tout li homs disoient ensemble, nous l'ensievons; et puis deist la partie, sire, faites parler vos homes li uns après l'autre enssi comme je leur demanderai, en cest cas s'il en faisoit amende, l'amenderoit il à tous.» (*P. de Fontaine, C. 22. §. 9. Voyez Beaum. C. 61.*)

[137] «Je te di qui de la cort le comte de Pontyu, la où li home avoient fait un jugement, fist cil ajourner les homes le comte en la cort le roi, ne s'en peuvent passer pour riens qui deissent, ne que li Queens deist, que il ne recordassent le jugement k'il i avoient fait en la cort le comte, et illuec en faussa l'en deux des homes le comte; mais il s'en délivra par droit disant, pource ke li jugemens n'avoit pas esté fait contre celui qui le faussoit, et l'amenderent li home au roi et à chelui ki le faussa.» (*P. de Fontaine, C. 22, §. 17.*)

Fin des remarques du livre troisième.

REMARQUES ET PREUVES
DES
Observations sur l'histoire de France.

LIVRE QUATRIÈME.

CHAPITRE PREMIER.

[138] «Li Bers ne ses justices ne doivent pas fere recors au vavassor de riens du monde qui soit gié pardevant eux.» (*Estab. de S. Louis, L. I, C. 40.*) Je placerai dans cette remarque les preuves des usurpations récentes qu'avoient faites les barons, et dont je parle dans le premier chapitre de ce quatrième livre.

«Li Queens les (ses vassaux) puet fere semondre par ses serjens serementés par un ou par pluriex». (*Beaum. C. 2.*)

«Li Queens et tuit cil qui tiennent en baronie ont bien droit seur leur houmes par reson de souverain, que se il ont mestier de fortereche à leur houmes pour leur guerre, ou pour mettre leurs prisonniers ou leurs garnisons, ou pour aus garder, ou pour le pourfit quemum dou païx, il le pueent penre, &c.» (*Beaum. C. 58.*) Cet auteur ajoute tout de suite que si le vassal a besoin de son château, parce qu'il est lui-même en guerre, le suzerain doit le lui garantir. Il dit encore que si le vassal a un héritage ou possession qui nuise ou convienne fort à la maison ou au château de son suzerain, celui-ci ne peut pas le contraindre à vendre, mais bien à consentir à un échange.

«Se li houme d'aucun seigneur fet de son fief, ou d'une partie de son fief, arriere-fief, contre coustume sans le congié de son seigneur, sitost comme li sires li fet, il le puet penre comme li sien propre pour le meffet. (*Beaum. C. 2.*) Aucun puet son fief estrangier ne vendre par parties sans l'otroi dou seigneur de qui il le tient. Ne puet ou franchir son serf sans l'otroi de chelui de qui en tient li fief: car li drois que je ai seur mon serf est du droit de mon fief, doncques, se je li ai donné franchise, apetice-je mon fief. Ne pue nus donner abriegement de serviches de fief ne franchises de hiretages sans l'autorité de son pardessus.» (*Ibid. C. 45.*) «Nus vavasor ne gentishom ne puet franchir son home de cors en nule maniere sans l'assentement au baron ou du chief seigneur.» (*Estab. de S. Louis, L. 1, C. 34.*)

Il est parlé du droit de rachat dans une ordonnance du 1 Mai 1209. *Quandocumque contigerit; pro illo totali feodo servitium domino fieri, quilibet eorum secundùm quod de feodo illo tenebit, servitium tenebitur exhibere, et illi domino deservire et reddere rachatum et omnem justitiam.* (Art. 2.) Par l'ordonnance du mois de mai 1235, on voit que le droit de rachat se payoit à chaque mutation, même en ligne directe. Quand Beaumanoir écrivit en 1283, son ouvrage sur les coutumes de Beauvoisis, le rachat n'avoit plus lieu qu'en ligne collatérale; mais peut-être que cette coutume n'étoit pas générale. Il dit, *C. 27*, «quant fief eschiet à hoirs qui sont de costé, il i a rachat.» En parlant de lods et ventes, il dit «quant hiretages est vendus, se il est de fief, li sires a le quint dernier dou prix de la vente.» Ce droit n'a sans doute été imaginé qu'après que les barons eurent établi comme une maxime constante, que les possesseurs des fiefs, qui relevoient d'eux, ne pouvoient point, selon l'expression de Beaumanoir, les estrangier.

Le pouvoir de lever des subsides sur ses vassaux n'est pas une chose dont on puisse douter; on en trouve les preuves dans mille endroits. Mais il faut bien se garder de croire avec quelques écrivains, que les vassaux eux-mêmes payassent ces subsides ou aides de leurs propres deniers. Brussel rapporte dans son traité de l'usage des fiefs, (*L. 3, C. 14*), des lettres-patentes de Philippe-le-Bel du 6 octobre 1311, adressées au bailli d'Orléans, par lesquelles il lui ordonne de lever dans les terres des barons de son ressort, le subside du mariage de sa fille Isabelle avec Edouard II, roi d'Angleterre; et cela de la même manière et aussi fortement quant à la somme, que les barons ont coutume d'exiger dans leurs terres le mariage de leur fille. Cela suffit pour indiquer comment les barons levoient des aides sur leurs vassaux, ou plutôt sur les sujets de leurs vassaux. S'ils avoient soumis leurs vassaux mêmes à payer cette sorte de taxe de leurs deniers, est-il vraisemblable que Philippe-le-Bel, qui affectoit sur les barons les mêmes droits qu'ils s'étoient faits eux-mêmes sur leurs vassaux, eût eu pour eux quelque ménagement? Cette conduite seroit contraire à tout le reste de la politique de ce prince, aussi hardi et entreprenant, que adroit et rusé.

Quicumque etiàm, sivè mater, sivè aliquis amicorum, habeat custodiam fœminæ quæ sit heres, debet præstare securitatem domino à quo tenebit in capite, quod maritata non erit, nisi de licentiâ ipsius domini et sine assensu amicorum. (Ord. an. 1246, art. 2.) «Quant dame remeient veve, et elle a une fille, et elle assebloie, et li sires à qui elle sera feme lige viegne à lui et li requierre, dame je vuel que vous me donnés seureté que vous ne mariés votre fille sans mon conseil et sans le conseil au linage son perre, car elle est feme de mon home lige, pour ce ne vuel je pas que ele soit fors conseillée, et convient que la dame li doint par droit; et quand la pucelle sera en aage de marier, se la dame tru qui la li demaint, ele doit venir à son seigneur, et au lignage devers le pere à la damoiselle, et leur doit dire en tele maniere; seigneur l'en me requiert ma fille à marier, et je ne la vuel pas marier sans vostre consel; ore melés bon consel que tel homme me la demande, et le doit nommer, et se li sires dit, je ne voel mie que cil l'ait, quar tiex homme la demande qui est plus riches est plus gentishom et riches, que cil de qui vous parlés, qui volentiers la prendra, et se li lignage dit, encore en savons nous un plus riche et plus gentishom que nus de ceux; adonc si doivent regarder le meilleur des trois et le plus proufitable à la damoiselle, et cil qui dira le meilleur des trois, si en doit êstre creus; et se la dame la marioit sans le conseil au seigneur, et sans le conseil au lignage devers le pere, puisque li sires li auroit donnée, elle perdroit ses meublés.» (*Estab. de S. Louis, L. 1, C. 61.*)

On voit par ce dernier passage, qui sert de commentaire à celui qui le précède, combien le P. Daniel se trompe, quand il avance qu'un vassal se rendoit coupable de félonie, et s'exposoit par conséquent à perdre son fief, s'il marioit un de ses enfans sans le consentement de son suzerain. S. Louis, qui, par intérêt personnel et par amour de l'ordre et du bien public, ne cherchoit qu'à établir la subordination la plus exacte et la plus marquée entre le vassal et le suzerain, se seroit-il exprimé, comme il fait dans le passage de ses établissemens que je viens de citer, si la coutume eût été plus favorable à l'autorité du suzerain? On ne sauroit trop se défier de nos historiens; il m'est arrivé plus d'une fois de recourir à la pièce qu'ils citent en marge, et de n'y rien trouver de ce qu'ils y ont vu.

En 1200, la comtesse Blanche de Champagne passa l'acte suivant avec Philippe-Auguste. *Ego propriâ meâ voluntate juravi, quod sinè consilio et assensu et propriâ voluntate domini mei Philippi regis Francorum, non acciperem maritum, et quod ei tradam filiam meam et alium infantem meum, si ego remanserim gravida de meo marito, &c.* Pourquoi Philippe-Auguste et la comtesse de Champagne auroient-ils passé un pareil acte, si la convention qu'il contenoit eût été de droit commun dans le gouvernement féodal? Pourquoi ces expressions de la comtesse de Champagne, *propriâ voluntate juravi*? Pourquoi Philippe-Auguste, si jaloux de ses droits, auroit-il négligé de s'exprimer dans cet acte, qu'il ne demandoit cet engagement à la comtesse de Champagne, que comme une confirmation du droit de suzerain, et une reconnoissance plus formelle de la part de cette princesse, d'un devoir établi par la coutume, et auquel elle ne pouvoit manquer sans trahir la foi du vasselage? Ce sont de pareils traités qui vraisemblablement ont contribué à établir de nouveaux usages et de nouveaux droits.

Il me faudroit faire une longue dissertation, si je voulois exposer ici toutes les raisons qui m'ont déterminé à croire que les coutumes dont je rends compte dans le premier chapitre de ce livre, étoient des nouveautés entièrement inconnues avant le règne de Louis-le-Gros. Qu'on se rappelle les circonstances où se forma le gouvernement féodal; qu'on songe qu'il dut bien plus sa naissance à l'esprit d'indépendance qu'à l'esprit de tyrannie, sur-tout entre les seigneurs; et l'on sera porté à juger que les coutumes dont je viens de parler dans cette remarque, ne pouvoient pas être établies sous les premiers Capétiens.

Je l'ai déjà dit, et je le répète encore. Je me suis fait une règle que je crois sûre, c'est de ne regarder comme coutumes primitives du gouvernement féodal, que celles qui ont une analogie marquée avec quelqu'une des lois connues sous la seconde race; celles qui y sont contraires, doivent sans doute être des nouveautés introduites par le temps, dans un gouvernement où la force, la violence et l'adresse décidoient de tout, et où un seul exemple devenoit un titre pour tout oser, tout entreprendre et tout exécuter.

J'ai avancé dans le livre précédent, que les justices des seigneurs, quoique toutes souveraines, n'avoient pas la même compétence sous Hugues-Capet; parce que je trouve cette différente attribution des justices établies par Charlemagne. (*Voyez la remarque 95, chapitre 2, du livre précédent.*) Je dis actuellement que le droit de prévention dont les barons jouissoient à l'égard de leurs vassaux sous le règne de S. Louis, étoit un droit nouvellement acquis; parce que je le trouve contraire aux établissemens de la seconde race. Je me contenterai de rapporter en preuve un passage qu'on a déjà lu dans quelque remarque précédente. *Si vassus noster justitias non fecerit, tunc, et comes et missus ad ipsius casam sedeant et de suo vivant quousque justitiam faciat.* (Cap. an. 779, art. 21.) Peut-il y avoir une preuve plus forte que le droit de prévention, d'une justice sur l'autre, étoit inconnu sous la seconde race, puisque le comte et l'envoyé royal ne pouvoient point connoître, dans le cas même du déni de justice, d'une affaire dont la connoissance appartenoit à la justice d'un seigneur particulier?

Quand on voit avec quelle espèce de fureur les seigneurs démembroient leurs terres, sous les prédécesseurs de Louis-le-Gros, pour se faire des vassaux; quand on considère leur manie de tout ériger en fief, comment pourroit-on croire que la coutume dont Beaumanoir parle, et qui défendoit d'apeticier son fief et d'affranchir son serf, ne fût pas nouvelle? On voit d'abord qu'un grand vassal de la couronne est cité aux assises du roi par deux de ses pairs; dans la suite la comtesse Jeanne de Flandre se plaint que le roi ne l'a fait ajourner que par deux chevaliers. Cette entreprise étoit donc nouvelle, et ce nouveau droit a sans doute pris naissance dans le même temps que les barons avoient commencé à faire ajourner leurs vassaux par de simples sergens. *Cum esset contentio inter Johannam comitissam Flandriæ.... Dominus rex fecit comitissam citari coràm se per duos milites. Comitissa ad diem comparens proposuit se non fuisse sufficienter citatam per duos milites, quia per pares suos citari debebat. Partibus appodiantibus se super hoc, judicatum est in curiâ domini regis quod comitissa fuerat sufficienter et competenter citata per duos milites, et quod tenebat et valebat submonitio per eos facta de comitissa.*» (Voyez cet arrêt du parlement, dans le traité des fiefs de Brussel. L. 2, C. 24.)

Il nous reste un ouvrage précieux et très-propre à nous donner des lumières sur les époques de l'origine de nos différentes coutumes; ce sont les assises de Jérusalem. Godefroy de Bouillon et les seigneurs qui les rédigèrent, étoient passés dans la Palestine vers la fin du onzième siècle. N'est-il pas raisonnable de penser que les coutumes dont ils conviennent entre eux, étoient pratiquées en France à leur départ, et que ceux de nos usages dont ils ne disent rien, y étoient alors encore inconnus?

Les établissemens de S. Louis, tels que nous les avons aujourd'hui, forment un ouvrage très-bizarre. Le compilateur inepte qui les a rassemblés, a tout confondu. Observations, remarques, lois pour les domaines, réglemens, conseils, rien n'est distingué; et ce n'est qu'avec le secours d'une critique constante qu'il faut les étudier, si on ne veut pas courir les risques de se tromper à chaque instant.

[139] Baronie ne depart mie entre freres, se leur pere ne leur a facte partie. Mes li aisnés doit faire avenant bienfet aux puisnés, et li doit les filles marier.» (*Estab. de S. Louis, L. 1, C. 24.*)

(*Voyez la troisième dissertation de Ducange, sur la vie de S. Louis par Joinville.*) On appeloit tenir en frerage un fief, quand les puînés faisoient hommage à leur frère aîné pour les portions de terres démembrées qui formoient leurs apanages; et tenir en parage, quand ils ne faisoient pas hommage à leur aîné, et que celui-ci rendoit hommage à son suzerain pour les apanages des puînés.

«Se li bers fait l'aide par dessus les vavasors, il les doit mander par devant li, et se li vavasor avoient aparageors qu'ils deussent mettre en l'aide, il leur doit mettre jor que il auront leur aparageors, et li vavasor doit dire as autres aparageors que eus viegnent à tel jor voir faire l'aide». (*Estab. de S. Louis, L. 1, C. 42.*)

Quicquid tenetur de domino ligie, vel alio modo, si contigerit per successionem hæredum, vel quocumque alio modo divisionem indè fieri, quocumque modo fiat, omnis qui de illo feodo tenebit, de domino feodi principaliter et nullo medio tenebit, sicut unus antea tenebat priusquàm divisio facta esset. (Ordon. du 1 mai 1209, art. 1.)

[140] «Nus ne tient en baronie, se il ne part de baronie par partie ou par frerage, ou se il n'a le don dou roi sans riens retenir fors le ressort. Et qui a marchir, chastellerie, ou paage ou lige estage, il tient en baronie, à droitement parler». (*Estab. de S. Louis, L. 2, B. 36.*) Voilà des usages incontestablement nouveaux. Dans l'origine, on ne qualifioit de barons que les seigneurs qui relevoient immédiatement d'un des grands vassaux de la couronne. Des vassaux même immédiats de la couronne ne prenoient souvent que ce titre; tels étoient les barons de Bourbon, de Montmorency, etc. Les ducs, grands vassaux du royaume, ne prenoient quelquefois que ce titre; je me rappelle d'avoir vu une pièce où le duc de Bourgogne ne se qualifie que de baron de Bourgogne. Si je ne me trompe, un comte de Champagne, roi de Navarre, est appelé baron.

[141] On a vu dans la remarque 65, chapitre 3, du second livre, que les lettres de sauvegarde ou de protection avoient été connues des rois Mérovingiens; les premiers Carlovingiens en donnèrent aussi: mais cet usage se perdit sans doute, quand leurs successeurs n'eurent plus ni considération ni pouvoir dans l'état. Quel cas auroit-on fait des patentes et des ordres de

Charles-le-Simple et de Louis-le-Fainéant? Pourquoi se seroient-ils compromis en essayant d'en donner? Le règne de Charles-le-Chauve avoit accoutumé les Français à ne plus obéir. Rien n'étoit plus contraire aux principes du gouvernement féodal que ces préceptions, sur-tout si on les considère relativement aux seigneurs de la première classe. Ce n'est sans doute que quand les fiefs eurent souffert différentes atteintes, que les rois Capétiens commencèrent à faire revivre cette coutume oubliée, ou plutôt la créèrent: car je crois qu'alors, on ignoroit très-parfaitement tout ce qui s'étoit passé sous les deux premières races.

«Se aucuns s'avoe homs le roy, le roy le tient en sa garde jusques à tant que contreres soit prouvés.» (*Estab. de S. Louis, L. 1, C. 31.*) «Se aucuns justice prend un home le roy, aucun justisable qui au roi savoe, en quelque meschiet que ce soit, en présent fet en sa justice ou en sa seignorie, et il noie le présent, la justice qui le suivra si prouvera le présent pardevant la justice le roy, si en seront en saisinne la gent le roy avant toute œuvre». (*Ibid. L. 2, C. 2.*) Voyez encore les établissemens de S. Louis, (*L. 2, C. 13*); on y trouve que si un homme ajourné à une justice royale, ne veut pas en reconnoître le juge, il doit lui dire: «Sires, je ai un seigneur par qui je ne vée nul droit, et sui couchant et levant en tel lieu, en tele seignorie». Mais si l'ajourné, au lieu de décliner ainsi la juridiction du tribunal devant lequel il comparoît, répondoit à l'affaire, le juge royal s'en trouvoit saisi au préjudice du juge naturel. «Car là, dit S. Louis, ou ces plés est entamés et commanciés, illuec doit prendre la fin selonc droit escrit, en code des juges *ubi*, en code *de foro competenti*, en la loi qui commence *Nemo*.» Les ecclésiastiques lisoient dans ce temps-là le code de Justinien. S. Louis le fit traduire: il est bien singulier que dans un gouvernement féodal, on cite les lois des empereurs Romains. Ce mélange bizarre annonçoit que les Français verroient bientôt anéantir les coutumes barbares et absurdes des fiefs.

[142] «*Si quis etiam de prædictis Lombardis, Caorcinis, et aliis alienigenis morantur in terris et jurisdictionibus aliorum dominorum tue baillivie, sivè sint cleri, sivè sint laïci, ex parte nostrâ requiras eosdem, ut eos de terrâ expellant.... ut non oporteat quod manum super his apponamus*». (Ordon. de janvier 1268.) «L'en mendera à tous les bailliz que il facent garder en leurs baillages et en la terre aux barons qui sont en leurs baillages, ladite ordenance de deffendre les vilains sermens, les bordeaux communs, les jeux de dés, etc.» (*Ordon. de 1272.*)

[143] Un arrêt du parlement, de la Pentecôte de 1286, rendu en faveur des justices du duc d'Aquitaine, prouve combien la nouvelle doctrine des cas royaux avoit déjà fait de progrès. «*Mandabitur senescallo regis Franciæ quod gentibus regis Angliæ reddat curiam de subditis suis, in casibus non pertinentibus ad regem Franciæ.*» Il est évident que c'est la prérogative qu'affectèrent les barons, de connoître de certains délits privilégiés, dans les terres de leurs vassaux, qui fit imaginer par les baillis du roi, des cas royaux. Je remarquerai en passant, que

cet arrêt du parlement sert encore à prouver le fait dont il s'agit dans la remarque précédente. Ce sénéchal dont parle le parlement, avoit dans son ressort les états du duc d'Aquitaine.

«Sçavoir faisons que comme nous ayons octroïé, aux nobles de Champagne aucunes requestres, que il nous faisoient, en retenant les cas qui touchent nostre royal majesté; et nous eussent requis que les cas nous leurs voullisions éclaircir, nous les avons éclairci en cette manière, c'est assavoir, que le royal majesté est entendu es cas qui de droit ou de ancienne coustume puent et doient appartenir à souverain prince et à nul autre. En tesmoing, etc.» (*lett. part. du 1 septembre 1315.*)

[144] «Se aucuns hom se plaint en la cort le roy de son seigneur, li hom n'en fera ja droit ne amende à son seigneur, ainçois se la justice savoit que il les pledoiat, il en feroit le plet remaindre, et li sires droit au roy dont il aurroit pledoyé.» (*Estab. de S. Louis, L. 1, C. 55.*)

[145] «Voirs est que li rois est souverains par dessus tous et a de son droit le général garde dou royaume. (*Beaum. C. 34.*) Coustume est li quens tenu à garder, et fera li garder à ses sougés que nus le corrompe, et si li quens meisme le vouloit corrompre ou souffrir que elos fussent corrompuës, ne le devroit pas li rois sousffrir, car il est tenus à garder et à fere garder les coustumes de son royaume.» (*Ibid. C. 24.*) Pierre de Fontaine dit la même chose dans ses conseils. «Voir au roy à qui les coustumes dou païx sunt à garder et à faire tenir.» (*C. 22, §. 25.*)

«Si comme pour refaire pontz et chaussées, ou moustiers, ou autres aisemens quemuns, en tiés cas puet li rois, et autres que li rois, non. (*Beaum. C. 49.*) De nouvel nus ne puet ferevile de quemune où royaume de France sans l'assentement dou roy.» (*Ibid. Chap. 50.*)

CHAPITRE II.

[146] AVANT le règne de S. Louis, ce qu'on appeloit établissemens aux lois, n'étoit que des traités entre le roi et des seigneurs. J'en donnerai pour exemple une pièce qu'on nomme communément une ordonnance, et qui n'est en effet qu'un traité. C'est l'acte passé en 1206, entre Philippe-Auguste, la comtesse de Champagne, et le sire de Dampierre. *Philippus, Dei gratiâ, Francorum rex, noverint universi ad quos litteræ præsentes pervenerint, quod hoc est stabilimentum quod nos fecimus de Judeis per assensum et voluntatem delictæ et fidelis nostræ comitissæ Trecentium, et Guidonis de Damnapetra.... hoc autem stabilimentum durabit, quousque nos et comitissa Trecensis, et Guido de Damnapetra qui hoc fecimus, per nos et per illos ex baronibus nostris quos ad hoc vocare voluerimus, illud diffaciamus.*

L'acte du mois de novembre 1223, n'est encore qu'un traité. *Ludovicus Dei gratiâ Franciæ rex, omnibus ad quos litteræ præsentes pervenerint, salutem. Noveritis quod per voluntatem et assensum archiepiscoporum, episcoporum, comitum, baronum et militum regni Franciæ qui Judeos habent et qui Judeos non habent, fecimus stabilimentum super Judeos, quod juraverunt tenendum illi quorum nomina scribuntur.* Ces sortes d'actes ou de traités se passoient entre les seigneurs qui s'étoient rendus aux assises du roi, et qui, se trouvant réunis, profitoient de cet avantage pour traiter ensemble, comme ils faisoient quelquefois dans les congrès dont j'ai parlé ailleurs.

Il falloit que l'on commençât dès-lors à avoir quelques idées de la nécessité de publier des lois générales, puisqu'on se hasarde de dire dans le troisième article de cette pièce: *Sciendum quod nos et barones nostri statuimus et ordinavimus de statu Judeorum, quod nullus nostrum alterius Judeos accipere potest vel retinere, et hoc intelligendum est tam de his qui stabilimentum juraverunt.* Les Juifs étoient des espèces de serfs, et appartenoient aux seigneurs, comme les hommes de poote ou attachés à la glèbe. On trouve encore quelque chose de plus fort dans un pareil acte, que S. Louis fit au mois de décembre de 1230. *Si aliqui barones noluerint hoc jurare, ipsos compellemus, ad quod alii barones nostri cum posse suo bonâ fide juvare tenebuntur.* Toutes ces pièces sont dans les ordonnances du Louvre.

[147] «Quand li rois fait aucun establisement especiaument en son domaine, li barone ne laissent pas pour che à user en leurs terres selonc les anchiennes coustumes, mais quant li establissement est generaux, il doit courre par tout le royaume et nous devons croire que tel establissement sont fet par très-grand conseil, et pour le quemun pourfit.» (*Beaum. C. 48.*)

«Pour che que nous parlons en che livre plureix de souverain, et de che que il puet et doive fere, aucunes personnes si pourroient entendre, pour che nous nommons ne duc ne comte, que che fust dou roy.» Il falloit que le préjugé favorable à l'autorité législative du roi eût fait des progrès bien considérables sous le règne de S. Louis, puisque Beaumanoir se croit obligé de prévenir ainsi ses lecteurs, de peur qu'ils ne se trompent. Il continue. «Mes en tous les liex là où li rois n'est pas nommés, nous entendons de chaux qui tiennent en baronie, car chascuns des barons si est souverain en sa baronie; voirs est que est li rois est souverains par dessus tous, et a de son droit le général garde dou royaume, par quoi il puet fere tex establissemens comme il li plest pour le quemun pourfit, et che que il establit i doit estre tenu.» (*Beaum. C. 34.*)

Beaumanoir semble n'avoir point de sentiment qui fixe sur cette matière; il semble même se contredire: c'est qu'il rend plutôt compte de l'opinion publique que de la sienne.

Les appels des justices seigneuriales aux justices royales, contribuèrent beaucoup à faire regarder le roi comme le gardien et le protecteur général des coutumes du royaume; et de-là il n'y avoit pas loin à lui attribuer une sorte de puissance législative. Je finirai cette remarque par un passage important d'une ordonnance, que Philippe-le-Long donna en décembre 1320. «Comme nous ayons fait nos ordenances par nostre grand conseil lesqueles nous voulons estre tenues et fermement gardées sans corrompre, nous voulons et commandons que aucun de nos notaires ne mette ou escripte es lettres qui commandées li seront le langage, non contrestant ordenances faites ou à faire, et se par adventure aucunes les estoient commandées contre nos ordenances par leur serment, ils ne passerons ne signeront icelles lettres, avant qu'ils nous en ayent avisés.» Rien n'est plus propre à faire connoître comment s'est formée d'une manière lente et insensible la puissance législative du prince; cela devoit être ainsi dans un pays où il n'y avoit aucune loi, et où de simples coutumes gouvernoient tout. Tandis que les successeurs de S. Louis continuoient à faire des ordonnances, les seigneurs continuoient de leur côté à y désobéir, quand ils y avoient intérêt, et qu'ils pouvoient le faire impunément.

[148] «Quiconque va contre l'establissement, il chiet en l'amende de chaux qui contre l'establissement iront, et chacun baron et autres qui ont justice en leurs terres, ont les amendes de leurs sougés qui enfraignent les establissemens selonc la taussation que li rois fist, mais che est à entendre quant il font tenir en leur terre l'establissement le roy; car se il en sont rebelle ou négligent et li rois par leur défaute i met le main, il en puet lever les amendes.» (*Beaum. C. 49.*)

[149] Tout ce qui nous reste de monumens de ces temps-là en fait foi. C'étoit l'intérêt du clergé, qui, ayant à se plaindre des seigneurs dont ses terres relevoient, et des protecteurs qu'il avoit choisis, étoit parvenu à faire du roi une espèce de vidame général, qui devoit défendre ses immunités et ses droits, dans toute l'étendue du royaume.

«Li roi generaument a le garde de toutes les esglises dou royaume, mes especiaument chascuns baron l'a en sa baronnie, se par renonciation ne s'en est ostés, mes se li baron renonche especiaument à la garde d'aucune esglise, adoncques vient ele en la garde especiaument du roy. Nous n'entendons pas pourche se li rois à le garde général des esglises qui sont dessous les barons, que il i doit metre la main pour garder tant comme li baron fera de le garde son devoir, mais se li baron leur fet tort en se garde, ou il ne les vient garder de chaus qui tout leur font, adoncques se pueent il traire au roy comme à souverain, et che prouvé contre le baron qui le devoit garder, la garde espécial demeure au roy.» (*Beaum. C. 46.*)

Beaumanoir ajoute: «Aucunes esglises sont qui ont privilege des roys de France, li quel privilege tesmoignent que eles sont en chief et en membres en le garde le roy, et ne pourquant se lex esglises ou li membres de tex esglises sont en la terre des aucuns des barons, et estoient au tans que li privilege leur fu donnés, li privilege ne ote pas la garde espécial dou baron, car quant li roys donne, conferme ou otroie aucune chose, il est entendu sauf le droit d'autrui.» (*Ibid.*)

[150] Voyez, dans le Glossaire de Ducange, au mot *apanare*, l'arrêt du parlement, de la Toussaint en 1283, qui adjuge à Philippe-le-Hardi le comté de Poitiers et la seigneurie d'Auvergne, en déboutant Charles, roi de Sicile, de ses prétentions et demandes. Après les signatures des archevêques de Rheims, Bourges, Narbonne, des évêques de Langres, Amiens, Dol, de l'évêque élu de Beauvais et de l'abbé de S. Denis, on trouve dans cet acte celle du doyen de S. Martin de Tours, de plusieurs archidiacres et chanoines, &c.

[151] Voyez dans les recherches de Pasquier, (*L. 2, C. 3,*) les raisons sur lesquelles il se fonde pour croire que l'ordonnance dont il rapporte un extrait, concerne le parlement tenu en 1304 ou 1305.

[152] «Il n'aura nulz prelaz députés en parlemens, car le roi fait conscience de eus empechier au gouvernement de leurs espérituautés, et li roys veut avoir en son parlement gens qui y puissent entendre continuellement sans en partir, et qui ne soient occupés d'autre grans occupations.» (*Ordon. du 3 décembre 1319.*)

[153] «Quand nostre dit parlement sera finy, nous manderons nostre dit chancelier, les trois maistres présidens de nostre dit parlement, et dix personnes tant clercs comme laïcs de nostre conseil tels comme il nous plaira, lesquels ordonneront selon nostre volenté de nostre dit parlement, tant de la grand-chambre de nostre dit parlement, et de la chambre des enquestes, comme des requestes, pour le parlement advenir; et jurront par leurs sermens, qu'ils nous nommeront des plus suffisans qui soient en nostre dit parlement, et nous diront quel nombre de personnes il dura suffire.» (*Ordon. du 8 avril 1342, art. 7.*)

[154] *Conqueritur idem dux (Britanniæ) super eo quod curia nostra indifferenter admittit appellationes ab officialibus seu curiis vassalorum et subditorum ipsius ad nos emissas, emisso dicto duce, ad quem debet primo et convenit antiquitus appellari* (Lett. Pat. de Louis X, de 1315, art. 7.) *Super eo quod idem dux conqueritur quod interdum nostra curia concedit de integrandis et executioni mandandis in dicto ducatu per baillivos, servientes et alios officiarios nostros, litteras confectas super contractibus factis cum subditis ducatus prædicti.* (Ibid. art. 9.) *Super eo quod curia nostra de novo recipit applagiamenta a subditis dicti ducis in ejus præjudicium.* (Ibid. art. 10.) *Conqueritur idem dux super eo quod nonnuli sui subditi litteras a curiâ nostrâ reportant indifferenter ad baillivos et alios officiales nostros, tacito in eisdem quod sunt subditi ducis ejusdem; virtute quarum*

litterarum alios subditos ducatus et gentes ducis ipsius infestant sæpius multipliciter ac molestant, licet per appellationem, vel aliter non sint a jurisdictione dicti ducis exempti. (Ibid. art. 12.)

[155] S. Louis cite assez souvent les lois romaines, dans ses établissemens; Pierre de Fontaine en fait un usage encore plus fréquent dans ses conseils. On peut juger du progrès qu'on fit dans l'étude du droit romain, et combien on étoit préparé à en adopter les idées; puisque dans une ordonnance du premier avril 1315, il est déjà parlé du crime de lèse-majesté. *Cum peterent nullum, qui ville Tolose consul, sivè capitularius aut decurio sit, vel fuerit, aut filius ejusdem, pro aliquo crimine sibi impositi, illo duntaxat lese majestatis excepto, questionibus subjici, etc.* (art. 19.) Sous Philippe-le-Bel, on voit plusieurs pièces où se trouve l'expression de lésion de la majesté royale. C'est aussi aux lois romaines que nous devons l'usage de la question.

Nos jurisconsultes les plus anciens donnent la qualité d'empereur au roi de France. «Est roi et empereur en son royaume, et qui y puet faire loi et edict à son plaisir.» *(dit Boutillier, somme rurale, Tit. 34.)* «Sachés, ajoute-il ailleurs, que le roi de France, qui est empereur en son royaume, peut faire ordenances qui tiennent et vaillent loy, ordonner et constituer toutes constitutions. Peut aussi remettre, quitter et pardonner tout crime criminel, crime civil; donner graces et respit des dettes à cinq ans, à trois ans et à un an. Legitimer, affranchir et anoblir, relever de negligences, donner en cause ou causes, et généralement de faire tout, et autant que à droit impérial appartient.» *(Ibid. L. 2, T. 1.)* «La neufiéme maniere si est crime de sacrilege, si comme par croire contre la sainte foy de Jesus-Christ, spirituellement à parler, crime de sacrilege, si est de faire, dire ou venir contre l'establissement du roy ou de son prince, car de venir contre, c'est encourir peine capitale de sacrilege.» *(Ibid. T. 24)* «Possession acquise contre le roy nostre sire, ne tient lieu par la raison de sa dignité, et aussi de sa majesté impériale, car il est conditeur de loy et pour cela loy pour et par lui faicte ne lui doit estre contraire, car il ne chet en nul exemple contre autre, ni riens ne se doit comparer à lui, et pour ce nul ne peut acquerre droict de ses sujets.» *(Ibid. T. 31.)*

Il seroit assez curieux de suivre la doctrine de nos jurisconsultes les plus célèbres. Ferrault, qui écrivoit sous le règne de Louis XII, dit: *Antiquâ lege regiâ, quæ salica nuncupatur, omne jus omnisque potestas in regem, translata est, et sicut imperatori soli hoc convenit in subditos, itâ et regi; nam rex Franciæ omnia jura imperatoris habet, quia non recognoscit, in temporalibus superiorem.* (De jur. et privil. Reg. Franc.) Je voudrois savoir de quel article de la loi salique Ferrault inféroit que toute la puissance publique avoit été conférée au prince. Jamais, après avoir lu la loi salique, a-t-on pu l'appeler *Lex regia?* Selon les apparences, Ferrault n'en connoissoit que le nom: d'ailleurs, qu'importoit sous Louis XII, tout ce qu'avoit pu statuer la loi salique? Il y avoit plusieurs siècles que, tombée dans l'oubli et le mépris, elle avoit été détruite par des coutumes contraires, et ne pouvoit pas avoir plus d'autorité sur les Français, que les lois des Babyloniens, des Égyptiens, ou des anciens Grecs.

Fidelitas supremo regi nostro debita, non solum debita est ut supremo domino feudali, sed multo magis ut regi; multa enim sunt feuda non dependentia à rege, sed ab allaudis quæ à nullo moventur, nec à rege quidem, sed nullus est locus in hoc regno qui non subsit supremæ jurisdictioni et majestati regiæ, nec sacer quidèm, ut dixi. Aliud jurisdictio et majestas regia, aliud dominum directum feudale vel censuale, et eorum recognitio.» (Dumoulin, commentaire sur la coutume de Paris, Tit. 1. Gloss. in verb. Mouvant de lui.) «*Adverte quod hæc potestas potest competere domino nostro regi duplici jure, primo ex natura feudi, concessionis vel investituræ rei tanquàm ad quemlibet dominum, si sit immediatus dominus directus, et de hoc dictum est suprà; secundo tanquàm ad regem jure illo regali quo omnia in regno nonnisi legibus suis, scilicet regis possidentur nec aliter possideri possunt.»* (Ibid. Tit. 1. Gloss. in verb. Jouer de son fief.) «*Fidelitates illæ ligiæ et feuda ligia inferiorum dominorum, quorum fit mentio, non sic dicuntur, nec sunt verè, sed impropriè, abusivè et magis quam impropriè.»* (Ibid. Tit. 1. Gloss. in verb. Le fief.) «*Rex non potest in aliquo privari jurisdictione regià quam habet in offensum, quia formalis et essentialis virtus regis est jurisdictio quæ prorsùs de se est inabdicabilis à rege manente rege, nec est separabilis à regià dignitate sinè sui velut subjecti corruptione.»* (Ibid. T. 1. Gloss. in verb. Serment de féauté.)

En lisant Dumoulin et Loyseau, qu'on appelle par habitude les lumières du barreau, on a quelque peine à concevoir comment ils conservent leur ancienne réputation; elle devroit être un peu déchue, depuis qu'on met de la dialectique dans les ouvrages, qu'on raisonne sur des idées et non pas sur des mots; qu'on commence à connoître le droit naturel, qu'on le regarde comme la base et le fondement du droit politique et civil, et que des savans ont publié une foule de monumens précieux qui nous mettent à portée de connoître notre histoire et notre droit public. J'avois d'abord eu dessein de recueillir les principales erreurs de ces deux jurisconsultes, sur les matières relatives à nos antiquités, et de les réfuter dans une remarque, mais j'ai vu avec effroi qu'il me faudroit composer un gros ouvrage. D'ailleurs, la conversation de quelques gens de robe m'a fait soupçonner qu'on ne révère encore la doctrine de ces deux écrivains, que parce qu'on les lit peu, quoiqu'on les cite souvent. Dumoulin, très-supérieur à Loyseau, étoit un très-grand génie; c'étoit le plus grand homme de son siècle; mais il en avoit plusieurs défauts; s'il renaissoit dans le nôtre, il rougiroit de ses erreurs, et nous éclaireroit.

[156] On trouve, dans les ordonnances du Louvre, (*T. 7, p. 7,*) un traité du 2 janvier 1307, entre Philippe-le-Bel d'une part, et l'évêque et le chapitre de Viviers de l'autre, qu'il est curieux et important de connoître. Le préambule de cette pièce fait voir combien les officiers du roi chicanoient les seigneurs qui possédoient leurs terres en alleu. On leur contestoit toutes leurs prétentions; ou, si on convenoit de leurs droits, on ne les attaquoit pas avec moins d'opiniâtreté. L'évêque de Viviers consentit à tenir son alleu en fief,

pour être tranquille chez lui. *Dictus enim episcopus et successores sui Vavarienses episcopi qui pro tempore fuerint, jurare debebunt se esse fideles de personis et terris suis nobis et successoribus nostris regibus Franciæ; licet terram suàm a nemini tenere, sed eam habere allodialem noscantur.* (Art. 2.)

CHAPITRE III.

[157] DE *monetâ constituimus similiter, ut ampliùs non habeat in librâ pensante nisi viginti-duos solidos, et de ipsis viginti-duobus solidis monetarius habeat solidum unum, et illos alios reddat.* (Cap. an. 755, art. 27.)

Sous le règne de Charlemagne même il se commit plusieurs fraudes dans la fabrication des espèces; et pour y remédier, ce prince ordonna que les monnoies ne se frapperoient qu'à sa cour. *De falsis monetis, quia in multis locis contrà justitiam et contrà edictum nostrum fiunt, vòlumus ut nullo alio loco moneta sit, nisi in palatio nostro; nisi forte à nobis iterùm aliter fuerit ordinatum.* (Cap. an. 805, art. 18.) *De monetis, ut in nullo loco moneta percutiatur nisi ad Curtem.* (Cap. an. 805, art. 7.)

Nous avons une charte de l'an 836. Voyez le recueil de Dom Bouquet, (T. 6, *p. 609*,) par laquelle Louis-le-Débonnaire confirme le droit que les évêques du Mans avoient obtenu de battre monnoie dans leur ville. Il est ordonné aux juges de ne pas troubler ces prélats dans la jouissance de leur droit. Par un capitulaire de l'an 822, art 18, il paroît qu'il se commettoit de très-grandes malversations dans la fabrication des espèces, et qu'il y avoit des monnoies dans plusieurs endroits du royaume.

Sequentes consuetudinem prædecessorum nostrorum, sicut in illorum capitulis invenitur, constituimus ut in nullo loco alio in omni regno nostro moneta fiat, nisi in palatio nostro et in Quentorico ac Rotomago, quæ moneta ad Quentoricum ex antiquâ consuetudine pertinet, et in Remis, et in Senonis, et in Parisio, et in Aurelianis, et in Cavillono, et in Metullo, et in Narbonâ. (Edic. Pisten. an. 864. art. 12.) Baluze observe, dans une note sur cet article, qu'on fabriquoit encore des espèces dans plusieurs autres villes, comme le Mans, Bourges, Tours, &c. L'article suivant du même édit de Pistes, prouve que ces monnoies appartenoient en propre à des seigneurs ecclésiastiques ou laïcs, soit qu'ils eussent obtenu à cet égard les mêmes concessions que les évêques du Mans avoient obtenues, soit qu'ils en eussent usurpé le droit. *Ut hi in quorum potestate deinceps monetæ permanserint, omni gratiâ et cupiditate seu lucro postposito, fideles monetarios eligant, sicut Dei et nostram gratiam volunt habere.* (Art. 13.) Quand les ducs et les comtes se rendirent souverains, il étoit tout simple qu'ils s'emparassent de la monnoie qu'ils trouvoient établie dans leur seigneurie. Pendant la révolution, d'autres seigneurs puissans érigèrent vraisemblablement une monnoye dans leurs terres, ou conservèrent leur droit, s'ils furent assez forts pour le défendre.

Ducange, (voyez son glossaire au mot *moneta*,) a cru que les monnoies du roi étoient reçues dans tout le royaume, tandis que les espèces fabriquées par les seigneurs n'avoient cours que dans l'étendue de leurs seigneuries. Cela pouvoit être ainsi dans les premiers commencemens de l'usurpation. Peut-être même que les seigneurs se contentèrent alors de percevoir les droits utiles de la monnoie, et frappoient leurs espèces à la marque du roi; mais cette coutume ne dut pas être de longue durée. Elle n'est point analogue au reste du gouvernement, ni aux mœurs de ce temps-là. On ne concevroit point pourquoi les seigneurs, qui avoient pris dans leurs domaines la même autorité que le roi avoit dans les siens, auroient eu quelque ménagement sur l'article des monnoies. Les grands vassaux, les prélats et les barons qui avoient leurs monnoies, se firent bientôt un coin particulier; et il est certain que, quand Hugues-Capet monta sur le trône, les monnoies de ce prince n'avoient aucun privilége particulier, et n'étoient reçues que dans ses domaines.

Les savans bénédictins, qui ont donné une édition du glossaire de Ducange, ont réfuté complétement l'erreur de ce célèbre écrivain; Brussel l'avoit déjà fait avec succès dans son traité de l'usage des fiefs: je renvoie mes lecteurs à ces deux ouvrages. Il faut toujours se rappeler que tous les seigneurs ne battoient pas monnoie; j'ai déjà dit qu'il n'y en avoit guères plus de 80 dans le royaume qui eussent ce droit. Je parlerai dans ce chapitre du différent prix qu'a eu l'argent à différentes époques; et on trouvera la preuve de ce que j'avance dans la table des variations des espèces que le Blanc a jointe à son traité historique des monnoies de France, ou dans celle qui est à la tête de chaque volume des ordonnances du Louvre, et qui est beaucoup plus étendue et plus exacte.

[158] *Promittimus quod omnibus qui monetam hujusmodi insolutam vel alias recipient in futurum, id quod de ipsius valore ratione minoris ponderis, alley sivè legis deerit, in integrum de nostro suplebimus, ipsosque indamnos servabimus in hac parte, nos et terram nostram, hæredes et successores nostros ac nostra et eorum bona et specialiter omnes redditus nostros et proventus quoscumque totius domanii, de voluntate et assensu charissimæ consortis nostræ Johanne, reginæ Franciæ, ad hoc in integrum obligantes.* (Ord. de mai 1295.)

[159] Le 2 octobre 1314, Philippe-le-Bel ordonna aux bonnes villes d'envoyer à Paris deux ou trois notables bourgeois; pour lui donner leurs avis sur le règlement des monnoies. (*Voyez les ordonnances du Louvre, T. 1, p. 548.*) «En chacune monnoye des prélats et des barons, y aura une garde de par le roi à ses propres couts et dépens, laquelle garde pour ce que fraude contre les ordonnances ne puisse estre faite, delivrera les deniers de tel poids comme il sera ordené, et sera à tous les achaps d'argent et de billon; et que l'on ne pourra fondre ne mettre à fournel, se la dite garde n'est présente, parquoi l'on ne puisse fondre nulles monnoyes contre les dites ordonnances, et iront les maistres des monnoyes le roy par toutes les monnoyes des prelats et des

barons, et prendront les boistes des dites monnoyes, et en feront essay, pour sçavoir si icelles monnoyes seront faites de tel poids et de telle loi comme ils doivent estre.» (*Ord. de 1315.*)

S. Louis avoit déjà prétendu avant Philippe-le-Bel, que sa monnoie devoit avoir cours dans tout le royaume. Il dit dans une ordonnance de 1262: «Puet et doit courre la monnoye le roy par tout son royaume sans contredit de nulli qui ait propre monnoye, ou point que ele courra en la terre le roy.» Il y a grande apparence que cette ordonnance ne fut point observée; il n'y eut tout au plus que quelques évêques et quelques barons voisins des domaines du roi qui obéirent.

Voyez dans les ordonnances du Louvre, (*T. 2, p. 603,*) la lettre de Philippe-le-Bel au duc de Bourgogne. Depuis la réforme que ce prince fit dans ses monnoies en 1306, il ne fit plus que deux augmentations dans les espèces, ou du moins nous n'en connoissons pas d'avantage. En 1310, le marc d'argent valut trois livres sept sols six deniers; en 1313, il revint à deux livres quatorze sols sept deniers.

[160] *Volumus etiam quod missi à nobis pro financiis faciendis, meliores financias faciant pro nobis, quod supra dictum est, si possit; deteriores autem non recipiant ullo modo.* (Ord. de l'an 1291, art. 10.) Je ne rapporte cette ordonnance, antérieure à la grande opération des monnoies, que pour faire connoître quelle avoit toujours été la politique de Philippe-le-Bel, et elle lui devint plus nécessaire, quand il n'osa plus altérer les espèces.

Le prince ayant établi en 1302 une très-forte imposition dans ses domaines, au sujet de la guerre qu'il faisoit en Flandre, exempta ceux qui la payeroient de toute autre subvention, de prêt forcé, et du service militaire. Dans l'instruction secrète qu'il donna à ses baillis, il leur recommanda d'essayer de faire les mêmes levées dans les terres des barons. «Et cette ordenance, leur dit-il, tenés secrée, mesmement, l'article de la terre des barons, quar il nous seroit trop grand domage, se il le savoient, et en toutes les bonnes manières que vous pourrés, les menés à ce que ils le veillent suffrir, et les noms de ceux que vous y trouverés contraires, nous rescrivés hastivement, à ce que nous metions conseil de les ramener, et les menés et traitiés par belles paroles, et si courtoisement que esclande n'en puisse venir.» (*Ordon. du Louvre, T. 1, p. 371.*)

Quand Philippe-le-Bel voulut obtenir, en 1304, une subvention générale, il traita, comme il le dit lui-même dans son ordonnance du 9 juillet 1304, «avec les archevêques, évêques, abbés, doyens, chapitres, couvens, &c. ducs, comtes, barons et autres nobles, pour qu'il lui fust octroié de grace une subvention générale des nobles personnes et des roturiers.» (*Ordon. du Louvre, T. 1, p. 412.*)

[161] Le temps a respecté plusieurs de ces lettres-patentes. «Fasons sçavoir et recognoissons que la dernière subvention que il nous ont faite (les barons, vassaux et nobles d'Auvergne) de pure grace sans ce que il y fussent tenus que de grace; et voulons et leur octroyons que les autres subventions que il nous ont faites ne leur facent nul préjudice; es choses es quelles ils n'étoient tenus, ne par ce nul nouveau droit ne nous soit acquis ne amenuisié.» (*Ordon. du Louvre, T. 1, p. 411.*)

Philippe-Auguste donna de pareilles lettres-patentes à la comtesse de Champagne. *Philippus, Dei gratiâ Francorum rex, dilectæ et fideli suæ Blanchæ, comitissæ Trecensi, salutem et dilectionem. Noveritis quod auxilium illud quod amore Dei et nostro promisisti faciendum ad subsidium terræ Albigensis: vicesima parte reddituum vestrorum, deductis rationabilibus expensis, ad nullam nobis vel hæredibus nostris trahemus consequentiam vel consuetudinem* (actum Meleduni, anno 1221.) S. Louis fit de pareilles collectes dans les villes, et leur donna de pareilles lettres-patentes. Comme on ne se gouvernoit encore que par des coutumes, et qu'un seul fait avoit souvent suffi pour établir un nouveau droit, il étoit indispensable de ne rien accorder et donner au prince ou à quelque seigneur, sans obtenir en même temps une charte ou des lettres-patentes qui notifiassent que le subside accordé ne tireroit point à conséquence pour l'avenir.

Les communes, qui craignoient toujours qu'on ne voulût exiger d'elles des contributions plus considérables que celles dont elles étoient convenues, et traitant de leur liberté, n'accordoient rien par-delà les taxes réglées par leurs chartes, sans faire reconnoître que c'étoit un don gratuit.

Voyez Ord. du Louvre, T. 1, p. 580, l'ordonnance de mai 1315, portant que la subvention établie pour l'armée de Flandre cessera. Il faut que ce subside fût levé par l'autorité seule de Philippe-le-Bel, puisque Louis X dit dans son ordonnance: «à la requeste des nobles et des autres gens de nostre royaume disans icelle subvention estre levée non duement et requerans ladite subvention cesser dou tout, &c.» Louis X dit que son père avoit supprimé ce subside par une ordonnance; mais sans doute que sous main, Philippe-le-Bel avoit ordonné à ses officiers de continuer à le percevoir; rien n'étoit plus digne de la politique de ce prince. Louis X ajoute dans la même ordonnance: «voulons encore que, pour cause de la dite subvention levée, nul nouveau droit ne nous soit acquis pour le temps à venir, et nul préjudice aux gens de nostre royaume n'en soit ainsint.» C'est sans doute de cet impôt, levé illicitement, sans avoir traité avec ceux de qui on l'exigeoit, que parlent les historiens, quand ils représentent le royaume prêt à se soulever.

Cette entreprise de Philippe-le-Bel étoit en effet très-hardie, et choquoit toutes les idées des différens ordres de l'état. On avoit vu ce prince entrer en négociation avec les vendeurs de marée de Paris, pour faire un changement dans les droits qu'il percevoit sur leur commerce: «nous faisons sçavoir à tous présens et à venir, que comme à la supplication des marchands de poisson de plusieurs parties dessus la mer nous aiens osté et abatu la fausse coustume appelée Hallebic estant à Paris sur la marchandise de poisson, et il fussent assenti, et le nous eussent offert que nostre coustume que nous avons à Paris sur le poisson se doublast, ou cas que ladite fausse coustume cherroit, nous voulons donc en avant que nostre dite coustume soit levée double, en la manière que li dit marchant l'ont accordé et volu.» (*Ord. du Louvre*, T. 1, p. 791.)

[162] Il seroit curieux de voir les lettres de convocation de Philippe-le-Bel; malheureusement nous n'en avons aucune, et je me contenterai de rapporter ici celles que Philippe-le-Long adressa en 1320 à la ville de Narbonne.

«Philippe par la grace de Dieu roi de France et de Navarre, à nos amés féauls les habitans de Narbonne, salut et dilection. Comme nous desirons de tout nostre cœur, et sur toutes les autres choses qui nous touchent, gouvernier nostre royaume et nostre peuple en paix et en tranquillité, par l'aide de Dieu, et refourmer nostre dit royaume es parties où il en a mestier pour profit commun, et au profit de nos subgiés qui ça en arrières ont été gravés et oprimés en moult de manières, par la malice d'aucunes gens, si comme nous le savons par vois commune, et par insinuation de plusieurs bonnes gens dignes de foy, ayans ordené en nostre conseil avec nous en nostre ville de Poitiers, aux huitiènes de la prochaine feste de Penthecouste, pour adrecier à nostre pouvoir par toutes les voyes et manière que il pourra estre fait, selon raison et équité, et voillons estre fait par si grand délibération et si pour revement, par le conseil des prélats, barons et bonnes villes de nostre royaume, et mesmement de vous, que ce soit au plaisir de Dieu, et au profit de nostre peuple; nous vous mandons et requerons sur la fealité en quoy vous estes tenus et astrains à nous, que vous eslisiés quatre personnes de la ville de Narbonne dessus dite, des plus sages et plus notables qui au dit jours soint à Poitiers instruits et fondés souffisamment de faire aviser et accorder avecques nous tout ce que vous pourriés faire se vous y estiés présens. Donné à Paris le trentième jour de mars 1320.

[163] «Se aucuns avoit donné à aucune religion ou à aucune abaïs une pièce de terre, li sires et qui fié ce seroit ne le souffredroit pas par droit, se il le voloit, ains le pourroit bien prendre en sa main; mes cil à qui l'aumosne aura esté donnée, doit venir au seigneur, et li doit dire, Sire, ce nous a esté donné en ausmone, se li vous plest nous le tenions, et se il vous plest nous l'osterons de nostre main dedans terme avenant. Si leur doit li sires esgarder que ils la doivent oster dedans l'an et li jour de leur main, et se il ne l'ostoient, li sires la porroit prendre comme en son domaine, et si ne l'en reprendroit ja par droit.» (*Estab. de S. Louis*, L. 1, C. 123.) Ce fut pour pouvoir acquérir

librement, que le clergé se soumit à payer un droit d'amortissement aux seigneurs dans les terres de qui il acquerroit par achat ou pardon quelques possessions.

[164] «Il ne duit pas à nul gentilhomme dessous le roi à souffrir de nouvel que bourjois s'accroisse en fief, car il seroit contre l'établissement qui est fet dou roy pour le pourfit des gentishommes en général par tout le royaume.» (*Beaum. C. 48.*) S. Louis, pour faire passer plus aisément sa loi, avoit établi que la taxe de franc-fief seroit payée au baron dans la seigneurie duquel un roturier acquerroit un fief. En 1309, Philippe-le-Bel régla que tout l'argent qui proviendroit de la prestation de serment des évêques et des abbés, seroit déposé entre les mains de son grand-aumônier, pour être employé à marier de pauvres demoiselles. (*Ord. du Louvre, T. 1, p. 472.*)

[165] Le droit de guerre a été de tous les droits de souveraineté ou de fief, celui dont les seigneurs ont été jaloux le plus long-temps, et tant qu'il subsisteroit, il étoit impossible qu'on vît naître quelque police constante dans le royaume, et que la puissance legislative pût agir avec succès. Un évêque d'Aquitaine imagina en 1032, de publier qu'un ange lui avoit apporté du ciel un écrit, par lequel il étoit ordonné aux seigneurs de se reconcilier et de faire la paix. Les circonstances étoient favorables à ce mensonge pieux; le royaume éprouvoit une disette générale, et la famine y causoit des maladies extraordinaires. On sentit la nécessité d'apaiser la colère de Dieu; et dans l'état de langueur où se trouvèrent les Français, ils furent, pendant quelques années, plus tranquilles. Dès qu'ils eurent recouvré leurs forces, les guerres privées recommencèrent avec autant de fureur que jamais. En 1041, on convint d'une trève générale pour de certains temps et de certains jours que la religion consacre d'une manière particulière au culte de Dieu. Cette trève étoit l'ouvrage des conciles nationaux et provinciaux, qui ne cessoient point d'ordonner la paix sous peine d'excommunication, parce que les domaines des évêques et des monastères souffroient beaucoup des guerres privées des seigneurs.

La licence du gouvernement féodal produisoit cependant encore les mêmes désordres, lorsqu'une espèce d'enthousiaste, homme de la lie du peuple, prétendit que Jésus-Christ et la vierge lui avoient apparu et commandé de prêcher la paix; il montroit pour preuve de sa mission, une image qui représentoit la vierge tenant l'enfant Jésus dans ses bras, et autour de laquelle étoient écrits ces mots, *Agnus Dei, qui tollis peccata mundi, dona nobis pacem.*

L'éloquence grossière de ce prédicateur, qu'on croyoit inspiré, eut le succès qu'elle devoit avoir sur des hommes ignorans, crédules et qui aimoient le merveilleux. Plusieurs seigneurs cessèrent de se faire la guerre, mais leur tranquillité ne fut pas de longue durée; des enthousiastes et des hommes pieux auroient exhorté inutilement les Français à la paix, si la puissance royale n'avoit pas fait chaque jour de nouveaux progrès. S. Louis travailla avec tout le zèle que peuvent inspirer la religion et l'amour de l'ordre, à proscrire les guerres privées; mais les obstacles qu'il rencontra furent plus grands que son pouvoir. Ne pouvant pas extirper la manie aveugle des Français, il tâcha de la soumettre à quelques règles. Il établit qu'on ne pourroit commencer la guerre que quarante jours après le délit ou l'injure qui mettoit en droit de la faire. Cette manière de trève, qui donnoit le temps aux parties de négocier, de se calmer, de se rapprocher, fut appelée la quarantaine le roi, et n'étoit qu'une extension de la nouvelle coutume des assuremens.

Les simples barons n'osant plus se mesurer avec le roi, perdirent en quelque sorte leur droit de guerre contre lui; mais ils le conservèrent entre eux, et Philippe-le-Bel y porta atteinte en 1296. *Dominus rex, pro communi utilitate et necessitate regni sui, statuit quod durante guerrâ suâ; nulla alia guerra fiat in regno. Et si forte inter aliquos jam mota sit guerra, quod datis treugis vel assecuramentis, secundùm consuetudines locorum, duraturis per annum; et anno finito iterum continuentur, et omnes aliæ guerræ cessent donec guerra regis fuerit finita.* (Ord. du mois d'octobre 1296.) «Nous pour ladite guerre et pour autres justes causes, défendons sus peine de corps et d'avoir, que durant notre ditte guerre, nuls ne facent guerre ne portemens d'armes l'un contre l'autre en nostre royaume.» (*Ord. du 19 juillet 1314.*) Dans les provinces du midi, les seigneurs étoient bien plus raisonnables que dans les provinces septentrionales; car, par une ordonnance du 9 janvier 1305, Philippe-le-Bel, à la requête des évêques et des barons de Languedoc, avoit déjà défendu pour toujours, dans cette partie du royaume, les guerres privées, sous peine d'être traité comme perturbateur du repos public. (*Voyez les ord. du Louvre, T. 1, p. 390.*)

«Cessent dou tout toutes manières de guerre quand à ore jusques à tant que nous en mandiens nostre volenté, non contrestans us coustumes de païs, graces ou priviléges octroiés ou faisant au contraire; lesquels nous de nostre auctorité et plain pooir réal, mettons et voulons estre en suspens, tout comme il nous plaira. (*Ordon. du 1 juin 1318.*)» Philippe-le-Long enjoint à ses baillis de saisir les biens des contrevenans, et de mettre leur personne en prison. Remarquez dans cette ordonnance le ton de suprême législateur que prend le roi, et les ménagemens qu'il est en même-temps obligé d'avoir pour les préjugés des seigneurs.

Philippe-le-Bel entretenoit une armée sur pied; tous les historiens le disent; plusieurs ordonnances le supposent. Voyez l'ordonnance du 18 juillet 1318; il y est parlé des gens d'armes et des gens de pied à la solde du roi; ils étoient reçus par le maréchal et le maître des arbalêtriers, et recevoient leur montre par les trésoriers de la guerre et le clerc des arbalêtriers.

Le même prince avoit encore acquis le droit de convoquer l'arrière-ban dans tout le royaume, ainsi qu'il est prouvé par les lettres-patentes que son fils Louis X donna en conséquence des plaintes des seigneurs du duché de Bourgogne, du comté de Forêts et des terres du sire de Beaujeu.» *Feudales verò dictorum ducis, comitis, et domini Bellijoci, vel alios eisdem immediate subditos, nisi homines nostri fuerint, et religiosos in ipsorum terrâ et jurisdictione ac garda existentes, ad exercitus nostros venire, vel pro eis financiam vel emendam nobis præstare nullatenùs compellemus, nisi in casu retrobanni in quo casu quilibet de regno nostro tenetur; dum tamen hoc de mandato nostro per totum regnum nostrum generaliter fiat, si necessitas fuerit generalis.»* (Lett. pat. du 17 mai 1315.)

[166] *Super eo quod asserit idem dux (Britanniæ) gardiam ecclesiarum ducatûs Britanniæ spectare ad ipsum, et se esse in possessione ejusdem et tam ipsum quam ejus prædecessores ab antiquo fuisse, à quâ possessione per gentes nostras turbari dicitur indebite et de novo.* (Lett. pat. de 1315. art. 1.). *Super cognitione et punitione facti armorum cujuslibet indebiti in ducatu prædicto, in cujus possessione idem dux se asserit esse et sui antecessores ab antiquo fuerunt, ac per gentes nostras super hoc, ut dicitur, minùs rationabiliter impeditur.* (Ibid. art. 2.) *Super eo quod præfatus dux asserit, quod in ejus præjudicium, et injustè contrà dictum ducem et ejus subditos, adjornamenti seu simplicis justiciæ, nonnullis interdùm nostræ litteræ concedantur.* (Ibid. art. 4.) *Super eo quod conqueritur idem dux, quod nonnullis nostræ litteræ conceduntur quibus ipsi duci mandatur ut dampna et injustitias quas ab eodem vel ejus subditis sibi asserunt esse illatas, reducat in statum pristinum indilate, alioquin damus baillivis nostris, eisdem litteris, in mandatis, ut prædicta compleant in ejusdem ducis defectum.* (Ibid. art. 6.)

CHAPITRE IV.

[167] Voyez dans les ordonnances du Louvre, T. 1, p. 551, les lettres-patentes de Louis-Hutin en faveur des seigneurs de Normandie, p. 557, l'ordonnance d'avril en 1315, sur les remontrances des seigneurs de Bourgogne et des évêchés de Langres, d'Autun, et du comté de Forêts; p. 561, l'ordonnance du 15 mai 1315; p. 567, l'ordonnance du 17 mai 1315; p. 573, l'ordonnance de mai 1315, faite à la supplication des nobles de Champagne, et p. 576, les additions faites à cette dernière ordonnance.

Toutes ces pièces sont extrêmement curieuses; on y trouvera des preuves de la plupart des propositions que j'ai avancées au sujet des progrès de la puissance royale. On verra que les baillis et les prévôts du roi exerçoient sans aucun ménagement leurs fonctions dans toutes les terres des seigneurs. Ils arrêtoient leurs personnes, se saisissoient de leurs châteaux, forteresses, villes; imposoient par-tout des amendes arbitraires, qu'ils exigeoient avec la dernière rigueur, et jugeoient leurs sujets en première instance. Les seigneurs demandent-ils à n'être soumis à la juridiction des juges royaux qu'en cause d'appel pour défaute de droit ou pour mauvais et faux jugement? «Octroyé, répond-on, si ce n'est en cas qui nous appartiengne pour cause de ressort ou de souveraineté.»

Volumus quod omnes officiarii et ministri nostri terrarum prædictarum, in principio suorum regiminum, publicè jurent quod ex certâ scientiâ non usurpabunt jurisdictionem eorum aut de eâ se intromittent, nisi in casibus ad nos spectantibus, vel quos verisimiliter credent ad nos sine fraude aliquâ pertinere.

Super eo autem quod monetæ extra regnum nostrum cusæ, vel aurum vel argentum quod haberent in massa vel vasis, per officiarios nostros vel successorum nostrorum non auferentur ab eis, nec inviti eas vendere compellantur. Tels étoient les progrès du droit de garde et de protection que Philippe-le-Bel s'étoit arrogé sur toutes les monnoies du royaume. Que répond Louis X à des seigneurs qui font ces demandes ou plaintes? *Eis taliter providebimus quod poterunt contentari, et ordinationem ad utilitatem nostræ reipublicæ faciemus.*

Voici la manière obscure et équivoque dont Louis Hutin répond au sujet des sauvegardes ou protections. *Gardas etiam novas per statuta domini genitoris nostri prohibitas, nullas esse volumus et censemus, nisi illi qui eas allegaverint, ipsas probaverint esse antiquas. Nec in membris alicujus monasterii vel ecclesiæ, in eorum vel alicujus ipsorum jurisdictione alta vel bassa existentibus, specialem gardam, quamquam ipsius ecclesiæ vel monasterii caput in nostra sit garda speciali, nos intelligimus habere, nisi in impositione gardæ expresse actum fuerit, vel nisi prædictam gardam membrorum prædictorum prescripserimus competenter.*

J'invite mes lecteurs à lire avec attention les pièces que j'ai indiquées au commencement de cette remarque: quoiqu'elle soit déjà assez longue, je ne puis m'empêcher de parler d'autres abus dont le duc de Bretagne, lui-même, se plaignoit à Louis Hutin, au sujet des lettres de sauvegarde. *Super eo quod ejusdem ducatûs subditi ad evadendam suorum maleficiorum punitionem debitam, se in gardiâ nostrâ ponunt, et servientes nostri eos indifferenter suscipiunt in eadem.* Quoi! de simples sergens royaux s'étoient arrogé le droit de donner des sauvegardes! Jamais abus ne fut plus dangereux; il étoit capable de mettre obstacle au progrès du gouvernement et de la puissance législative. Que répond Louis X à cette plainte? *Quod tales, nisi in casibus appellationis per eos ad curiam nostram emissæ, in gardiâ nostrâ non recipiantur.*

[168] «*Insuper præcipimus quod ubi ecclesiæ acquisierint possessiones, quas habent amortisatas à tribus dominis, non computata persona quæ in ecclesiam transtulit possessiones easdem, nulla eis per justiciarios nostros molestia inferatur.*» (Ord. de 1275, art. 2.) On voit par cette même ordonnance, de Philippe-le-Hardi, que les officiers royaux faisoient dès lors tous leurs efforts pour faire du droit d'amortissement une prérogative de la couronne. *Senescalli, baillivi, præpositi, vicecomites* (Dans quelques pays les vicomtes n'étoient pas des seigneurs revêtus d'un fief considérable par le comte; ce n'étoient que des hommes de lois, des juges qui rendoient la justice au nom du comte) *et alii justiciarii nostri*

cessent et abstineant molestare ecclesiæ super acquisitionibus quas hactenùs fecerunt in terris baronum nostrorum qui et quorum prædecessores nostri et prædecessorum nostrorum temporibus per longam patientiam, usi fuisse noscuntur publicè. On n'eut aucun égard à cette ordonnance, sous le règne de Philippe-le-Long.

Si personæ ignobiles feoda vel retrò feoda nostra acquisierint extrà terras baronum predictorum (ceux qui avoient conservé la faculté de percevoir la taille du franc-fief) *sinè nostro assensu, et ità fit quod inter nos et personam quæ alienaverit res ipsas, non sint tres vel plures intermedii Domini, percepimus si teneant ad servitium minùs competens, quod prestent nobis estimationem fructuum trium annorum, et si est servitium competens nihilominùs estimationem fructuum trium annorum solvent rerum taliter acquisitarum.* (Ord. de 1291, art. 9.) De Lauriere a joint une note au mot *competens*, disant que, quand le service étoit compétent, Philippe-le-Hardi avoit décidé qu'on ne devoit point payer au roi les droits de franc-fief. Philippe-le-Bel, par son ordonnance, les exigea, même dans le cas de service compétent. Cette taxe, encore incertaine, sous son règne, fut exactement payée sous celui de Philippe-le-Long. On appeloit service compétent, le service qu'un fief rendoit à son seigneur, dans toute la rigueur des coutumes féodales, sans prétendre jouir à cet égard de quelque immunité.

[169] En 1318, Philippe-le-Long donna des lettres-patentes, portant que les serfs de ses domaines seroient affranchis en payant finance. Louis Hutin en avoit donné de pareilles le 3 juillet 1315: on y trouve ces paroles remarquables: «comme selonc le droit de nature chascun doit naistre franc.» Pourquoi donc faire acheter à des hommes un droit que la nature leur donne? Ces lettres-patentes de Louis X n'avoient apparemment point eu leur effet, soit par la négligence des officiers du roi, soit parce que les serfs n'avoient point un pécule assez considérable pour acheter leur liberté, ou qu'ils n'osèrent pas se fier au gouvernement.

La plupart des philosophes et des politiques ont fait d'assez mauvais raisonnemens sur la question de l'esclavage ou de la servitude. Ils ont considéré la condition des esclaves telle qu'elle étoit chez les anciens, et autrefois chez les seigneurs de fiefs, et ils ont condamné l'esclavage; certainement ils ont raison. Mais est-il de l'essence d'un esclave d'avoir pour maître un tyran? Pourquoi ne pourroit-il pas y avoir entre le maître et l'esclave des lois humaines, qui leur assignassent des devoirs respectifs? Pourquoi n'y auroit-il pas un tribunal dont l'esclave pût implorer la protection contre la dureté de son maître?

Dans un gouvernement très-sage, l'esclavage est un mal, parce qu'on doit s'en passer; et que, dégradant les hommes, il apprendroit aux citoyens à bannir l'égalité qui fait leur bonheur. Chez les Spartiates, les Romains, etc. la servitude étoit un mal, elle en seroit un chez les Suisses, les Suédois, etc. mais dans un gouvernement où l'on ne connoît aucune égalité, non-seulement entre les citoyens, mais même entre les différens ordres de l'état, la servitude pourroit peut-être produire un bien, et corriger quelques inconvéniens des lois. Je demande quel grand présent c'est pour les hommes que la liberté, dans un pays où le gouvernement n'a pas pourvu à la subsistance de chaque citoyen, et permet à un luxe scandaleux de sacrifier des millions d'hommes à ses frivoles besoins. Que feriez-vous de votre liberté, si vous étiez accablé sous le poids de la misère? Ne sentez-vous pas qu'esclave de la pauvreté, vous n'êtes libre que de nom, et que vous regarderez comme une faveur du ciel, qu'un maître veuille vous recueillir? La nécessité, plus puissante que des lois inutiles qui vous déclarent libre, vous rendra esclave.

[170] C'est par une ordonnance du 12 mars 1316, que Philippe-le-Long établit dans les principales villes un capitaine pour en commander les bourgeois, et dans chaque bailliage un capitaine général. Ce prince dit que c'est à la prière des communes qu'il a fait cet arrangement; et il ajoute que, comme le peuple est assez pauvre et assez misérable pour vendre quelquefois ses armes afin de subsister, chaque bourgeois les déposera dans un arsenal public, et qu'on ne les lui délivrera, que quand il sera question du service de sa majesté, et qu'on le commandera. (*Ord. du Louvre, T. 1, p. 635.*)

[171] «Sera crié publiquement, et deffendons sur paine de corps et d'avoir à tous nobles et non nobles, que durant le temps de ces présentes guerres, aucun d'eulz à l'autre ne meuve en face guerre en quelque manière que ce soit couverte ou ouverte, ne ne face faire sur paine de corps ou d'avoir, et ayons ordonné et ordonnons que se aucuns fait le contraire, la justice du lieu, sénéchal, baillifs, prévôts ou autres appelés ad ce, se metier est, les bonnes gens du païs prengnent tels guerriers et les contraingnent sans delay par retenue de corps et explettemens de leurs biens, à faire paix et à cessier du tout de guerrier.» (*Ordon. de mars 1316, faite sur la requête des états-généraux, art. 34.*) Que les progrès de la raison sont lents! Les Français étoient fatigués de leurs guerres privées, et ils ne savoient pas demander une loi générale et perpétuelle qui les déclarât un crime capital contre la société, et défendît pour toujours à tout seigneur les voies de fait, sous peine d'être traité comme perturbateur du repos public.

[172] «Nous ne povons croire que aucun puisse ne doit faire doute que à nous et à nostre majesté royal n'appartiengne, seulement et pour le tout en nostre royaume, le mestier, le fait, la provision et toute l'ordonnance de monoie et de faire monnoier tels monoies et donner tel cours, pour tel prix comme il nous plaist et bon nous semble.» (*Lett. Pat. du 16 janvier 1346.*)

CHAPITRE V.

[173] *ITEM exactiones et onera gravissima pecuniarum per Curiam Romanam ecclesiæ regni nostri imposita, quibus regnum nostrum miserabiliter depauperatum extitit, sivè etiam imponendas, vel imponenda levari aut colligi nullatenùs volumus, nisi duntaxat pro rationabili, piâ et urgentissimâ causâ, vel inevitabili necessitate, ac de spontaneo et expresso consensu nostro et ipsius ecclesiæ regni nostri.* (Ordon. de mars 1268, art. 5.) J'ai lu dans le *Longueruana*, que l'abbé de Longuerue croyoit cette pièce suspecte. Si l'auteur de ce petit ouvrage avoit pris la peine d'exposer les raisons sur lesquelles étoit fondé le sentiment de ce savant homme, on pourroit les examiner; mais on n'en dit rien, et j'avoue franchement que je ne les devine pas.

Si je ne me trompe, on ne trouve rien dans cette pièce qui puisse faire soupçonner que quelque faussaire l'ait fabriquée dans un temps postérieur à S. Louis. Il étoit naturel que le clergé de France, ruiné par les exactions perpétuelles de la cour de Rome, recourût à la protection d'un prince qui avoit la garde générale des églises de son royaume; et il étoit à la fois du devoir et de l'intérêt de S. Louis de l'accorder: sa politique lui en faisoit une loi, et sa piété étoit trop éclairée pour en être alarmée.

Quoi qu'il en soit, il est certain que l'église de France fut moins docile sous le joug de la cour de Rome, que le reste de la chrétienté. On voit que les successeurs de S. Louis accordèrent leur protection à leur clergé, dont ils tirèrent des secours assez abondans, et qu'en conséquence, les églises de France furent plus ménagées par les papes que celles des autres états qui en envioient le sort. J'en tire la preuve du traité que Philippe-le-Bel passa avec l'évêque de Viviers, et dont j'ai déjà eu occasion de parler dans une remarque du IIe chapitre de ce livre. *Curabimus à sede apostolicâ impetrare, quod Vivariensis ecclesia et alie ecclesie Vivariensis diocesis, non teneantur solvere decimam, nisi cum decima levabitur in ecclesiâ gallicanâ; et quod in collectis, contributionibus et procurationibus, deinceps tractentur, sicut alie ecclesie de regno Francie tractabuntur.*» (art. 26.)

[174] Philippe-le-Bel écrivit, pendant la guerre de Flandre, aux évêques pour les prier de lui accorder des décimes. Nous avons encore la lettre qu'il adressa à l'évêque d'Amiens. *Quo circà dilectionem vestram requirimus et rogamus, quatenùs prædictas necessitates et onera diligentius attendentes, et quod in hoc casu causa nostra, ecclesiarum et personarum ecclesiasticarum ac dicti regni, singulariter omnium, generaliter singulorum, agi dignoscitur, et proprium cujuslibet prosequitur interesse, nobis in tantæ necessitatis urgentiâ prædictam decimam in præsenti solvere et exhibere curetis, et ab abbatibus, prioribus, ecclesiis, capitulis, conventibus, collegiis, et aliis personis ecclesiasticis regularibus et secularibus civitatis et diocesis Ambianensis faciatis præsentialiter exhiberi.*

Je remarquerai en passant qu'il n'est point parlé dans cette lettre du consentement du pape pour demander une décime, et qu'ainsi quelques écrivains ont eu tort, en parlant, il y a quelques années, des immunités du clergé, de dire que les rois de France n'ont jamais fait aucune demande d'aide ou de subside à leur clergé, sans avoir obtenu auparavant le consentement de la cour de Rome. Premièrement, quand Philippe-le-Bel écrivit la lettre que je viens de rapporter, comment auroit-il été d'usage d'obtenir du pape la permission de lever des décimes avant que de les demander, puisque Philippe-le-Bel est le premier de nos rois qui ait fait une pareille demande? Comment auroit-il pu lui venir dans l'esprit de croire l'agrément du pape préalable et nécessaire pour requérir une décime qu'il n'exigeoit pas comme un droit, mais qu'il regardoit comme une grâce? Secondement, si le consentement de la cour de Rome eût été nécessaire, Philippe-le-Bel en auroit certainement parlé dans sa lettre, et il n'en dit pas un mot. Si on prétend que c'est un oubli, et que ce prince avoit obtenu la permission de demander une décime au clergé; qu'on m'explique comment la demande de Philippe-le-Bel lui suscita un différend avec Boniface VIII: de quoi auroit pu se plaindre ce pape, après avoir donné son consentement? Pourquoi auroit-il défendu au clergé de donner des secours d'argent à Philippe?

[175] Les successeurs de Philippe-le-Bel ne purent demander de décimes au clergé, sans y être autorisés par une bulle du Saint Siége, qui régloit même la forme dans laquelle la décime accordée seroit levée. «Nous les en quittons (les ecclésiastiques) excepté toutes voies ce qui peut estre deu des disièmes octroiés par nostre Saint-Pere le pape, sur ces diz prelats et autres gens d'église avant l'assemblée de Paris faite au mois de février de l'an 1356, qui se lèvera par les diz ordinaires selon la fourme des bulles sur ces faits.» (*Ord. du 4 mai 1358.*) Les rois de France se soumirent à cette règle, pour prévenir toute contestation entre eux et la cour de Rome. Quand en conséquence de quelque tenue des états, soit généraux, soit provinciaux, le clergé consentoit, conjointement avec la noblesse et le tiers-état, à la levée de quelque subside qui se percevoit sur la vente des denrées ou marchandises, on n'avoit pas besoin du consentement du pape. Il est sûr du moins qu'aucune ordonnance ni aucun historien n'en font mention.

[176] Le parlement que Philippe-le-Bel rendit sédentaire à Paris, devoit s'y tenir deux fois l'an, à Pâques et à la Toussaint, et chaque séance devoit être de deux mois. «Il y ara deux parlemens, li uns des quiex commencera à l'octaves des Pasques, et li autres à l'octaves de la Tousainct, et ne durera chacun que deux mois.» (*Ord. rapportée par Pasquier, L. 2, C. 3.*) Il seroit fort difficile de dire avec une certaine précision, combien de temps subsista cet ordre établi par Philippe-le-Bel. Si on veut établir l'époque fixe de la perpétuité du parlement, je crois qu'on se donnera beaucoup de peine sans succès; car cette époque, selon les apparences, n'existe point. Si on se contente de rechercher en quel temps à peu près le parlement devint perpétuel, on trouvera dans nos monumens des lumières satisfaisantes.

Dans une ordonnance du 3 décembre 1319, il est dit: «Il n'aura nulz prélaz député en parlement, car le roi fait conscience de eus empechier au gouvernement de leurs expérituautés, et li roi veut avoir en son parlement gens qui y puissent entendre continuellement sans en partir, et qui ne soient occupés d'autres grans occupations.» Si par le parlement on ne veut entendre que la grand-chambre, qu'on appeloit par excellence le parlement, il est évident que cette compagnie ne fut point rendue perpétuelle par Philippe-le-Long, ainsi qu'on pourroit le conclure du réglement que je viens de rapporter; puisqu'il est réglé par ordonnance de l'année suivante, que la chambre des enquêtes se partageoit en deux chambres, «pour plus despecher de besoignes, et dureroit par tout l'an en parlement et hors.» Mais si on regarde la chambre des enquêtes comme faisant partie de la cour supérieure de justice du roi, il est sûr que le parlement, ou du moins une partie du parlement, tenoit ses assises pendant toute l'année. «Les gens des enquestes, dit Pasquier, L. 2 C. 3, d'après l'ordonnance que je cite, étoient tenus de venir toutes les après-dinées depuis Pasques jusqu'à la Saint-Michel, et durera cette chambre par l'affluence des procès par tout l'an du parlement et dehors; et néanmoins le parlement clos pourront les conseillers d'icelui se trouver aux enquestes, pour juger le procès avecques les autres: quoy faisans ils seront payés de leurs salaires et vacations extraordinaires.»

Les affaires se multipliant de jour en jour, dans un temps qu'on n'avoit encore aucune loi, et que les coutumes n'étoient point rédigées par écrit, il est très-vraisemblable que l'ordre établi dans le parlement par Philippe-le-Long, en 1320, subsista constamment après lui. Tous les ans on nommoit un nouveau parlement, c'est-à-dire, qu'on faisoit une nomination des magistrats qui devoient tenir cette cour; et sans qu'il y eût une ordonnance générale qui la rendît perpétuelle, et changeât l'ordre établi par Philippe-le-Bel, on lui ordonna, par des lettres particulières, et suivant le besoin, de continuer ses assises: cet usage subsistoit encore en 1358. Voyez dans les ordonnances du Louvre, T. 4, p. 723, une ordonnance de Charles, régent du royaume, du 18 octobre 1358, qui statue que les officiers du parlement qui devoient finir ses séances, continueront à juger jusqu'à ce qu'il y ait un nouveau parlement assemblé. Voyez encore T. 4, p. 725, une autre ordonnance du même régent, du 19 mars 1359, qui porte que les présidens du parlement, ledit parlement non séant, jugeront toutes les affaires qui seront portées devant eux.

Il y a toute apparence que Charles V, pendant tout son règne, se comporta à l'égard du parlement, comme il avoit fait pendant la prison du roi son père. Le peuple avoit le même besoin d'avoir continuellement des juges pour terminer ses différends. D'ailleurs, personne n'ignore que ce prince, ainsi qu'on le verra dans le livre suivant, avoit une affection particulière pour les magistrats du parlement, qui étoient particulièrement attachés aux intérêts de la couronne. En 1356, ce prince avoit déclaré aux états-généraux, qu'il auroit soin qu'à l'avenir les chambres du parlement, des enquêtes et des requêtes, tinssent leurs assises pendant toute l'année.

Il en a été du parlement parmi nous, comme de tout le reste, on agissoit au jour le jour, sans vue générale, et c'étoit aux circonstances à tout ordonner et tout régler. Je crois avec Pasquier, que c'est sous le règne de Charles VI, qu'il se fit une grande révolution dans tous les autres ordres de la nation. «La foiblesse du cerveau du roi et les partialités des princes furent cause, *dit-il*, qu'ayant leurs esprits bandés ailleurs, on ne se souvint plus d'envoyer de nouveaux rôles de conseillers, et par ce moyen le parlement fut continué.» Les magistrats qui se trouvèrent en place, continuèrent leurs fonctions pour que la justice fût toujours administrée. Ils se tinrent toujours assemblés, parce qu'ils y étoient accoutumés, et que l'abondance des procès les y forçoit. D'ailleurs, la cour, occupée d'objets plus intéressans pour elle, avoit également oublié de leur ordonner de continuer ou de suspendre leurs séances. Cet ordre se trouva tout établi sous le règne de Charles VIII. Voyez l'ordonnance de ce prince, en avril 1453, pour la réformation de la justice et police du parlement, art. 2 et 3.

Les offices devinrent perpétuels, et quand quelque membre du parlement mourut, la compagnie choisit elle-même son successeur. «Voulons et ordonnons que nul ne soit mis ou dit lieu et nombre ordinaire dessusdit (des présidens et conseillers du parlement) quand le lieu vacquera, se premierement il n'est tesmoigné à nous par nostre amé et féal chancelier, et par les gens de nostredit parlement, estre souffisant à exercer ledit office, et pour estre mis ou dit lieu et nombre dessusdit, et se plusieurs le requeroient ou estoient à ce nommés que on preigne et élise li plus souffisant.» (*Ord. du 5 février 1388, art. 5.*)

«Que dores en avant quant les lieux de présidens et des autres gens de nostre parlement vacquerroit, ceulz qui y seront mis, soient prins mis par élection, et que lors nostre dit chancelier aille en sa personne en nostre court de nostre dit parlement, en la presence du quel y soit faicte la dicte election, et y soient prinses bonnes personnes, sages, lectrées, expertes et notables selon les lieux où ils seront mis, afin qu'il soit pourveu de telles personnes comme il appartient à tel siége, et sans aucune faveur ou accepcion de personnes; et aussi que entre les autres, l'on y mette de nobles personnes qui seront à ce souffisans.» (*Ord. du 7 janvier 1400, art. 18.*)

[177] Au sujet de l'origine des appels comme d'abus, voyez l'*Institution au droit ecclésiastique*, par l'abbé Fleury, partie 3, chap. 24. Au sujet des cas privilégiés, voyez Boutillier, (*L. 2, Tit. 1.*)

[178] *Ea propter nobis humiliter supplicaverunt memorati archiepiscopi, episcopi, capitula notabilia, decani, abbates, cæterique prælati et viri ecclesiastici atque scientifici universitatum studiorum generalium regni et Delphinatûs nostrorum prædictorum*

repræsentantes, quatenùs eorum deliberationibus et conclusionibus sic secundùm Deum, justitiam et sinceritatem conscientiarum suarum acceptis, tam respectu præfatorum decretorum et canonum ipsius sacro-santæ generalis Synodi Basiliensis, quam alias in his quæ pro utilitate reipublicæ ecclesiæ regni et Delphinatûs nostrorum fuerunt inter eosdem deliberata et conclusa, regium nostrum consensum præbere, eaque protegere efficaciter et exequi ac inviolabiliter per omnes subditos nostros observari facere et mandare dignaremur... quo circà delectis et fidelibus consiliariis nostris præsens tenentibus et qui in futurum tenebunt parlamenta, omnibusque justitiariis regni et Delphinatûs nostrorum cæteris officiariis, etc. (Prag. Sanct. Tit. 25.)

CHAPITRE VI.

[179] *ANTIQUISSIMO enim tempore, sic erat in dominorum potestate connexum, ut quando vellent, possent offerre rem in feudum à se datam; posteà verò conventum est, ut per annum tantum firmitatem haberent, deinde statutum est ut usque ad vitam fidelis perduceretur.* (Lib. Feudorum, Tit. 1). Conrad II étoit contemporain de notre roi Robert et de Henri I. Il commença à régner en 1024, et mourut en 1039. *Cum verò Conradus Romam proficisceretur petitum est à fidelibus qui in ejus erant servitio, ut lege ab eo promulgatâ hoc etiam ad nepotes ex filio producere dignaretur, et ut frater fratri sinè legitimo hærede defuncto in beneficio quod eorum patris fuit succedat.* (Ibid. T. 1.) Fréderic I, contemporain de notre Louis-le-Jeune et de Philippe-Auguste, mourut en 1190. Le livre des fiefs que je cite ici, fut écrit sous son règne; et il y est encore dit: «*sciendum est quod beneficium adveniens ex latere ultrâ fratres patrueles non progreditur successione ab antiquis sapientibus constitutâ, licet moderno tempore usque ad septimum geniculum sit usurpatum, quod in masculis descendentibus novo jure in infinitum extenditur.*»

[180] Plusieurs écrivains Allemands croient que l'Empire fut héréditaire jusqu'à Henri IV; quelques-uns même pensent qu'il ne fut véritablement électif qu'après le règne de Henri VI. Je demanderois à ces écrivains: Conrad I ne fut-il pas élu? Toutes les histoires n'en sont-elles pas autant de preuves? Henri, duc de Saxe, et surnommé l'Oiseleur, fut sans doute élu empereur, puisque Conrad voyant que ce prince étoit trop puissant pour ne pas usurper l'Empire, ou ne s'en pas séparer, conseilla de le choisir pour son successeur. Il est vrai que sa postérité, pendant trois générations, occupa le trône; mais cela ne prouve rien contre le droit de l'Empire et de la nation Allemande. Quand même il seroit certain que ces princes n'auroient pas attendu une élection pour prendre le titre d'empereurs, que pourroit-on conclure de trois démarches irrégulières, contre l'éligibilité de l'Empire? Après la mort d'Othon III, Henri II, duc de Bavière, surnommé le Boiteux, ne fut-il pas élu empereur, de même que son successeur Conrad II, duc de Franconie? Il me semble que les témoignages des historiens sur tous ces faits, ne sont point équivoques, et dès lors quels motifs raisonnables peut-on avoir de douter?

Puffendorf dit dans son ouvrage intitulé, *de Statu Imperii Germanici*, et publié sous le nom de Severin de Monzambano; *Proceres in Imperatorem (Henricum) insurgunt, eumque regno dejiciunt, editâ constitutione, ut deinceps filius regis, et si dignus, per spontaneam electionem non per successionis, lineam proveniret.*» (C. 6. §. 7.) Cette diète se tint à Forcheim, et la constitution dont parle Puffendorf, se trouve dans le recueil de Goldast. Si de ce fait on vouloit inférer que la couronne étoit héréditaire avant Henri IV, on auroit tort, ce me semble. Tout ce qu'on en peut conclure, c'est que les élections ne s'étoient pas faites bien régulièrement, et que quatre princes de la maison de Saxe, et trois de la maison de Franconie s'étant succédés, leurs partisans pouvoient avoir voulu rendre équivoque le droit de l'Empire; et que pour dissiper tout doute et prévenir les entreprises ambitieuses des empereurs, il étoit nécessaire de porter une loi qui renouvellât les anciennes constitutions et coutumes du corps germanique. Dans un siècle d'ignorance, et où la force a beaucoup de pouvoir, cette précaution étoit fort utile.

[181] Richard, duc de Cornouaille, et Alphonse X, roi de Castille. L'interrègne ne finit qu'en 1373, par l'élection de Rodolphe, comte de Hapsbourg.

Fin des remarques du livre quatrième.

REMARQUES ET PREUVES
DES
Observations sur l'histoire de France.

LIVRE CINQUIÈME.

CHAPITRE PREMIER.

[182] Voyez le cinquième chapitre du livre précédent, où j'ai parlé assez au long de la décadence du pouvoir des ecclésiastiques. Différentes occupations m'ont empêché, jusqu'au commencement de 1772, de songer à mettre en ordre les remarques et les preuves d'un ouvrage qui étoit fait depuis plusieurs années; et j'avoue que ce n'est qu'à contre-cœur que je prends la plume pour travailler encore à l'histoire d'un peuple frivole, inconsidéré, que sa patience, son engouement, son luxe et son amour de l'argent ont peut-être rendu incorrigible. Je cède aux sollicitations de mes amis: ils pensent que tout n'est pas absolument désespéré; et puisqu'ils le veulent, je vais continuer à m'occuper des fautes de nos pères. Si nous pouvons encore en profiter pour les réparer, mon travail ne sera pas inutile, et j'aurai rendu à ma patrie le service le plus important. Si nos maux sont sans remèdes, parce que nos ames sont avilies et corrompues, on me fait espérer que notre histoire pourra servir de leçon aux peuples qui ne sont encore que sur le penchant du précipice; en voyant nos malheurs, ils apprendront à en craindre de pareils pour eux, et peut-être feront-ils des efforts utiles pour les prévenir.

[183] *Sicque volentes eumdem comitem (Andegavensem) hujusmodi suæ probitatis et præcellentium meritorum obtentu honoribus promovere præcipuis, et non minùs regni nostri solium veterum dignitatum ornatibus reformare, comitem ipsum de gratiæ nostræ abundantiâ et plenitudine regiæ potestatis, præfati regni nostri. Creamus et promovemus in parem, et paritatis hujusmodi dignitatem Andegaviæ comitatui annexentes, præsentium tenore statuimus ut tam in se quam successoribus ejusdem comitis Andegavensis, qui pro tempore fuerint, pro ejusdem regni perpetuis honoribus habeatur, omniumque paritatis ejusdem, quemadmodùm diligens et fidelis dux Burgundiæ compar ejus jure et prærogativâ lætetur.* Lettres d'érection du comté d'Anjou en pairie. Elles sont du mois de septembre 1297. Le duché de Bretagne et le comté d'Artois furent érigés en même temps en pairie, et les lettres de Philippe-le-Bel leur attribuent les mêmes prérogatives.

C'est dans le même esprit que Louis X érigea le comté de Poitiers en pairie, pour Philippe son frère. *Quod nunc in perpetuum dictus Philippus, ejusque successores comites pictavienses qui pro tempore fuerint pares sint Franciæ, et aliorum Franciæ parium prærogativis, privilegiis libertatibus perpetuo gaudeant et utantur.* Voyez les lettres par lesquelles Philippe-le-Long et son frère Charles-le-Bel érigèrent en pairie le comté d'Evreux, la baronie de Bourbon, le comté de la Marche. Ces pièces ont depuis servi de modèle à toutes les érections suivantes; et les nouveaux pairs n'ont jamais soupçonné que leurs droits disparoîtroient successivement, à mesure que l'autorité royale feroit des progrès aux dépens de la liberté de la nation.

Il est assez bizarre qu'en faisant des efforts continuels pour faire oublier les prérogatives des fiefs et ruiner les grands vassaux, nos rois créassent cependant de nouveaux pairs auxquels ils attribuoient tous les droits de l'ancienne pairie. Ne soyons pas étonnés de cette bizarrerie. Dans tous pays où le gouvernement n'a aucune règle fixe, les passions les plus opposées entre elles, doivent gouverner successivement; et il ne peut en résulter que la politique la plus déraisonnable: aujourd'hui l'ambition ou l'avarice décidera de tout, et demain ce sera la vanité ou la prodigalité. Les successeurs de S. Louis aspirèrent à un pouvoir arbitraire, parce qu'il est doux de ne trouver aucun obstacle à ses volontés; ainsi ils vouloient écraser tout ce qui étoit puissant; mais parce qu'ils étoient vains, et que l'ancien gouvernement les avoit accoutumés à juger de la grandeur du suzerain par celle de ses vassaux, ils vouloient encore faire des grands.

[184] Personne ne doute que Hugues-Capet et ses premiers successeurs ne donnassent des apanages à leurs enfans puînés; et il est prouvé par tous nos monumens, que ces terres distraites du domaine du roi, et regardées comme des propres, passoient aux filles mêmes, et par conséquent dans les maisons des seigneurs auxquels elles étoient mariées. J'ai fait voir dans les remarques des livres précédens, que l'inaliénabilité des terres de la couronne n'étoit qu'une chimère avant les états de 1356. Ne faut-il pas conclure de cette doctrine que sous les premiers Capétiens, les apanages donnés aux princes puînés étoient distraits pour toujours de la couronne? Pourquoi les rois auroient-ils cru qu'ils pouvoient aliéner pour toujours leurs domaines en faveur des étrangers, et qu'ils ne le pouvoient pas en faveur de leurs enfans, pour lesquels ils devoient avoir plus d'affection?

Alphonse, comte de Poitou et d'Auvergne, étant mort sans enfans, son frère Charles, roi de Sicile, se porta pour son héritier, et intenta procès à Philippe-le-Hardi son neveu, qui s'étoit emparé de la succession. Les raisons que Charles allègue pour défendre ses droits, prouvent qu'on ne mettoit alors aucune différence entre les terres distraites du domaine du roi et les autres natures de bien. Mais on m'objectera qu'il perdit son procès. *Quod de generali consuetudine hactenùs à multis generationibus regem plenius observari, cum donatio quæcumque hæreditagii procedit à domino rege uni de fratribus suis donatoris ipso sinè hærede proprii corporis viam universæ carnis ingresso, donationes ipsæ ad ipsum donatorem aut ejus hæredem succedentem in regno revertuntur pleno jure.* Arrêt du parlement. On le trouve dans le glossaire de Ducange, au mot *apanare*: remarquez les clauses *uni de fratribus suis.... sinè hærede proprii corporis.* Il falloit donc, pour que la substitution en faveur du roi eût lieu, que ce fût le prince même qui avoit reçu l'apanage, qui ne laissât aucun héritier ou aucun enfant: *sinè hærede proprii corporis*, prouve évidemment que les filles n'étoient pas exclues; car, elles ont toujours été comprises sous le nom d'héritier depuis l'établissement du gouvernement féodal; et je pourrois placer ici cent autorités qui ne laissent aucun doute.

Philippe-le-Bel, dit du Tillet, ordonne par son codicille que le comté de Poitiers, dont il avoit apanagé son second fils, connu depuis sous le nom de Philippe-le-Long, seroit réversible à la couronne, au défaut d'hoirs mâles. Les apanages passoient donc aux filles, puisque Philippe-le-Bel croit qu'il est nécessaire de les exclure par une clause expresse. L'exemple que donna ce prince ne devint point une règle générale de notre droit, on ne porta point une loi. Sous ses successeurs, les filles continuèrent à hériter des apanages donnés à leurs pères. Nous en trouvons la preuve dans le diplome par lequel Philippe-de-Valois confère les comtés d'Anjou et du Maine à son fils Jean. «Si ledit Jehan nostre fils trépassoit de cest siècle, nous survivans à lui, et de lui ne demeurant hoirs masle, mais seulement fille ou filles, en icelui cas les comtés d'Anjou et du Maine revenront à nous et au royaume de France, et la fille, si elle étoit seule ou l'aisnée, s'il y en avoit plusieurs, emporteroit sept mille livres tournois de terre ou de rente à value de terre; et la seconde auroit deux mille de terre et cinquante mille livres tournois pour une fois... ni plus grand droit ne pourroient lesdites filles demander ni avoir en la succession du dit Jehan nostre fils, quant en cely cas les comtés d'Anjou et du Maine revenront au dit royaume de France.»

Les filles continuèrent à hériter des apanages donnés à leur branche; elles eurent même le droit d'en demander pour elles, et j'en trouve la preuve incontestable dans l'édit du mois d'octobre 1374, par lequel Charles V règle la portion héréditaire que chacun de ses enfans doit avoir après sa mort. «Voulons et ordonnons que Marie nostre fille soit contente de cent mille francs que nous lui avons ordonné donner en mariage avec tels estoremens et garnisons comme il appartient à fille de France, et pour tout droit de partage ou appanaige que elle pourroit demander en nos terres et seigneuries.» Il donne soixante mille livres à sa seconde fille aux mêmes conditions. Cette autorité est si claire et si précise, qu'elle n'a besoin d'aucun commentaire.

La masculinité des apanages n'est l'ouvrage d'aucune loi particulière; c'est une coutume dont Philippe-le-Bel a donné le premier exemple, et que nous avons enfin regardée comme une loi sacrée. Elle ne commença à s'accréditer qu'après que les états de 1356 eurent forcé le dauphin, pendant la prison de son père, à déclarer que les domaines de la couronne seroient désormais inaliénables. «Avons promis et promettons en bonne foy aux gens des dits trois états, que nous tenrons, garderons et deffendrons de tout nostre pouvoir, les hautesses, noblesses, dignités, franchises de la dicte couronne, et tous les domaines qui y appartiennent et peuvent appartenir, et que iceux nous ne aliénerons ne ne soufferrons estre aliennez ne estrangiez.» (*Ordon. du mois de mars 1356, art. 41.*) Cet article ne fut pas mieux observé que les autres de la même ordonnance. Les rois ne vouloient être gênés par aucune règle, et leurs favoris ne souffroient pas patiemment qu'on leur défendît de piller l'état. L'inaliénabilité des domaines, et par une conséquence naturelle, la masculinité des apanages ont enfin fait fortune. Les gens de robe se sont déclarés les protecteurs de cette doctrine avec un zèle, qui enfin, a triomphé de la prodigalité de nos rois et de l'activité de leurs courtisans. Il a fallu recourir à des subtilités, et on a imaginé les engagemens et les échanges. C'est un préjugé bien ridicule qui nous attache à la loi de l'inaliénabilité du domaine. Elle étoit sage, quand les états la demandèrent; on se flattoit que le roi, riche de ses propres terres, si on ne lui permettoit pas de les aliéner, pourroit suffire à ses besoins, ne demanderoit plus des subsides si considérables à ses peuples, ou les demanderoit plus rarement: mais depuis que les rois sont parvenus a établir arbitrairement des impôts, cette loi si vantée est pernicieuse, ou pour le moins inutile.

[185] Voyez à ce sujet dans les ordonnances du Louvre, (*T. 1, p. 551,*) les lettres de Louis X, du 14 mars 1314, par lesquelles il confirme les priviléges des Normands. Il s'engage pour lui et ses successeurs à rétablir les monnoies sur le pied qu'elles étoient sous S. Louis, et à n'exiger que les services établis par les coutumes anciennes, (*p. 557.*) Sur les remontrances des nobles de Bourgogne, des évêchés de Langres et d'Autun, et du comté de Forest, le roi s'engage par son ordonnance du mois d'avril 1315, à ne faire aucune acquisition dans les terres des seigneurs, ou s'il acquiert des fiefs, il en fera acquitter les services. Le droit de faire la guerre est confirmé aux nobles. Le roi ne pourra convoquer pour la guerre que ses vassaux immédiats. On rétablira les monnoies de S. Louis, et les justices des seigneurs seront respectées par les officiers royaux, (*p. 561.*) L'ordonnance du 15 mai 1315, ordonne de faire des recherches, pour s'instruire de la forme du gouvernement, sous S. Louis, et la rétablir, (*p. 567.*) L'ordonnance du 17 mai 1315, dit la même chose que les précédentes. Le sixième article en est remarquable. Les seigneurs ayant toute justice, ou leurs officiers, auront la connoissance de toutes les obligations, même de celles qui auront été passées sous le scel royal. *Executiones verò litterarum, et cognitiones descendantes ab eisdem super obligationibus quibuscumque, sub nostris sigillis confectarum, eisdem in terris eorum, ubi omnimodam habent justitiam, præterquam in debitis nostris, vel si negligenter defectivi fuerint, concedimus faciendas.* Que cette doctrine étoit contraire à ce que les praticiens avoient établi au sujet des cas royaux, et au droit de prévention qu'on avoit attribué aux juges royaux!

(*P. 573.*) L'ordonnance de Mai 1315 permet aux seigneurs de donner des fiefs à des nobles, pourvu que leur seigneurie n'en soit pas trop diminuée, et ordonne de respecter les justices particulières, &c. Cette ordonnance fut suivie d'additions données peu de jours après; il y est dit que les nobles pourront donner sur leurs fiefs des pensions annuelles à leurs serviteurs nobles et roturiers, pourvu que le fief n'en soit pas trop diminué. On ajoute que les hommes que le roi donnera aux seigneurs pour desservir les fiefs qu'il possédera dans leur mouvance, seront tenus de leur obéir, à faute de quoi les seigneurs pourront saisir le fief possédé par le roi, p. 587. Lettres-patentes du 22 juillet 1315, en faveur des habitans de Normandie, «Les anciens priviléges des fiefs sont rétablis. Aucun ne obeisse à ceux qui en nostre nom auront voulu prendre denrées quelconques pour nos garnisons et nécessité, si ils n'apportent lettres-patentes scellées de notre scel ou du maistre de nostre hostel. Et jaçoit qu'ils apportent lettres de nous, ou du dit maistre, ils soient tenus appeler la justice du lieu, et faire priser par loyaux hommes les denrées, et payer le prix qui en sera trouvé, avant qu'ils les emportent. Et qui fera le contraire soit arresté par sil à qui il appartiendra à eux corriger,» p. 617. Lettres de janvier 1315, qui rétablissent les seigneurs de Languedoc dans le droit de donner des fiefs aux églises, sans amortissement, et aux roturiers, sans droit de franc-fief, p. 688. Ordonnance de juin 1317, sur les remontrances des habitans d'Auvergne. Elle ne prouve pas moins que les pièces précédentes, quelle force les anciens préjugés conservoient, et elle n'est pas moins favorable au gouvernement, ou plutôt à l'anarchie des fiefs.

Tome II. p. 61. Lettres-patentes de Philippe-de-Valois du 8 février 1330, pour permettre dans le duché d'Aquitaine les guerres privées; mais à condition qu'elles seroient déclarées dans les formes, et acceptées par ceux à qui elles seroient faites, et qu'elles cesseroient pendant que le roi seroit en guerre contre ses ennemis. De plus, les proclamations, les contraintes et les autres formalités qui devoient précéder ces guerres, devoient être faites par le ministère des sénéchaux royaux, et non par les officiers des seigneurs hauts-justiciers, si ce n'est au refus et par la négligence des officiers du roi, p. 552. Le 9 avril 1353, le roi Jean renouvelle l'ordonnance de S. Louis, nommée la quarantaine le roi, touchant les guerres privées.

Au sujet des gardiens et des sauvegardes dont je parle dans mon ouvrage, voyez dans les ordonnances du Louvre, T. 5, p. 4, les lettres du 6 mai 1357, par lesquelles Charles V donne des gardiens au prieur de Pompone. Ces gardiens étoient nommés pour protéger les biens des cliens, les défendre de toute injure et punir leurs ennemis. Ils faisoient poser sur des poteaux la sauvegarde royale, et assignoient devant les juges royaux ceux qui avoient fait quelque tort à leur client. Si les coupables ne comparoissoient pas, on leur faisoit la guerre, et il étoit ordonné, *omnibus justicialibus et subditis nostris, dante tenore presentium in mandatis, ut prefatis gardatoribus in predictis et ea tangentibus, pareant efficaciter et intendant, prestantque auxilium, favorem et consilium, si opus fuerit, et super hoc fuerint requisiti.* Ces lettres de sauvegarde devinrent très-communes sous les Valois.

Tandis que les préjugés de la nation se montroient avec tant de force, et qu'on vouloit réduire les fils de Philippe-le-Bel à n'être encore que les gardiens et les conservateurs des coutumes anciennes, on leur attribuoit quelquefois une autorité despotique qui peut changer à son gré toutes les coutumes, et suppléer à toutes les formes usitées. Je n'en citerai pour exemple qu'un arrêt du parlement, qui, sous le règne de Charles-le-Bel, adjugea le comté de Flandre à Louis, comte de Nevers. *Philippus quondam rex Franciæ et Navarræ, ad requisitionem dicti comitis Flandriæ defuncti et dictarum partium, autoritate regiâ et certâ scientiâ approbaverat et confirmaverat, cum interpositione decreti sui et pronuntiatione factâ præmissâ sic posse fieri, et valida esse, tollendo consuetudines contrarias, si quæ essent, et supplendo de plenitudine potestatis omnes defectum, si quis forsitàn esset.* Cette pièce est rapportée par Lancelot p. 302, du recueil des pièces concernant la pairie.

On voit que la nation sentoit la nécessité d'une puissance législative, et étoit effrayée de la voir toute entière entre les mains du roi. De là, s'est formée parmi nous cette opinion généralement reçue, que le roi est souverain législateur, mais qu'il est obligé d'obéir aux lois que nous appelons fondamentales; et par ce galimathias, nous nous flattons d'être venus à bout de distinguer le despotisme de la monarchie. Nos gens de robe, qui ont rédigé toutes ces sottises en système, n'ont pas vu qu'un peuple n'est pas libre, dès qu'il ne fait pas lui-même ses lois; et que ce que nous appelons la monarchie, n'est que le premier échelon du despotisme. Ils n'ont pas compris qu'il est de l'essence de la puissance législative de pouvoir abroger les anciennes lois, comme d'en faire de nouvelles. La gêner par des bornes, c'est vouloir qu'on ne puisse appliquer de remède efficace aux maux présens; c'est vouloir qu'on flotte toujours entre l'anarchie et la tyrannie.

[186] Philippe-le-Bel fit en octobre 1294 une ordonnance pour établir la reine régente, dans le cas que son fils fût mineur, en montant sur le trône, et demanda à plusieurs grands seigneurs la garantie de cette ordonnance. Il y a, dit du Puy, traité de la majorité de nos rois, p. 146, dans le trésor des chartes, numéro 5, treize lettres d'autant de grands qui approuvent la régence de ladite reine, et qui promettent de l'entretenir et faire observer. Ces assuremens, datés de 1299 et de 1300, sont scellés par l'archevêque de Rheims, l'évêque de Châlons, l'évêque de Beauvais, Charles, comte d'Anjou, Louis, comte d'Evreux, Robert, comte d'Artois, Robert, duc de Bourgogne, chambrier de France, Jean, duc de Bretagne, Jean, comte de Dreux, Hucs de Chastillon, comte de Blois, Hugues le Brun, comte de la Marche, Robert, comte de Boulaigue, Guy, comte de Saint-Paul, bouteillier de France.

Philippe-le-Long ayant des différens avec le comte de Flandre, au sujet de quelques articles du traité de paix conclu entre ce comte et Philippe-le-Bel, le pape Jean XXII fut choisi pour arbitre; et les pairs déclarèrent qu'ils s'engageoient à ne donner aucun secours au roi, dans le cas qu'il violât quelque article convenu par la médiation. Voyez dans le recueil des pièces concernant la pairie, p. 296. *Declaratio parium Franciæ de non assistendo nec servitia præstando regi Galliæ*. Dans le même recueil, p. 294, on trouve des lettres du comte de Valois du 27 juin 1319, au sujet de cette déclaration; et il est vrai qu'il dit qu'elle est nouvelle et contraire aux coutumes: «combien que en dit conseil soient aucunes choses contenues étranges et non accoutumées de rois, ne de lignage, ne de pairs de France.» Il faut, je crois, se garder d'être de l'avis du comte de Valois, qui ignoroit nos antiquités, ou qui, dans ce moment avoit quelque raison de flatter le roi. «Dans le traité que S. Louis fit avec l'Angleterre, les deux puissances nommèrent des conservateurs ou des gardiens qui s'engagèrent à servir contre leur seigneur, s'il violoit quelque article du traité.» Voyez le *Corps diplomatique* de Dumont. On retrouve encore la même stipulation dans le traité de 1259 entre les mêmes puissances. Cet engagement des conservateurs étoit tout-à-fait dans l'esprit du gouvernement féodal. Puisqu'il y avoit des cas où le vassal étoit autorisé à faire la guerre à son suzerain, et que S. Louis en convient lui-même dans ses établissemens: puisque le comte de Valois voyoit tous les jours le roi en guerre contre quelques pairs de son royaume, pouvoit-il de bonne foi regarder la déclaration qu'on lui demandoit, comme une nouveauté étrange et contraire aux coutumes? On court risque de se tromper souvent, si on n'a pas l'art de découvrir dans nos monumens anciens, ce que la flatterie y met quelquefois.

Il seroit inutile de m'étendre plus au long pour prouver une vérité dont presque personne ne peut douter. On sait que l'usage des conservateurs a subsisté en Europe long-temps après l'avénement de Philippe-de-Valois au trône.

Voyez ce que j'ai dit là-dessus dans le droit public de l'Europe, chap. 2.

[187] «Au roi seul, et pour le tout appartient donner et octroyer sauvegarde et grace à playdoyer par procureur, et lettres d'état et nobilitations et légitimations. Au roy appartient seul et pour le tout de faire rémission de crimes et rappels de bancs. Si le roy a fait grace et rémission de crime avant condamnation et bannissement, ensuite nul autre Sr. pair, ne autre baron ne peut puis connoître du cas, ne foy entremettre en aucune manière. Au roy seul et pour le tout appartient amortir en tout son royaume, à ce que les choses puissent être dites amorties; car, supposé que les pairs, barons et autres sujets du roi amortissent pour tant comme il leur touche ce qui est tenu d'eux, toutes voyes ne peuvent ne ne doivent les choses par eux amorties avoit effet d'amortissement, jusqu'à que le roi les amortisse; mais peut le roy faire contraindre les possesseurs de les mettre hors de leurs mains dedans l'an, et iceux mettre en son domaine si ils ne le font. Au roi appartient seul et pour le tout en son royaume et non à autres à octroyer et ordonner toutes foires et tous marchés, et les allans, demeurans et retournans sont en sa sauvegarde et protection, &c.»

On voit par cet arrêt, combien les grands seigneurs avoient de peine à renoncer à leurs prérogatives féodales. Certainement le parlement ne l'auroit point porté en 1372, si on n'avoit pas encore contesté au roi le droit qu'on lui attribue ici. Je remarquerai en passant, que cette pièce fait très-bien connoître l'esprit du parlement, dont j'ai déjà eu occasion de parler dans les livres précédens, et qui ne tendoit qu'à humilier les grands. Jamais il n'a dit plus vrai, que lorsque dans ces derniers temps et avant que d'être cassé, il s'est encore glorifié dans ses remontrances, d'avoir travaillé sans relâche à établir le pouvoir arbitraire qu'il espéroit de partager, et dont il a été enfin la victime.

[188] J'ai rapporté dans les remarques 160 et 161 du livre 4, chapitre 3, plusieurs autorités pour prouver que les prédécesseurs de Philippe-de-Valois n'avoient pas le droit d'établir à leur gré de nouveaux impôts: j'aurois pu en ajouter mille autres, si cette question étoit douteuse. Pour faire connoître quelle étoit à cet égard la situation des choses sous le règne de Philippe-de-Valois, il suffira de rapporter ici l'ordonnance de ce prince du 17 février 1349. «Nous ayens fait montrer et exposer à nos amez les bourgeois et habitans de nostre bonne ville de Paris, les grans et innumerables frais, mises et despens dessus dits supporter.... ont libéralement voulu et accordé pour toute leur communité, eue sur ce premièrement bonne délibération et advis, que par l'espace d'un an entièrement accompli, &c.»

Il est dit ensuite à quelle condition on accorde ce subside annuel. 1º. Philippe-de-Valois renonce, tant pour lui que pour la reine et ses enfans, au droit de prise dans Paris et dans les biens des Parisiens. J'ai déjà parlé de ce droit odieux, auquel on avoit cent fois renoncé, qui subsistoit, et qui, bien loin de diminuer, étoit devenu au contraire plus considérable, les officiers de la maison du roi et les juges mêmes du parlement l'ayant étendu jusqu'à eux. 2º. Les habitans de Paris ne seront tenus d'aller ni d'envoyer pendant ladite année à l'Ost pour arrières-bans, quand même ils tiendroient des fiefs. 3º. Tous les emprunts, tant au nom du roi et de la reine que de leurs enfans, cesseront. 4º. Pendant que l'imposition convenue sera levée, les héritages que les bourgeois de Paris possèdent dans tout le royaume, ne seront sujets à aucune autre subvention. «Si voulons et octrayons par ces présentes, de notre grace especial aux dits bourgeois que cette aide ou octroy que fait nous ont de ladite imposition, ne porte ou puisse porter, au temps avenir aucun préjudice à eulx et aux mestiers de ladite ville, ne à leurs privilèges, libertés et franchises, ne que par ce nouvel droit nous soit acquis contre eulx, ne aussi à eulx contre nous, mais le tenons à subside gracieux.»

On verra dans les chapitres suivans, où je parlerai des états de 1355 et 1356, combien la nation étoit jalouse du droit d'accorder librement et gratuitement ses subsides.

[189] On croit assez communément que les filles en France sont exclues de la couronne, en vertu du texte de la loi salique, qui dit: *de terrâ verò salicâ nulla portio hæreditatis mulieri veniat, sed ad virilem sexum totæ terræ hæreditas perveniat*. Pour se désabuser, il n'est question que de savoir ce qu'il faut entendre par terre salique, et je renvoie à ce que j'ai dit là-dessus dans la remarque 79 du livre 2, chapitre 5. On y verra que la terre salique n'étoit que ce que nous appelons un propre. On verra que les francs regardoient comme injuste et barbare, la loi qui ne permettoit pas aux filles d'avoir leur part dans ces sortes de biens; et que la coutume avoit même établi des formalités qui autorisoient un père à appeler ses filles au partage de ses propres ou de la terre salique. Après cela, je laisse à juger au lecteur, si le texte que je viens de rapporter, peut avoir quelque rapport à la succession du trône. Quand on pourroit même regarder la royauté comme un propre, il faudroit convenir qu'un roi Mérovingien auroit pu jouir du même privilége que ses sujets, et laisser à ses filles une part de sa couronne.

Tant que les Français furent au-delà du Rhin, les filles n'eurent aucun droit à la succession du trône. Il ne devoit pas entrer dans l'esprit d'une nation sauvage, pauvre, libre, guerrière, et pour qui la royauté n'étoit autre chose que le généralat de l'armée, d'obéir à des reines et d'en faire les chefs de leurs expéditions militaires. Après s'être établis au-deçà du Rhin, les Français, comme on l'a vu, conservèrent dans les Gaules leurs mœurs, leurs lois et leur gouvernement; les filles ne durent donc point être appelées au partage de la couronne. Quelque ingénieuse que soit l'ambition à se faire des droits et à tenter des entreprises, on ne trouve nulle part que quelque princesse de la maison de Clovis ait prétendu succéder à son père, ou partager la couronne avec ses frères. Sous la seconde race, les filles n'eurent pas plus de droit que sous la première; voyez la remarque 45 du livre 2, chap. I. Mais il me semble qu'il faut bien se garder de croire que la coutume pratiquée sous les Mérovingiens et les successeurs de Pepin, dût servir de règle et avoir force de loi sous les Capétiens.

Il se fit, comme on l'a vu, la plus étrange révolution dans les mœurs et le gouvernement. Tout le passé fut oublié; à la faveur du despotisme et de l'anarchie, que la foiblesse des derniers Carlovingiens avoit établis, il n'y avoit point de coutume, quelque bizarre qu'elle fût, qui ne pût s'accréditer. Les femmes, qui n'avoient eu aucune part aux fonctions publiques, devinrent, ainsi que je l'ai dit, des magistrats. Elles présidèrent leur cour de justice et se rendirent dans celles de leur suzerain pour juger. Elles furent souveraines et héritèrent des fiefs les plus importans, et qui n'étoient pas moins considérables que ceux de Hugues Capet. Pourquoi donc la royauté, qui n'étoit plus elle-même considérée que comme la première et la plus éminente des seigneuries, auroit-elle été une seigneurie masculine, tandis que toutes les autres passoient aux filles? Depuis Hugues Capet jusqu'à Louis Hutin, on n'eût point occasion de traiter cette question; mais ce dernier prince, ne laissant qu'une fille pour lui succéder, ne voit-on pas, aux difficultés qu'éprouva Philippe-le-Long, que rien n'étoit plus équivoque ni plus incertain que l'ordre de la succession au trône?

Au défaut de lois et d'exemples dans la succession Capétienne, il étoit naturel qu'une sorte d'analogie servît de règle, à la mort de Louis X; et ce qui se passoit à l'égard de toutes les autres successions, devoit donc porter les Français à exclure Philippe-le-Long du trône, pour y placer sa nièce. Ce prince, en effet, ne succéda point à son frère, sans trouver de grands obstacles. Je ne devine point quelles raison il pouvoit alléguer pour défendre et faire valoir ses prétentions. Auroit-il cité la loi salique et la coutume des deux premières races? Il n'y avoit pas vraisemblablement deux hommes dans le royaume qui en fussent instruits. Auroit-il parlé des peuples les plus célèbres de l'antiquité? Philippe-le-Long et les Français ignoroient parfaitement l'histoire ancienne. Auroit-il prétendu que les femmes, bornées par leur foiblesse aux soins économiques de leur maison, sont incapables de gouverner une nation? On ne l'auroit pas entendu, car les Français étoient galans, et à leur chevalerie près, qui les avoit endurcis à la fatigue, ils n'étoient guère plus instruits des devoirs du gouvernement et de l'administration que la femme la plus ignorante. Ils étoient accoutumés à voir tomber en quenouille les plus grandes principautés; et puisqu'ils avoient souffert que des princesses gouvernassent en qualité de régentes, ils devoient être disposés à leur déférer la royauté.

Quoi qu'il en soit, la fille de Louis Hutin eut des partisans, parmi lesquels on compte des princes de sa maison. Philippe-le-Long fut obligé de négocier avec eux, et la duchesse de Bourgogne protesta contre son couronnement. «*Antiqua duchissa Burgundiæ appellatione, ut dicebatur, facta, intimari fecit paribus qui coronationi intererant, ne in ipsam procederent, donèc tractatum esset de jure, quod Joanna juvencula puella Ludovici regis defuncti primogenita, habeat in regni Franciæ et Navarræ. Istis tamen non obstantibus, coronationis festum fuit solemniter celebratum, januis civitatis clausis et armatis ad earum custodiam deputatis.*»

Philippe-le-Long n'eut qu'un fils nommé Louis, qui mourut au berceau, et quatre filles qui lui survécurent. Charles-le-Bel, son frère, se servit contre ces princesses de l'exemple que Philippe-le-Long avoit donné contre la fille de Louis X. Si on a remarqué comment les coutumes se sont formées sous notre troisième race, si on a fait attention que sous l'empire des coutumes un grand exemple a autant de force qu'une loi, on ne doutera point que l'élévation de Charles-le-Bel au trône ne soit l'époque de l'opinion qui a établi l'ordre de succession que nous connoissons, et que nous regardons aujourd'hui comme la plus sacrée de nos lois; on m'objectera sans doute que le droit des mâles n'étoit pas encore bien certain, que puisque Charles-le-Bel lui-même étant prêt à mourir, et laissant sa femme grosse, sembla douter de la légitimité de l'exclusion des filles. «Quand le roy Charles apperçut que mourir lui convenoit, il advisa que s'il advenoit que ce fût une fille, que les douze pairs et hauts barons de France eussent conseil et avis entr'eux d'en ordonner, et donnassent le royaume à celui qui auroit droit par droit.»

Je réponds que cette déclaration de Charles, en lui faisant dire tout ce qu'elle ne dit peut-être pas, n'étoit point le fruit d'un doute, mais du désir qu'il avoit de se voir succéder par sa fille, qu'il préféroit, quoiqu'elle ne fût pas encore née, à la branche des Valois. J'ajouterai que l'opinion de l'exclusion des filles étoit si bien établie dans la nation, par l'exemple des deux derniers règnes, qu'Edouard III n'osa point l'offenser. C'étoit comme mâle, plus proche parent des derniers rois, que Philippe-de-Valois, qu'il demanda la couronne.

L'élévation de ce dernier prince assura le droit des mâles. Si les armes d'Edouard avoient été assez heureuses pour dépouiller son concurrent, et forcer les Français à consentir à sa demande, on auroit vu les princesses exclues de la succession, et cependant donner à leurs enfans mâles un droit dont il ne leur auroit pas été permis de jouir. L'histoire, si je ne me trompe, offre un pareil ordre de succession.

Prétendre que le droit des mâles à la couronne n'ait été certain et bien constaté que sous Charles VII, c'est une erreur: il est vrai que Charles VI déshérita le dauphin, et appela à sa succession sa fille Catherine, qui devoit épouser Henri V. Mais que peut-on conclure d'une disposition faite dans un temps de trouble et de parti, et qui fut regardée comme une injustice? Le violement de l'ordre ne prouva pas qu'il n'y avoit point d'ordre. Ce qu'a fait Charles VI démontre seulement que l'imbécillité est obligée de céder à l'esprit, la foiblesse à la force, et que la loi du vainqueur est supérieure à toutes les lois. Si la cour d'Angleterre avoit réussi dans son entreprise, il seroit toujours vrai de dire que sous les règnes de Philippe-le-Long, de Charles-le-Bel et de Philippe-de-Valois, la couronne avoit été déclarée masculine; et que par une révolution, elle étoit devenue féminine sous le règne de Charles VI.

[190] «Sumes est ferunt purpos de faire gratieusement et débonnairement ad ceux qui voilent faire devers nous leur devoir, et n'est mie nostre entention de vos tollir nou duement nos droitures, mais pensons de faire droit à tous, et de reprendre les bons lois et les costumes que suivit au temps de nostre ancestre primogéniteur S. Louis roi de France. Et aussi n'est mie nostre volenté de querre nostre gaigne en vostre damage par eschanger de monois ou par exaction ou male toltes nient dues, car, la diex meviez, assetz en avons par nostre estat et nostre honneur maintener. Ainz volons nos subgets, tant come nous pourrons; cezer, et les libertés et priviléges de touz et espécialement de Sainte Eglise, défendre espécialement maintenir en nostre poair. Et si volons totefois es busoignes du roielme, avoir et suir le bon

conseil des piers, prelats, nobles et autres sages nos foialz dudit roielme, sans rien sodisnement ou volunteirement faire ou commencer.» (*Lettre d'Edouard III, du 8 février 1540, aux états du royaume de France.*)

[191] Rien n'est mieux prouvé, comme on l'a vu dans les remarques précédentes, que les franchises et l'indépendance de la nation au sujet des impôts. L'exemple que Philippe-le-Bel avoit donné d'établir de nouveaux droits, fut suivi par ses successeurs, quand ils purent se flatter de le faire impunément. Philippe-de-Valois ménagea les personnes puissantes, mais il pilla les foibles. Au sujet des changemens qu'il fit dans les monnoies, charge pour le peuple qui tournoit au profit du prince, voyez la table jointe aux ordonnances du Louvre.

CHAPITRE II.

[192] LE roi Jean parvint à la couronne, le 23 avril 1350, fut sacré un mois après; et le 16 du mois de février suivant, qui étoit le mois de février de l'an 1350, parce que l'année ne commençoit alors qu'à Pâques, les états-généraux des provinces méridionales et septentrionales furent assemblés à Paris. Nous n'avons aucun monument qui nous instruise de leur conduite.

[193] Voyez le chapitre cinquième du quatrième livre.

[194] «Promettons en bonne foy, afin que union, et accort soit en nostre royaume que à ces choses seront accordez toutes les gens de nostre dit pays, et de ce nous faisons fort, et à ce les induirons, et se metier est, les contraingdrons par toutes les voyes et manières que nous pourrons et que conseillée nous sera par les trois estatz dessus diz, (*Ordon. du 28 décembre 1355, art. 1,*) par le conseil des supérintendans ez leuz par les rois estatz dessus dits, eslirons et establirons bonnes personnes et honnestes et sanz souzpçon pour le fait du nos monnoyes. (*Ibid. art. 8.*) Nous ne donnerons trèves ni abstinances (aux ennemis,) si nous n'en sommes bien conseillierz et par plusieurs personnes des trois estatz.» (*Ibid. art. 31.*)

«Est ordonné que les trois estatz dessus diz, seront ordonnez et depputez certaines personnes bonnes et honnestes, solables et royauls, et sans aucun soupçon, qui par le pays ordonneront les choses dessus dites, qui auront receveur et ministre selon l'ordonnance et instruction qui sera faite sur ce; et outre les commissaires ou députés particuliers du pays et des contrées, seront ordenés et establis par les trois éstatz dessus dix, neuf personnes bonnes et honnestes, c'est assavoir de chascun estat trois, qui seront generaltz et superintendans sur tous les autres, et qui auront deux receveurs generaulx prudhommes biens solables. (*Ibid. art. 2.*) Aux deputés dessus diz, tant les generaulz comme les particuliers, seront tenus de obéir toutes manières de gens de quelque estat ou condition que il soient, de quelque privilege que il eusent; et pourront estre constrains par le diz depputés par toutes voyes et manieres que bon leur semblera, et se il y en avoit aucuns rebelles, ce que je n'aveigne, que les diz depputés particuliers ne puissent contraindre, ilz les ajourneront par devant les generaulz superintendans qui les pourront contraindre et punir, selon ce que bon leur semblera, chacunz ceulz de son estat, presens toutes voyes et conseillans leurs compagnons des autres es estatz.» (*Ibid. art. 3.*)

«Voulons ordonnons que durant cette presente aide, tous autres subsides cesseront. (*Ibid. art. 27.*) Toutes les aides dessus dittes, prouffiz et amendes quelconques que d'icelles aides ou pour cause ou à choisons d'icelles istront ou avendront par quelque maniere que ce soit, seront tournées et converties entierement ou fait de la guerre, sans ce que nous, nostre très chere compaigne, nostre très cher amé fils le duc de Normandie, autres de nos enfans, de nostre sanc ou de nostre linaige, ou autres de nos officiers, lieutenans, connestable, mareschaux, admiraulz, maistre des arbalestriers, trésoriers ou autres officiers quelconques, en puissent prendre, lever, exiger ou demander aucune chose par quelque manière que ce soit, ne faire tourner ou convertir en autres choses que en la guerre ou armées dessus dites. Et ne seront les dites aides et ce qui en istra, levées ni distribuées par nos gens, par nos trésoriers ou par nos officiers, mais par autres bonnes gens saiges, loyaulz et solables, ordennez, commis et depputés par les trois estatz dessus diz, tant ès frontières comme ailleurs, où il les conviendra distribuer.» (*Ibid. art. 15.*)

Il est encore dit dans ce même article que les receveurs des états feront serment sur les évangiles, de ne délivrer de l'argent que par ordre des commissaires des états, et que le roi, la reine et les princes de la famille royale jureront de même de n'en point demander. C'est pour abréger que je ne rapporte pas ici le texte de l'ordonnance même.

«Se par importunité ou autrement, aucun impetroit lettres ou mandemens de nous ou d'autres au contraire, les diz depputés, commissaires ou receveurs jureront aux saintes évangiles de Dieu, que aux dites lettres ou mandemens ne obeiront; ne distribueront l'argent ailleurs ou autrement que diz est; et s'il le faisoient pour quelconques mandemens qu'il leur venist, il seroient privés de leurs offices, et mis en prison fermée, de laquelle il ne pourroient yssis, ni estre eslargis par cession de biens ou autrement, jusques à tant que il eussent entièrement payé, et rendu tout ce qu'il en auroient baillé. Et si par aventure, aucuns de nos officiers ou autres, sous un umbre de mandemens ou impétrations aucunes vouloient ou s'efforçoient de prendre le dit argent, les diz députés ou receveurs leur pourroient et seroient tenus de résister de fait, et pourroient assembler leurs voisins des bonnes villes et autres, selon que bon leur sembleroit, pour euls resister, comme dit est.» (*ibid. art. 5.*) De pareilles précautions de la part des états, sont une preuve des violences que le gouvernement étoit accoutumé d'exercer. Qu'on se rappelle que le droit de prise subsistoit encore, et ce droit servoit de prétexte à toutes les rapines qu'on vouloit faire.

«Se dans le premier jour de mars prochain avenant, tous n'estoient à accort des choses dessus dites, et de celles qui cy après seront déclarées et spécifiées, ou au moins se il n'apparoit que nous en eussions fait notre diligence bien et suffisament dedans le dit jour, les dites aydes cesseroient du tout. (*Ibid. art. 1.*) Se il plaisoit à Dieu que par sa grace, et par l'aide de noz bons sulgiés, nos dittes guerres, fussent finies dudans un an, les dites aides cesseroient du tout; et se l'argent, et de ce qui en sera levé avoit aucun reste ou résidu, il seroit tourné ou converti ou prouffit et es nécessités des païs où il auroit été cuilli, selon l'ordenance des trois étaz dessus dit.» (*Ibid. art. 7.*)

[195] J'ai prouvé dans les remarques du chapitre II, livre IV, qu'avant le règne de S. Louis, il n'y avoit point de puissance législative dans le royaume. On a vu que les droits respectifs des suzerains et des vassaux varioient continuellement, et que chaque seigneur étoit un vrai despote dans ses terres, avant qu'il eût traité avec ses sujets et donné des chartes de commune. J'ai fait voir quelle étoit la doctrine de Beaumanoir sur le droit de faire des lois générales, qu'il n'ose attribuer ouvertement au roi, qui n'étoit encore regardé que comme le gardien et le conservateur des coutumes. On commençoit à sentir la nécessité d'un législateur, et ce qui facilita sans doute les progrès rapides de la doctrine de Beaumanoir, c'est le respect qu'on avoit pour la vertu de S. Louis. D'ailleurs le besoin d'une puissance législative dans la société, est une de ces vérités sensibles et évidentes auxquelles l'esprit humain ne peut se refuser quand on la lui présente. On laissa donc prendre au roi la prérogative de faire des lois, parce que dans la profonde ignorance où le gouvernement féodal avoit jeté les esprits, personne ne pouvoit se douter que la nation pût avoir quelque droit de se gouverner par elle-même. Mais comme on ne savoit point en quoi devoit consister la puissance législative, on conserva encore tous les préjugés et toutes les passions du gouvernement des fiefs. En effet, si on cherche à pénétrer l'esprit qui dictoit les requêtes et les remontrances présentées au fils de Philippe-le-Bel, on voit que les seigneurs laissoient au roi le droit de publier ses lois, mais en se réservant celui de désobéir, si les lois les choquoient. C'est sous les règnes de ces princes que, selon les apparences, commença à s'établir la doctrine que le roi est législateur, mais qu'il doit gouverner conformément aux lois; c'est-à-dire, qu'il peut faire des lois nouvelles, et ne peut cependant abroger ou contrarier les anciennes: absurdité que les générations se sont successivement transmises, que nous répétons tous les jours, et qui ne nous choque pas, ou parce que nous y sommes accoutumés, ou parce que nous n'entendons pas ce que nous disons.

Il est vraisemblable que toutes les fois que Philippe-de-Valois et ses prédécesseurs assemblèrent la nation, en suivant l'exemple que leur avoit donné Philippe-le-Bel, le prince et la nation s'exposèrent mutuellement leurs besoins. Les états demandoient des réglemens pour corriger quelques abus ou pour établir une nouvelle police, et le roi les publioit en son nom. La loi étoit faite de concert, et la puissance législative étoit en quelque sorte partagée. Mais comme les ordonnances paroissoient l'ouvrage seul d'un prince, et qu'on n'y voyoit que son nom, on s'accoutuma à regarder le seul législateur; et les états, entraînés par l'opinion publique, crurent n'avoir que le droit ridicule de faire des doléances et des remontrances. Si cette doctrine n'eût pas été regardée comme un principe incontestable du gouvernement, quand le roi Jean monta sur le trône, est-il vraisemblable que tous les ordres de l'état, qui étoient également mécontens en 1355, au lieu de vouloir partager la puissance législative, eussent traité avec le roi, et cru avoir besoin de son nom et de son autorité pour faire des réglemens? La loi n'auroit-elle pas paru sous une forme toute différente de celle qu'elle a? Toutes nos coutumes, tous nos usages se sont établis d'une manière insensible, et c'est pour cela qu'il est si difficile d'en fixer l'époque. Quoi qu'il en soit, il est certain que les états de 1355 regardoient le roi comme le législateur de la nation.

[196] «Pource que par aventure nos guerres ne seront pas finées du tout en cette présente année, les gens de trois estaz s'assembleront à Paris avec les gens de nostre conseil à la saint au Dieu prochain, par eulx ou par leurs procureurs suffisamment fondés, ordonneront ensemble de nous faire ayde convenable pour noz guerres, considéré les qualités et l'estat d'icelles; et aussi si au temps avenir nous aviens autres guerres, il nous en feront ayde convenable, selon la délibération des trois estaz sens ce que les deux puissent lier le tiers: et se tous les trois estaz n'estoient d'accord ensemble, la chose demeurroit sens determination, mais en ce cas nous retournerions à nostre domaine des monnoyes, et à nos austres, excepté le fait des prinses, lesquelles en ce cas nous ne pourrions faire si ce n'estoit en payant l'argent et par juste prix.» (*Ord. du 28 décembre 1355, art. 27.*)

[197] On trouve dans les ordonnances du Louvre, T. 4, p. 181, une commission en date du 3 mars 1356, donnée aux élus des bailliages de Clermont en Auvergne et de Saint Flour, qui prouve ce que j'avance ici: «ont avisé (les états-généraux) que vous aurés pooir et autorité de nous, de mender et faire assembler à Clermont et à S. Flour ou ailleurs es dittes dioceses ou nom des trois estaz généralement et espécialement tous ceulx des trois estaz des dittes dioceses, et aucuns d'eulx, ainsi et toutes fois que bon vous semblera, pour le fait dessus diz et les déppendances: et nous des maintenant l'octroyons et avons octroyé.» Je n'ai trouvé, malgré les recherches que j'ai pu faire, aucune pièce qui fasse conjecturer que les surintendans des aides eussent le droit de convoquer les états-généraux. Toutes les ordonnances, au contraire, et les faits connus invitent à croire qu'ils ne l'avoient pas. Comme l'histoire est moins faite pour nous apprendre ce qui s'est passé, que pour

nous instruire de ce que nous devons faire, je marquerai très-expressément, que si la nation se trouve jamais rassemblée, elle doit, en se séparant, nommer des commissaires chargés d'exécuter ses ordres, et qui se fassent respecter, en étant les maîtres de convoquer extraordinairement les états. Sans cette précaution, on peut prédire à la nation qu'on trouvera sans peine le secret de rendre inutile tout ce qu'elle aura fait, et de lui redonner les fers qu'elle aura tenté de briser. Je ne fais que répéter ici ce que j'ai déjà dit dans le corps de mon ouvrage; mais la matière est si importante, et nous sommes si inconsidérés, que ma répétition est bien pardonnable.

[198] «Nous rappellons toutes les lettres et commissions per nous données, tant sur le fait des diz subsides et aydes du temps passé, tant aux generaux à Paris, aux esleus particuliers par les dioceses et autrement: et aussi toutes manieres de réformations à Paris et ailleurs, et le pooir à eulx et à chascun d'eulz donné par nostre dit seigneur (le roi Jean) ou nous soubz quelconques fourmes de paroles, ne pour quelconque cause que ce soit, et leur pooir remettons et retenons et nous, et leur defendons que dores en avant il ne s'en entremettent en quelque maniere, et les reputons pour estre privés personnes. (*Ordon. du 14 mai 1358, art 4.*) Certaines personnes, c'est assavoir un chascun estat, seront esleus par les dites gens d'église, nobles, et bonnes villes et commis de par nous pour le fait des dites aides ordener et mettre fin.» (*Ibid. art. 17.*) Dans la commission du 2 mars 1356, que j'ai citée dans la note précédente, il est dit: «ont ordonné (les états de 1356, les plus puissans qu'il y ait eu en France) et avisié que vous soyez les esleus es villes et dioceses de Clermont et de S. Flour, et aurés povoir de nostre autorité de asseoir, cuillir et recevoir par nous ou par autre que vous députerés ad ce, es villes et diocese de Clermont et de St. Flours toutes les revenues dudit ayde, povoir de contraindre et faire contraindre, &c.»

«Ne pourront riens faire les généraulx superintendenz des trois estaz dessus diz, ou fait de leur administration, se il ne sont d'accort tous ensemble, et se il advenoit que il fussent à descort des choses qui regardent leurs offices, nos gens du parlement les pourroient accorder et ordonner du descort.» (*Ord. du 28 Décembre 1355, art. 5.*)

[199] «Uns gentishom ne rend coustumes ne peages de riens qu'il achete ne qu'il vende se il n'achete pour revendre et pour gaigner.» (*Estab. de S. Louis, L. 1, C. 58.*) Dans les capitulaires de Charlemagne et de Louis-le-Débonnaire, on trouve plusieurs articles qui prouvent que la noblesse faisoit le commerce. Je pourrois citer ici plusieurs chartes de commune données par des seigneurs puissans à leurs sujets, et dans lesquelles ils se réservoient un certain temps marqué pour vendre privativement, non pas les seules denrées qui provenoient de leurs terres, mais celles même qu'ils avoient achetées pour les revendre.

[200] C'est à ces intrigues et à ces ligues, dont je parle dans le corps de mon ouvrage, qu'a rapport l'article 48 de l'ordonnance du mois de mars 1356, et donnée sur la demande des états. «Nous ferons jurer audit chancelier, aux gens dudit grand conseil et aux austres officiers et conseillers qui sont entour nous, sur saintes évangiles de Dieu, qu'ils ne feront ensemble confédération, conspiration ou alliance, et par exprès leur avons défendu et enjoint et commandé sur peine d'estre privés de tous offices royaulz perpétuellement et sens rappel, au cas qu'il feront le contraire.»

L'article 52 de la même ordonnance ajoute: «pour ce qu'il est venu à nostre cognoissance que auscuns des personnes qui furent à Paris à l'assemblée d'environ la S. Remy dernièrement passé, et à l'assemblée du cinquième jour de février en suivant, et qui vendront aux autres assemblées, ont encouru la malivolence, ou pourroient encourre d'aucuns des officiers pour le temps de nostre dit seigneur et de nous, lesquels se sont de fait effarciés, se ils eussent peu, de eulz grandement navrer, blecier, ou mettre à mort ou faire mettre, et encore pourroient faire, &c.»

[201] «Les aides, subsides, gabelles ont peu prouffité ou fait des guerres ou elles estoient ordonnées, parce que aucuns se sont efforciés par mauvais conseil de les distribuer et convertir en d'autres usages dont tout li royaume est grandement grevé.» (*Ordon. du mois de mars 1356, art. 2.*) «Pour ce qu'il est à nostre cognoissance venu que plusieurs subgés du royaume ont moult esté grevés et dommagiés par ceulz qui ont été commis à lever, imposer, et exploiter la gabelle, imposition et subside octroyez en l'année passée, et que ce que ils levoient, ils ne tournoient pas à moitié au proufit de la guerre, mais à leur proufit singulier et particulier, &c.» (*Ibid. art. 20*) Je n'ignore pas qu'il faut se défier des ordonnances et les étudier avec une critique sévère. Dans les temps anciens, comme aujourd'hui, le conseil ne se piquoit pas de respecter toujours la vérité. Il me seroit facile d'en citer vingt exemples; mais je me contenterai d'avertir mes lecteurs, qu'avant de compter sur une ordonnance, il faut examiner avec soin dans quelles circonstances elle a été publiée, et quel esprit ou quel intérêt l'a dictée: c'est une règle que je me suis prescrite, et que j'ai observée religieusement. Pour juger combien l'ordonnance que je viens de citer, doit avoir de poids, et combien les reproches qu'on fait aux agens des états, sont mérités, il suffit de remarquer que cette ordonnance ne fut point l'ouvrage du seul conseil, ce qui la rendroit suspecte; mais qu'elle fut dressée de concert avec les états; et ils n'auroient pas passé cette accusation contre leurs officiers, si elle n'eût été fondée.

CHAPITRE III.

[202] Les députés aux états recevoient de leurs commettans des instructions et des pouvoirs qu'il ne leur étoit point permis de passer; et le

conseil lui-même convenoit de cette vérité. «Nos vous mandons que vous envoyés vers nous à Bourges à ceste prochaine Pasques flories, sufficiens et sages à qui nous puissions avoir conseil, et qui apportent avec eux sufficiant pooir de vous, par quoy ce qui sera fait avec eux et avec les autres bonnes villes, soit ferme et estable par le profit commun.» Lettres de convocation de Philippe-le-Long en 1316, aux habitans de la ville d'Alby; (*Voyez. D. Vaissete T. IV. preuves, p. 154.*) «Nous vous mandons et requerons, sur la féalité en quoy vous estes tenus et astrains à nous, que vous eslisiés quatre personnes de la ville de Narbonne dessus dite, des plus sages et plus notables, qui audit jour soient à Poitiers instruits et fondés suffisament du faire aviser et accorder avecques nous tout ce que vous pourriés faire se tous y estiés présens.» Lettres de convocation du 30 mars 1320, (*Ibid. D. Vaissete, p. 162.*)

«Au premier jours de mars prochain venant, s'assembleront en nostre ville de Paris, les personnes des trois estaz dessus diz, par eulz ou par procureurs souffisament fondés, pour veoir et oir, &c. (*Ordon. du 28 décembre 1355. art. 6.*) Pour ce que lesdites aides ne sont accordées que pour un an tant seulement, les personnes des trois estaz dessus diz par eulz ou leurs procureurs suffisament fondés s'assembleront, &c.» (*Ibid. art. 7.*) Cette doctrine étoit si constante et si certaine, que dans les états de 1382, les députés des villes répondirent aux demandes du roi, qu'ils avoient ordre d'entendre simplement les propositions qu'on leur feroit, et qu'il leur étoit défendu de rien conclure. Ils ajoutèrent qu'ils feroient leur rapport, et qu'ils ne négligeroient rien pour déterminer leurs commettans à se conformer aux volontés du roi. S'étant rassemblés, ils déclarèrent qu'on ne pouvoit vaincre l'opposition générale des peuples au rétablissement des impôts, et qu'ils étoient résolus de se porter aux dernières extrémités pour l'empêcher. Les députés de la province de Sens outrepassèrent leurs pouvoirs et furent désavoués par leurs commettans, qui ne payèrent point le subside accordé. Des bailliages ont même quelquefois refusé de contribuer aux charges de l'état, sous prétexte qu'aucun représentant n'avoit consenti en leur nom. Ils avoient raison, puisque toute aide étoit regardée comme un don libre, volontaire et gratuit.

[203] Pour prévenir tout embarras, j'avertis encore ici le lecteur que ce mois de février dont je parle, appartenoit à l'année 1356, parce que l'année ne commençoit alors qu'à Pâques.

[204] «Nous avons pour obvier à ce (la négligence, l'infidélité, &c. des ministres) enjoint estroitement à tous ceulz et à chascun par soi, que nous avons maintenus, esleus et retenus dudit grand conseil, par le bon avis et conseil des diz trois estaz, &c.» (*Ordon. du mois de mars 1356, art. 42.*)

[205] Voyez l'ordonnance du mois de mars 1356, les art. 7 et 12, au sujet des reproches qu'on faisoit au parlement. L'article 13 regarde la chambre des

comptes. Au sujet des autres abus dont je parle, et qu'on eut l'imprudence d'attaquer à la fois et trop précipitamment, voyez les articles 8, 24, 25, 28, 30, 31, 37, 38, 44, 45, 46 et 47.

[206] «Avons accordé et ordonné, accordons et ordonnons de la volonté et consentement des diz trois estaz que les diz generalz deputés sur le subside ou fait de leur administration, ne puissent rien faire, se il ne sont d'accord tout ensemble ou au moins les siz, d'un chacun estat deux. (*Ibid. art. 3.*)

[207] «Ordenons que sans autres lettres ou mandemens de nostre dit seigneur ou de nos gens, les diz trois estaz se puissent rassembler en la ville de Paris, ou ailleurs, où bon leur semblera par deux ou trois fois et plus si mestier est, dudit lundi de quasimodo jusques à l'autre premier jour de mars mil trois cent cinquante-sept, pour pourveoir et adviser sur le fait de la dicte guerre et la provision et ordonnance de la dicte aide, et sur le bon gouvernement du royaume.» (*Ibid. art. 5.*) S'il reste quelque doute au sujet de la puissance législative, que j'ai dit que les états reconnoissoient dans le roi Jean, je prie de bien peser les expressions de ces derniers articles et de juger.

[208] «Appert clerement et notoirement que aucun d'eulz comme traistres et conspirateurs en contre la majesté de Monsieur et de nous, et de l'honneur et bien de la couronne et royaume de France, en ont été depuis justiciés et mors vilainement, et les autres s'en sont fouiz, qui n'ont osé attendre la voie de la justice, et se sont rendus nos ennemis de tout leur pouvoir publiquement et notoirement.» Lettres patentes du 28 mai 1359, par lesquelles le dauphin, régent, rétablit dans leurs titres et dignités les vingt-deux officiers, destitués par les états de 1356. Il y a peu de pièces plus importantes que celle-ci: que doit devenir le gouvernement, quand on voit louer publiquement la plus honteuse flatterie et calomnier le patriotisme?

CHAPITRE IV.

[209] RAPIN Thoiras, dans sa dissertation sur le gouvernement des Anglo-Saxons, croit que les fiefs étoient établis en Angleterre avant la conquête de Guillaume, duc de Normandie; mais j'ai peur que ce savant historien n'ait pris pour des fiefs les terres que ces rois Saxons donnoient à leurs courtisans, et qui n'étoient autre chose que les dons de nos rois mérovingiens, et que j'ai cru devoir appeler des bénéfices. Il est démontré, si je ne me trompe, que les peuples germaniques n'avoient aucune idée des fiefs; la plupart ne cultivant point la terre, n'avoient aucune demeure fixe. N'étant que des brigands unis pour faire du butin qu'ils partageoient également, étoit-il naturel qu'ils imaginassent de vendre leurs services? Si les fiefs étoient établis en Angleterre quand Guillaume y passa, Rapin auroit dû nous en expliquer la nature. Ces fiefs n'avoient-ils rapport qu'à l'ordre

économique des familles, comme ceux que Charles Martel établit; ou formoient-ils, comme sous nos derniers Carlovingiens, le droit public de la nation? Il auroit fallu faire connoître les évènemens qui avoient produit cette révolution. Si elle eût été plus ancienne que la conquête, le gouvernement féodal des Anglais auroit eu un caractère particulier, et il me semble, au contraire, qu'il paroît être fait sur le modèle de celui des Normands.

Si on y remarque quelque différence, c'est qu'il étoit tout simple qu'en faisant des libéralités en Angleterre, Guillaume ne s'assujettit pas aux coutumes qui le gênoient en Normandie. Il étoit libre de mettre dans ses diplomes d'investiture les clauses qui lui étoient les plus favorables; et la France, ainsi qu'on l'a vu, lui en fournissoit des exemples. Hume nous dit que le vainqueur partagea l'Angleterre en sept cents baronies, qui toutes relevèrent immédiatement de la couronne; que les justices des barons ne furent point souveraines dans leurs terres, et que le roi soumit les fiefs à une légère redevance. Je le crois sans peine, car Guillaume devoit altérer et tempérer les coutumes qui lui étoient incommodes en Normandie. Il sentoit combien il lui étoit utile que les grands fiefs relevassent immédiatement de lui. La souveraineté des justices normandes resserroit désagréablement sa juridiction; et il savoit par expérience que plus il seroit riche, plus il seroit puissant.

[210] Il y a deux copies de cette charte dans le livre rouge de l'échiquier: Mathieu Paris en donne aussi deux copies, et Blackstone en fournit une cinquième dans son savant recueil des lois d'Angleterre. Il y a quelques différences entre toutes ces copies, sur-tout dans le préambule et la conclusion de la charte; mais le corps de la pièce est essentiellement le même. Blackstone trouve un peu extraordinaire, qu'ayant été envoyée dans tous les comtés d'Angleterre et déposée dans les monastères, on n'en trouva plus aucune copie sous le règne de Jean-sans-Terre; et de-là il paroît douter de la réalité de cette charte. Je n'entreprendrai point de discuter les raisons de ce savant Anglais, dont je n'entends pas la langue. Je conviens qu'il est extraordinaire que toutes les copies de la charte de Henri I aient disparu en même-temps; mais le seroit-il moins que toute l'Angleterre eût cru avoir une charte qu'on ne lui avoit pas donnée? Quoi qu'il en soit, il me suffit, pour fonder mes raisonnemens, que les Anglais fussent persuadés qu'ils avoient reçu de Henri I une charte qui rétablissoit leurs anciennes libertés.

[211] *Concessimus etiam omnibus liberis hominibus regni nostri pro nobis et hæredibus nostris in perpetuum, omnes libertates subscriptas habendas et tenendas eis et hæredibus suis de nobis et hæredibus nostris.* (Mag. Cart. art. 1.) *Nulla vidua distringatur ad se maritandum dum voluerit vivere sinè marito, ità tamèn quod securitatem faciat quod se non maritabit sinè assensu nostro, si de nobis tenuerit; vel sinè assensu domini sui de quo tenuerit, si de alio tenuerit.* (Ibid. art. 8.) On a vu que le royaume fut partagé en sept cents baronies. Ces barons immédiats abandonnèrent une

partie de leurs terres et se firent des vassaux, dont le nombre, selon les historiens, monta à soixante mille deux cent quinze. En lisant les articles de la grande charte, que je ne rapporte ici que pour faire voir avec quelle sagesse les seigneurs Anglais traitèrent avec Jean-sans-Terre, on pourra s'apercevoir que Guillaume-le-Conquérant avoit établi en Angleterre les coutumes féodales de France.

Nullum scutagium vel auxilium ponatur in regno nostro, nisi per commune consilium regni nostri nisi ad corpus nostrum redimendum, et primogenitum filium nostrum militem faciendum, et ad filiam nostram primogenitam maritandam, et ad hæc non fiat nisi rationabile auxilium. Simili modo fiat de Auxiliis de civitate London. (Ibid. art. 13.) *et civitas London habeat omnes antiquas libertates et liberas consuetudines suas, tam per terras quam per aquas. Pretereà volumus et concedimus quod omnes aliæ civitates et Burgi et ville et portus habeant omnes libertates et liberas consuetudines suas:* (Ibid. art. 13.) *nos non concedemus de cætero alicui quod capiat auxilium de liberis hominibus suis nisi ad corpus suum redimendum, et ad faciendum primogenitum filium suum militem, et ad primogenitam filiam suam maritandam, et ad hoc non fiat nisi rationabile auxilium.* (Ibid. art. 5.)

Communia placita non sequantur curiam nostram, sed teneantur in aliquo loco certo. (Ibid. art. 17.) *Nos, vel si extrà regnum fuerimus, capitalis justiciarius noster, mittimus duos justiciarios per unum quemque comitatum, per quatuor vices in anno, qui cum quatuor militibus cujuslibet comitatus electis per comitatum, capiant in comitatu et in die et loco comitatus assisas predictas.* (Ibid. art. 18.) *Liber homo non amercietur pro parvo delicto nisi secundùm modum delicti, et pro magno delicto amercietur secundùm magnitudinem delicti salvo contenemento suo; et mercator eodem modo salvâ mercandisâ suâ; et villanus eodem modo amercietur salvo wainnagio suo, si inciderint in misericordiam nostram; et nulla predictarum misericordiarum ponatur nisi per sacramentum proborum hominum devisneto.* (Ibid. art. 20.) *Nullus constabularius vel alius ballivus noster capiat blada vel alia catalia alicujus, nisi statìm indè reddat denarios, aut respectum indè habere possit de voluntate debitoris.* (Ibid. art. 28.) *Nullus vice-comes vel ballivus noster vel aliquis alius capiat equos vel caretas alicujus liberi hominis, pro cariagio faciendo, nisi de voluntate ipsius liberi hominis.* (Ibid. art. 30.) *Breve quod vocatur precipe, de cætero non fiat alicui de aliquo tenemento, undè liber homo amittere possit curiam suam.* (Ibid. art. 34.) *Nullus liber homo capiatur, imprisonetur, aut dissaisiatur, aut urtagetur, aut aliquo modo destruatur; nec super eum ibimus, nec super eum mittemus, nisi per legale judicium parium suorum, vel per legem terræ.* (Ibid. art. 39.)

Omnes mercatores habeant salvum et securum exire de Angliâ, et venire in Angliam, et morari et ire per Angliam, tam per terram quam per aquam, ab æmendum et vendendum sinè omnibus malistoltis per antiquas et rectas consuetudines, præterquam in tempore guverro, et si sint de terrâ contrà nos guverriva. Et si tales inveniantur in terrâ nostrâ in principio guverre, attachientur sinè dampno corporum et rerum, donec sciatur à nobis vel capitali justiciario nostro, quomodo mercatores terræ nostræ tractentur qui tùm invenientur in terrâ contrà nos guverriva; et si nostri salvi sint ibi, alii salvi sint in terrâ nostrâ. (Ibid. art. 41.)

[212] *In perpetuùm facimus et concedimus eis, (baronibus) securitatem subscriptam, videlicet quod barones eligant viginti quinque barones de regno quos voluerint, qui debeant pro totis viribus suis observare, tenere et facere observari pacem et libertates quas eis concessimus, et hac presenti cartâ nostrâ confirmavimus. Ità scilicet quod si nos vel justiciarius noster, vel baillivi nostri, vel aliquis de ministris nostris in aliquo ergà aliquem designerimus, vel aliquem articulorum pacis aut securitatis transgressi fuerimus, et delictum ostensum fuerit quatuor baronibus de prædictis vigenti quinque baronibus, illi quatuor barones accedant ad nos vel ad justiciarium nostrum, si fuerimus extrà regnum, proponentes nobis excessum, petent ut excessum illum sinè dilatione faciamus emendari; et si nos excessum non emendaverimus vel si fuerimus extrà regnum, justiciarius noster non emendaverit intrà tempus quadraginta dierum computandum à tempore quo monstratum fuerit <u>nobis vel</u> justiciario nostro si extrà regnum fuerimus, prædicti quatuor barones referant causam illam ad residuas de vigenti quinque baronibus; et illi vigenti quinque barones cum communa totius terræ, distringant et gravabunt nos modire omnibus quibus poterunt, scilicet per captionem Castrorum terrarum, possessionum, et aliis modis quibus poterunt, donec fuerit emendatum secundùm arbitrium eorum, salva persona nostra et regine nostre et liberorum nostrorum, et cum fuerit emendatum, intendant nobis sicut priùs; et quicumque voluerit de terrâ, juret quod ad predicta omnia exequenda parebit mandatis predictorum vigenti quinque baronum, et quod gravabit nos pro posse suo cum ipsis; et nos publicè et liberè damus licentiam jurandi cuilibet qui jurare voluerit et nulli unquàm jurare prohibemus. Omnes autem illos de terrâ qui per se et sponte suâ noluerint jurare vigenti quinque baronibus de distringendo et gravando nos cum eis, faciemus jurare eosdem de mandato nostro sicut predictum est. Et si aliquis de vigenti quinque baronibus decesserit, vel à terrâ recesserit, vel aliquo modo impeditus fuerit, quominùs istà predicta possent exequi, qui residui fuerint de predictis vigenti quinque baronibus, eligant alium loco ipsius pro arbitrio suo, qui simili modo erit juratus quin et ceteri. In omnibus autem que istis vigenti quinque baronibus commituntur exequenda, si fortè ipsi vigenti quinque presentes fuerint, et inter se super re aliquâ discordaverint, vel aliqui ex eis summoniti nolint vel nequeant interesse, ratum habeatur et firmum quod major pars eorum qui presentes fuerint providerit vel preceperit, ac si omnes vigenti quinque in hoc consensissent, et prædicti vigenti quinque jurent quod omnia antè dicta fideliter observabunt, et pro toto posse suo facient observari. Et nos nihil impetrabimus ab aliquo per nos nec per alium per quod aliqua istarum concessionum et libertatum revocetur et minuatur; et si aliquid tale impetratum fuerit, irritum sit et inane, et nunquam eo utemur per nos nec per alium.* (Cart. Mag. art. 61.)

[213] Pour se convaincre que la grande charte donna un nouveau caractère aux Anglais, il suffit de voir dans le recueil de Blackstone, les pièces qui concernent les successeurs de Jean-sans-Terre. Voyez la charte de Henri III du 11 février 1224, vous y trouverez les mêmes articles, à l'exception de

la juridiction des vingt-cinq barons, dont il est parlé dans la remarque précédente.

L'acte d'Edouard I, du 5 novembre 1297, est remarquable. «Sachiez que nous al honeur de Dieu et de seinte église e au profist de tout nostre roiaume avoit graunté pur nous et pur nos heyrs, ke la graunt chartre de fraunchises e la chartre de la foreste lesquels feurent faites par un commun asent de tout le roiaume en le tems le roi Hanry nostre pere, soient tenues en touz leur pointz sauns nul blemissement. E volums ke meismes celes chartres desoutz nostre seal soient envieez à nos justices aussi bien de la forest, cume as autres, e à tous les viscountes des counteez, e à touz nos ministres, e à toutes nos citeez parmi la terre ensemblement ore noz brefz; en les qui eux serra countenu kil facent les avaunt dites chartres publier; e ke il fount dire au peuple ke nos les avumes graunteez de tenir les on toutz leur pointz........ et volums ke si nuls jugemenz soient donnez desoremes encountre les pointz des chartres avaunt dites par justices e par nos autres ministres qui countre les pointz des chartres tiennent pledz devaunt eaux, soient defez et pur nyent tenus. E voloms ke mieismes celes chartres desoutz nostre seal soient envieez as églises cathedrales parmi nostre roiaume, e la demeorgent, e soient deus fiez par an lues devaunt le peuple. E ke arceveesques, évesques doingnent sentences du graunt escumeng countre touz ceaux qui countre les avaunt dites chartres vendrount ou en fait, ou en ayde, ou enconseil conseil, ou nul poynt enfreindront, ou encountre vendrount; et ke celes sentences soient denunciez e publiez deux foys par an par les avant dits prelas. Et si meismes les prelas évesques ou nul deux soient necgligentz à la denunciatiun susdite faire par les arceveesques de Caunterbire e du Evewyk qui par tems ferrount, si en me croyent; soient repris e distrintz a meismes cele denunciaciun fere en la fourme avaunt dite..... et au suit avaons graunte pur nous e pur nos heyrs, as arceveesques, évesques, abees, prieurs e as autre gentz de seint église, e as countes, e barouns, e à toute la communauté de la terre que mes pur nuls busoignie tien manere des aydes mises ne prises de nostre royaume, ne prendrums ke par commun assent de tut le royaume, e a commun profist de meisme le roiaume, sauve les anciennes aydes e prises dues e acoustumees, e pur ce ke tout le plus de la communauté del roiaume se sentent durement grevez de la maletoute des leynes, c'est à saver de chescun sac de leyne quarante sous a nous unt prie ke nous les voussessums relesser; nous a leur priere les avums pleinement relesse, e avums graunte ke cela ne autre mes ne prendrons sauntz leur commun assent e lur bone volunte.»

Je ne puis me dispenser de rapporter encore ici l'acte du même Edouard I, du 6 mars 1299. On verra que les Anglais étoient fortement attachés à la grande charte, et que l'esprit de cette pièce devint l'esprit général de la nation.

«Que celes chartres soient bailles à chescun viscont d'Engleterre desoutz le seal le roi a lire quatre foiz par an devant le poeple en plein conte, e est asavoir a prochein conte apres la Seint Michel, al prochein conte apres la Noel, al prochein conte apres la Pasque, et a prochein conte apres la Seint Johan. Et a celes deus chartres en chescun poynt, et en chescun article, de eles fermement tenir ou remedie ne fust avant par la commune ley, soient eslus en chescun conte par la commune de meismes le conte, trois prodes hommes chivaliers ou autres loiaux, sages et avises qui soient justices, jures et assignes par les lettres le roi overtes de soen grant seal, de oyr et determiner santz autres bref qe leur commun garant, les pleintes qe se ferront de tous iceaux qe vendront ou mesprendront en nul desditz poyntz des avant dites chartres es contetz ou ils sont assignes, ausi bien de deuz franchises come dehors, e ausi bien des ministres le roi hors de leur places come des autres; et les plintes oyr de jour en jour santz delay les terminent santz alluer les delais qe sont alluer par commune ley. E qe meismes ceaux chivaliers aient poer de punir tous ceaux qe serront atteintz de trepas fait en contre nul point des chartres avant dites, ou remedie ne fust avant par commune ley, ausi come avant est dit par enprisonement, ou par ranceoun, ou par amerciement, selon ce qe la tres pars le demande, et par ces nentend pas le roi ne nul de ceaux qe fust a cest ordonement fere, qe les chivaliers avant dits tiegnent nul play le poer qe donne leur serra, en cas ou avant ces houres fust remedie, pourveu selon la commune ley par bref, ne qe prejudice en soit fet à la commune ley ne a les chartres avant dites en nul de leur pointz. E voet le roi qe si tous treis ne soient presents, ou ne purront as toutes les fois entendre a faire leur office en la fourme avant dite, qe deus des treis le facent, e ordone est qe les viscontes e les baillifs entendantz as les comandements des avant dites justices en quant qe apent a leur office.»

Edouard I confirma encore le 14 février 1300, la grande charte et la charte des forêts; il est dit dans cet acte: *Volumus et concedimus pro nobis et heredibus nostris, quod si quo statuta fuerint contraria dictis cartis vel alicui articulo in iisdem cartis contento, ea de communi concilio regni nostri modo debito emendentur vel etiam adnullentur.*

Je ne rapporterai pas un plus grand nombre d'autorités; il suffit de parcourir les ordonnances des successeurs de Jean-sans-Terre, pour voir combien toute la nation est attachée à la grande charte. C'est toujours le même esprit qui règne dans toutes les lois. Les ordonnances commencent toujours par ordonner que la grande charte sera observée; c'est une loi fondamentale dont on ne s'écarte jamais. Les Anglais furent moins empressés à faire de nouvelles lois qu'à confirmer les anciennes, ce qui consolidoit à la fois leurs mœurs, leur caractère et leur gouvernement. Avoit-on à reprocher au gouvernement quelque infidélité? On ne se contentoit point de faire des plaintes vagues. On exigeoit du roi un nouveau serment, et on rappeloit dans la nouvelle ordonnance l'article de la loi qui avoit été violée ou transgressée: les abus n'avoient pas le temps de s'accréditer.

Avant que de finir cette remarque, je dirai que dans les ordonnances qui ont suivi la grande charte, il n'est plus parlé de cette juridiction ou de ce tribunal formé par vingt-cinq barons, et destiné à réparer les torts et les injustices du roi. Peut-être n'avoit-on eu recours à cet expédient un peu violent, que parce que les assemblées du parlement n'étoient ni fixes ni régulières; elles le devinrent bientôt: le parlement fut convoqué tous les ans, et on ne sentit plus la nécessité d'avoir des tribuns qui veillassent d'une manière particulière à la sûreté publique.

[214] On a vu, dans les notes précédentes, que Guillaume-le-Conquérant soumit toutes les terres d'Angleterre à quelques redevances, et on imagine sans peine que ses successeurs ne tardèrent pas à vouloir les augmenter. Plus les princes sont ignorans et foibles, plus ils croient que l'argent supplée à tout: ainsi Jean-sans-Terre exigea des ecclésiastiques et des barons, la septième partie de leur mobilier, et établit à plusieurs reprises des impôts arbitraires. Cette violence souleva la nation, et on ne manqua point d'établir dans la grande charte que le roi ne pourroit faire aucune levée d'argent sans le consentement des barons.

«Eausi avoms grante pur nous et pur nos heirs as ercevesques, évesques, abbés e prieurs et as autres gentz de seint église, e as contes, e barons, e tote la communaute de la terre qe mes pur nule besoigne tien manere des aides, mises ne prises de nostre roiaume ne prendrons, fors qe par commun assent de tout le roiaume, et a commun profit de meisme le roiaume, sauve les auncienes aides e prises dues a coustumes.» (*Ordonnance d'Edouard I, du 10 octobre 1297, art. 6. Autre ordonnance du même prince, donnée la trente-quatrième année de son règne.*) *Nullum Tallagium vel auxilium per nos vel heredes nostros, in regno nostro ponatur seu levetur sinè voluntate et assensu archiepiscoporum, episcoporum, comitum, baronum, militum, Burgensium et aliorum liberorum communium de regno nostro.* (Art. 1.)

[215] On ne peut se déguiser que les prédécesseurs de Jean-sans-Terre n'eussent dans leurs mains toute la puissance législative. Les barons, assez forts pour forcer le roi à donner la grande charte, n'osent rien insérer dans cette pièce qui indique qu'ils aient quelque prétention de concourir à la loi. La charte qu'ils arrachent au prince est toute son ouvrage. *Concessimus etiam omnibus liberis hominibus regni nostri, pro nobis et heredibus nostris in perpetuùm omnes libertates subscriptas habendas et tenendas eis et heredibus suis de nobis et heredibus nostris.* (Art. 1.)

A la tête de cette charte du roi Jean, on trouve, dans un exemplaire, une attestation des évêques d'Angleterre, dans laquelle ils disent: *Sciatis nos inspexisse cartam quam dominus noster Johannes illustris rex Angliæ fecit comitibus, baronibus et liberis hominibus suis Angliæ de libertate sanctæ ecclesiæ, et libertatibus et liberis consuetudinibus suis eisdem ab eo concessis sub hac formâ.* Si on fait attention à la doctrine et aux préjugés du temps dont je parle, on ne doutera point que les deux passages que je viens de citer ne prouvent la proposition que j'ai avancée. La nation croyoit avoir si peu le droit de faire les lois avec le prince, que la grande charte est moins une loi qu'un traité. (*Voyez une pièce que Blackstone a mise à la suite de la grande charte.*) *Hec est conventio facta inter dominum Johannem regem Angliæ ex unâ parte, et Robertum...... et alios comites et barones et liberos homines totius regni ex alterâ parte.*

La grande charte fit une révolution, et le gouvernement étant entièrement changé, le roi ne put porter des lois sans le consentement de son parlement. «Ce sont les établissementz le roi Edward fils le roi Henry, faitz à Wertsm'à son prim'parlement general après son coronement, lendimaine de la clause de pask', l'an de son regne tierce, par son conseil, et par l'assentement des arcevesques, evesques, abbez, prieurs, countes, barons, et la comminatte de la terre illesqes semons.» (*Ordon. du 25 avril 1275.*) Dès que le consentement d'un ordre est nécessaire pour faire et publier la loi, il faut avouer que cet ordre est en partie législateur. Suivez les ordonnances recueillies par Blackstone, et vous verrez que le roi ne fait plus de loi sans le consentement des grands, et que bientôt on demande celui des communes.

[216] Les Anglais ne sont point d'accord entre eux sur le temps où les communes entrèrent dans le parlement; et je ne suis point assez versé dans leur histoire pour oser entreprendre de décider cette question. Je me bornerai à faire ici quelques réflexions que j'abandonne aux lecteurs. Dans l'article 14 de la grande charte, qui règle de quelle manière on convoquera le conseil de la nation, il est dit que le roi fera sommer, par des ordres particuliers, les archevêques, évêques, abbés, comtes et les principaux barons, et sommer en général, par ses baillis, les vassaux les moins importans de la couronne. Il n'est point parlé des communes; il n'est point même parlé de la ville de Londres; n'en peut-on pas conclure qu'elles n'entroient point au parlement? Cette conjecture est d'autant plus vraisemblable, que sous les prédécesseurs de Jean-sans-Terre, le parlement n'étoit que la cour féodale du roi; et en vertu de quel titre les particuliers de Londres ou des comtes auroient-ils été appelés pour siéger avec les pairs du royaume? L'orgueil des fiefs ne permettoit pas ce mélange.

Sciatis nos inspexisse cartam quam Dominus noster Johannes illustris rex Angliæ fecit comitibus, baronibus et liberis hominibus suis Angliæ, &c. Il me semble qu'on ne peut point inférer de ce passage, que j'ai déjà cité dans une remarque précédente, que le roi Jean eût traité avec les communes: elles sont nommées, il est vrai; mais pourquoi ne le seroient-elles pas, puisque les grands stipuloient en leur faveur? En 1299 Edouard I confirma la grande charte et la charte des forêts. «Le roi les ad de novel grante renovele e confirme, et a la requeste des prelatz, contes et barons en soen parlement a Wesmenstre en quaremme l'an de soen regne vynt et utisme ad certaine fourme, &c.» Ce passage, si je ne me trompe, décide que les communes n'entrèrent pas dans ce parlement, on en auroit certainement fait mention. Les grands vassaux, toujours attentifs aux entreprises du roi dont ils se défioient, et qui, pour défendre leur liberté, avoient le bon sens de protéger celle du peuple, auroient-ils négligé de parler de ses représentans, s'ils eussent été admis dans le parlement? L'acte d'Edouard en auroit acquis plus de force.

Cependant je trouve, dans une ordonnance du 25 avril 1275, que les communes furent appelées au parlement. J'ai apporté cette autorité à la fin de la note précédente, et je prie d'y remarquer ces expressions: «par l'assentement des arcevesques, evesques, abbés, prieurs, countes, barons et la comminalté de la terre illesques semons,» elles sont décisives. Dans le statut du 30 octobre 1279, il est encore parlé des communes. «Ja en nostre proschein parlement a Westmoustre apres le dit tretit les prelatz, countes et barons et la comunalté de nostre roialme illocques assembles en avisement sur ceste busoigne.» Ne pourroit-on pas inférer de-là que la présence des communes n'étoit pas nécessaire pour donner au parlement le droit et le pouvoir de faire des lois? On les convoquoit quand les circonstances l'exigeoient, ou quand on vouloit rendre l'assemblée plus auguste.

«Al honeur de Dieu et de Seint Eglise, et en amendement des oppressions du peuple, le roi Edward, <u>filz</u> le roi Edward filz au roi Edward filz le roi Henri, à son parlement gil tynt a Wesmonster apres la feste de la purification de Nostre Dame, l'an de son regne primes, à la requeste de la commune de son roialme par les pétitions mys devant luy et son conseil en ledit parlement par assent des prelatz, countes, barons es autres grantz audit parlement assembles ad graunte par luy et ses heizer à toutzjours les articles soutzescritz.» Il paroît par cette ordonnance de 1327 que les communes n'entrèrent pas dans ce parlement, et se contentèrent de présenter leurs remontrances. On croit voir une coutume qui se forme lentement, et qui, malgré les contrariétés qu'elle éprouve de temps en temps, ne laisse pas d'acquérir tous les jours de nouvelles forces.

Dans l'ordonnance de 1328, il est parlé du consentement du peuple, de même que de celui des seigneurs. «Par assent de prelatz, countes et barons et autres grantz, et tote la communalté du roialme audit parlement semons, ordona et establit en meisme le parlement les choses sousthascrites en la forme qe <u>souscrit</u>. «En 1336 on ne trouve plus le même langage. «Ces sont les choses accordes en parlement nostre seigneur le roi Edward tierce apres le conquest, tenu à Wesmonster, le lundi prochein apres my quaremme, l'an de son regne dieme par ledit nostre seigneur le roi, de l'assent des prelats, countes et barons, et auxint à la requeste des chivalers, des countes et gentz de commune par lor petition mise en dit parlement.» Dans l'ordonnance du 27 septembre 1337, il est dit. «Accorde par nostre seigneur le roi, prelats, countes, barons des assent des gents de commune en parlement semons à

Westmonster.» Dans l'ordonnance du 16 avril 1340, on trouve encore que le consentement du peuple est nécessaire pour faire la loi. «Volons et grantoms et establissons par nous et par nos heirs et successeurs par assent des prelatz, countes, barons et communes de nos dit roialme d'Angleterre.»

Cette remarque deviendroit trop longue, si je voulois suivre toutes les ordonnances. En finissant, je me contenterai d'observer, que celle de 1397, mérite une attention particulière. Le parlement vendu à Richard II établit la prérogative royale, de façon que le gouvernement devenoit arbitraire. Cette ordonnance fut annullée par le parlement convoqué à l'avénement de Henri IV au trône en 1399, et c'est peut-être là l'époque de la souveraineté du parlement.

CHAPITRE V.

[217] SON père, Philippe, comte d'Evreux, petit-fils de Philippe-le-Hardi, avoit épousé Jeanne, fille et héritière de Louis Hutin, qui possédoit par le chef de sa mère le royaume de Navarre et les comtés de Champagne et de Brie. Philippe-de-Valois, remit à Jeanne, comtesse d'Evreux, le royaume de Navarre, mais il ne voulut point se dessaisir des comtés de Champagne et de Brie qui appartenoient également à cette princesse. Philippe-de-Valois prétendoit que ses prédécesseurs ayant possédé ces deux comtés pendant trente ans, il y avoit prescription en faveur de la couronne.

[218] «Avons octroyé et octroyons auxditz prelatz et autres gens d'église, nobles, bonnes villes et platz pays, et aus habitans dudit royaume de ladite Languedoyl, que les octroiz, aydes, dons, subsides et imposicions et gabelles autrefois faitz à nostre dit seigneur, à ses devanciers, à nous, ne ceste présente ayde ne soient teniz ne ramenez à consequence, à depte ne à servitude, et que en aucune maniere ce ne face, porte ou engendre à eulx ne à aucuns d'eulx, ne à leurs successeurs, servitude, dommage ne préjudice; aucun prouffit ne nouvel droit à nostre dit seigneur, à nous ne aus successeurs de lui et de nous, en saisine ne en proprieté, pour le temps passé et avenir, et confessons pour nostre dit seigneur, pour nous et pour les successeurs de lui et de nous, que ce ont il fait de leur liberalité et courtoisie et par maniere de pur don.» (*Ord. du 14 mai 1358, art. 20.*) Je prie de comparer le style de cette ordonnance avec celui des ordonnances Anglaises que j'ai citées dans les remarques précédentes. On voit que les successeurs de Philippe-le-Bel parlent en législateurs, et que ceux de Jean-sans-Terre partagent avec leur nation la puissance législative.

[219] «Parce que par importunité des requerans, nous avons passé ou pourrions passer et accorder en temps avenir, senz advis et deliberacion de nostre conseil ou autrement, plusieurs choses qui ont été ou sont, ou

pourroient estre en dommage de nostre dit seigneur, de nous ou du peuple dudit royaume ou d'auscun d'ice-lui contre le bien de justice, nous avons ordené et promis, ordenons et promettons que dores en avant nous ne ferons, ou passerons, ferons faire ne passer aucuns dons, remissions de crimes, ou ordenances d'officiers, capitaines, ou autres choses quelconques touchant le fait des guerres, le demaine du royaume et la finance de nostre dit seigneur et de nous, senz la presence, advis et deliberation de trois gens de nostre dit grand conseil ensemble tout du moins et en nostre presence. Voulons et ordenons que es lettres qui en seront faites, lesdites genz de nostre grant conseil, c'est assavoir trois du moins de ceulx qui auroint esté ausdittes lettres passer et accorder, le soubscripsant de leurs mains, ou qu'ils y mettent leurs signes, s'ils ne savent écrire, avant que les secrétaires ou notaires les signent.» (*Ibid. art. 11.*)

[220] Par exemple, après avoir défendu dans l'article 12, que les lettres-patentes soient scellées du sceau secret, et ordonné de n'avoir aucun égard à celles qui seroient ainsi scellées, on lit: «deffendons à tous les justiciers et subgés du dit royaume qu'ils n'y obéissent, si ce n'est en cas de nécessité, et les cas touchant l'estat et le gouvernement de nostre hostel, et autre cas là ou l'en a acoustumer à sceller.» Cette malheureuse méthode de faire des lois inutiles, ou qui ne sont propres qu'à laisser la liberté de tout faire à son gré, n'a que trop été imitée par les successeurs de Charles V. L'inconsidération française aime à espérer contre toute raison; elle ne voit jamais la fraude qu'on prépare, et quand elle est obligée enfin de l'apercevoir, elle croit que le législateur, entraîné par les événemens, fait le mal malgré lui et va se corriger. Nous avons peu d'ordonnances qui, à la faveur de quelque clause ou de quelque malheureux, &c. ne se détruise elle-même.

[221] «Nous avons ordené et ordenons que nous prendrons et aurons sur ledit peuple es partie de la Languedoyl l'aide qui nous est nécessaire et qui ne grevera pas tant nostre peuple de trop, comme feroit la mutacion de nostre monnoye, seulement, c'est assavoir, douse deniers pour la livre de toutes marchandises et denrées qui seront vendues es parties de la Languedoyl, et le paiera le vendeur, et ayde sur le sel et aussi auront le troisième sur les vins et autres bevrages; lesquelles sur le sel et sur les vins et autres bevrages seront levés et cueillis par la forme et maniere que nous avons ordené et ordenons au moins de grief de nostre peuple que nous pourrons: lesquelles nous ferons mettre es commissions et instructions que nous envoirons à ceulx que nous deputerons sur ce es parties de Languedoyl.» (*Ordon. du 5 décembre 1360, art. 1.*)

Cette ordonnance ne fait aucune mention du consentement des états pour la levée du subside qu'elle établit; formalité à laquelle on n'auroit pas manqué s'ils eussent été assemblés. En second lieu, ces différentes impositions sont établies pour six ans, ce qui est contraire à la pratique des états, qui n'accordoient jamais un subside annuel. Ces raisons ont fait conjecturer à Secousse, second compilateur des ordonnances du Louvre, que le roi Jean avoit établi cette aide de son autorité privée; et il me semble qu'on pourroit encore donner d'autres preuves pour appuyer son opinion: mais il n'est pas question de cela. Secousse ajoute, préface du T. 3, p. 91, «qu'il ne fut pas nécessaire d'assembler les états pour imposer cette aide, parce qu'elle étoit légitime, c'est-à-dire, due par une loi et par les principes du droit féodal, suivant lesquels les vassaux et les sujets devoient une aide à leur seigneur dans trois cas; lorsqu'il fait son fils aîné chevalier, lorsqu'il marie sa fille aînée, et lorsqu'il est obligé de payer une rançon.»

Secousse n'avoit sans doute pas fait attention que par l'usage des fiefs, le droit que le suzerain avoit d'exiger des aides dans trois cas, ne s'étendoit que sur les sujets de ses vassaux, et non sur les vassaux mêmes. (Voyez ce que j'ai dit là-dessus livre 4, chap. 1, remarque 138.) Par exemple, en supposant que le baron de Montmorency dût une aide de cent francs au roi, ce n'étoit pas de ses propres deniers qu'il payoit cette somme, mais il la levoit sur les habitans de ses terres pour la remettre au roi. L'aide exigée par le roi Jean, étoit contraire à la liberté féodale; elle s'étendoit sur les vassaux mêmes; car un droit établi sur les consommations, devoit être également payé par tout le monde.

Secondement, quand un seigneur armoit son fils aîné, chevalier, marioit sa fille aînée, ou étoit fait prisonnier de guerre, il ne dépendoit point de lui d'établir arbitrairement une imposition. Dans l'un de ces trois cas les vassaux s'assembloient, jugeoient ce qu'il étoit nécessaire de donner, et faisoient la répartition dans leurs terres. Si le roi Jean avoit pensé que l'aide qu'il établissoit lui étoit due par les raisons que Secousse allègue, pourquoi n'en diroit-il rien dans son ordonnance? pourquoi ne se soumettoit-il pas aux formes établies par le gouvernement féodal? Il y a toute apparence que ce prince, fier de l'autorité que son fils avoit acquise, et de l'humiliation où ses sujets étoient tombés par leur faute, ne doutoit point qu'il ne fut le maître de tout oser. J'ai eu une fois l'honneur d'entretenir Secousse sur cette matière chez le marquis d'Argenson; et je le forçai à me dire, au grand scandale de tout le monde, que la constitution primitive des Français est une monarchie absolue; qu'un roi de France est essentiellement maître de tout; que les Capétiens, en se rendant tout-puissants, n'ont fait que reprendre l'autorité légitime qui leur appartenoit; qu'en respectant quelquefois les coutumes, ils n'ont pas usé de leurs droits, mais ont ménagé par prudence et par bonté nos préjugés, pour nous en délivrer plus sûrement. Il ajouta enfin que les lois et les sermens mêmes que nos rois font à leur sacre, ne sont point des titres qu'on puisse leur opposer. Voilà la doctrine d'un homme qui n'avoit point d'autre principe de droit public que ceux de nos gens de robe.

Puisque l'occasion s'en présente, je releverai ici une autre erreur de Secousse au sujet d'une imposition sur le sel, établie par Charles V. «Sera vendu chacun muid (de sel) à la mesure de Paris, oultre le prix que le marchand en devra avoir, vingt-quatre francs pour convertir au sujet de la dicte délivrance (du roi Jean).» (*Ordon. du 7 décembre 1366, art. 3.*) Secousse croit que cette ordonnance fut rendue à la clôture des états tenus cette année à Compiègne; mais il pourroit bien se tromper. Je remarquerai d'abord qu'il est dit dans cette ordonnance qu'elle a été faite par le roi en son conseil. Si elle avoit été rendue à la suite d'une tenue d'états, Charles V n'auroit point manqué de le dire; le nouvel impôt étoit assez considérable pour qu'on n'oubliât pas de publier que la nation y avoit consenti.

J'ajouterai en second lieu que nous ne connoissons les états de Compiègne de 1366 que par le neuvième article de l'ordonnance du 19 juillet de l'année suivante; et qu'il est dit dans ce neuvième article, que dans ces états on s'étoit plaint de l'imposition sur la gabelle, et que le roi l'avoit réduite à moitié. «Sur le sujet de la gabelle du Sel, duquel de l'assemblée par nous dernièrement tenue à Compiègne, nous ouymes plusieurs complaintes de nos subgés, qui de ce souvent se douloient, nous qui toujous avons eu et avons parfait desir de relever nos subgés de tous griefs, avons deuement amendri et retranché du tout, la moitié du droit et prouffit que nous y prenons et avons accoutumé de prendre, et ad ce pris voulons que sans délai, il soit ramené.»

C'est parce qu'il y avoit des états à la fin de 1366, que Secousse ne balance point de regarder comme leur ouvrage, l'ordonnance dont nous parlons. Cette pièce est datée, il est vrai, du mois de décembre; mais il falloit faire attention que l'année, ne commençant alors qu'à Pâques, le mois de décembre n'étoit point le dernier mois de l'année, et qu'il restoit encore plus de temps qu'il n'en falloit à Charles V pour tenir les états qui le gênoient, et qu'il renvoyoit le plutôt qu'il étoit possible.

Je croirois que les états de 1366 ont été postérieurs à l'ordonnance du 7 décembre, c'est-à-dire, n'ont été tenus que dans le mois de janvier ou même de février. Je croirois que les plaintes qui éclatèrent en voyant une imposition de vingt-quatre livres sur chaque muid de sel, inquiétèrent Charles V, et le forcèrent à assembler la nation. Il est dit dans l'ordonnance du 19 juillet 1367, que les états de l'année précédente diminuèrent la moitié de la gabelle, et j'en conclus qu'ils ne peuvent point avoir fait l'ordonnance du 7 décembre. Qui oseroit penser, quelque avare que fût Charles V, qu'il eût osé établir un impôt de quarante-huit livres sur chaque muid de sel, dans un temps où il falloit encore agir avec une certaine précaution, que le royaume étoit ruiné, et que le marc d'argent ne valoit que cent sous?

Soit que l'ordonnance du 7 décembre ait précédé les états, soit qu'elle fût leur ouvrage, il est toujours certain que Charles V établit des impôts de son autorité privée, c'est à quoi il faut faire une attention particulière. Pour prouver cette vérité, j'ajouterai qu'en 1371, la noblesse de Languedoc ou des provinces méridionales, refusa de payer un subside établi pour la défense du pays. Si cette imposition eût été accordée par les états, pourquoi la noblesse auroit-elle appelé au parlement de l'ordonnance du roi? pourquoi auroit-elle dit qu'on violoit ses priviléges? Enfin, Charles V ne se seroit pas servi dans les lettres patentes qu'il adressa aux sénéchaux de Toulouse, Carcassonne et Beaucaire, des expressions qu'il emploie. *Nos attendentes emolumenta quæcumque dictarum impositionum et subsidiorum aliorum, in opus communis deffensionis patriæ, ad omnium et singulorum habitatorum ejusdem, tàm nobilium quam innobilium, utilitatem et commodum debere converti, quamobrèm ordinasse meminimus, neminem cujusvis conditionis aut status, indè forùm liberum.* Ce prince, pour confondre la noblesse, auroit-il oublié de dire que les états avoient consenti à l'aide qu'il levoit, s'il ne l'eût pas, en effet, établie de son autorité privée?

[222] Sçavoir faisons à tous presens et avenir que sur plusieurs requestes à nous faites par plusieurs prelatz et autres gens d'eglise, plusieurs nobles, tant de notre sang comme autres, et plusieurs bonnes villes de nostre royaume, qui darrainement ont esté a Amiens nostre mandement pour avoir avis et déliberacion avecques eulz sur le fait de la guerre et provision de la deffense de nostre royaume, nous par la deliberacion de nostre grant conseil avons ordené et ordenons, &c. (*Ordon. du 3 décembre 1363.*)

Fin des remarques du livre cinquième.

REMARQUES ET PREUVES
DES
Observations sur l'histoire de France.

LIVRE SIXIÈME.

CHAPITRE PREMIER.

[223] Sous la première race, les rois rendoient la justice par eux-mêmes; et en leur absence, le maire du palais tenoit leur place. Les affaires multipliées qu'eurent les Carlovingiens, ne leur permirent pas souvent de présider le tribunal de leur justice; l'Apocrisiaire et le comte Palatin remplirent à cet égard leurs fonctions. Sous la troisième race, les premiers Capétiens ne manquèrent jamais d'assister à leurs plaids ou assises, qui prirent enfin le nom de parlement. Ils avoient le plus grand intérêt de voir ce qui se passoit dans cette cour, soit pour influer dans les jugemens, soit pour parlementer ou conférer avec les seigneurs qui s'y rendoient, et qui profitoient quelquefois de cette occasion pour traiter ensemble et régler leurs affaires.

Il est vraisemblable que les Capétiens ne cessèrent de se rendre à leur parlement avec régularité, que quand cette cour, un peu dégradée, ne fut plus composée de leurs principaux vassaux. Les mêmes raisons qui dégoûtèrent les seigneurs de l'administration de la justice, après l'abolition du duel judiciaire, en durent aussi dégoûter ces princes. Bientôt je parlerai fort au long de l'autorité que le parlement commença à prendre sous les successeurs du roi Jean. Je me contenterai de rappeler ici ce que j'ai déjà prouvé dans les livres précédens, que n'y ayant point d'états-généraux ou d'assemblées de la nation, avant le règne de Philippe-le-Bel, les prédécesseurs de ce prince, soit pour acréditer l'opinion qui leur attribuoit la puissance législative, soit pour donner plus de force à leurs établissemens, les venoient eux-mêmes publier dans le parlement, et cette cérémonie se faisoit toujours avec beaucoup d'éclat. Charles V rétablit cette coutume oubliée, pour qu'on regrettât moins les états-généraux. Les officiers du parlement avoient de la réputation et il étoit sûr de les conduire à son gré.

[224] *Nec non acquisitione feudorum, retrofeudorum et allodiorum francorum in nostris feudis et retrofeudis et aliorum dominorum in quacumque parte regni nostri, eaque feuda, retrofeuda et allodia ipsi et eorum predecessores tenuerunt et possederunt pacificè et quietè; usique fuerunt secundùm meritum et facultates personarum loriis oratis et aliis ornamentis ad statum militiæ pertinentibus; necnon jure assumendi militiam armatam, prout nobili genere et origine regni nostri.* (Lettres-patentes du 9 août 1371).

[225] On a dû remarquer dans mon ouvrage que le gouvernement féodal avoit fait disparoître tous les sentimens d'honneur, de patriotisme et de bien public que les Français devoient aux lois de Charlemagne. On ne servit plus à la guerre son suzerain, que parce qu'on étoit censé payé par le fief qu'on tenoit de lui. C'est pour cela que tout, jusqu'aux dons et aux pensions qu'on

donnoit à un gentilhomme, fut regardé comme un fief; voyez le second chapitre du troisième livre. C'est cette avidité mercenaire qu'il falloit détruire pour former un bon gouvernement; mais elle étoit chère à un prince qui n'aimoit que le pouvoir arbitraire.

[226] (*Ordonnances du Louvre. T. 6, p. 335.*) Voyez les lettres-patentes de Charles V, en faveur d'une compagnie d'usuriers à qui on accorde le privilége de faire l'usure pendant six ans dans les villes d'Amiens, Abbeville et Meaux. «Ainsi toutes voyes que ils ne pourront prendre oultre deux deniers pour franc par chascune sepmaine, à compter le franc pour vint sols tournois la pièce, et ne prendront point d'usure. (*Art.* 2.) Que ilz puissent tenir, avoir, et exercer par eulz, leurs facteurs, gens et familiers, publiquement et notoirement, changes et ouvrouers aparannant, et à ouvert es dictes villes, s'il leur plaît et bon leur semble; nonobstant que en quelles villes soient statuts et ordonnances à ce contraire. (*Art. 4.*) Que devant les diz six ans, ils presteront, comme dit est, sur toutes manieres de gaiges excepté saintes reliques, calices, etc. sans ce qu'il en puissent par nos juges et officiers ou autres personnes quelconque estre repris, ne faire ou paier pour ce aucune amende corporelle, pécuniaire ou autre quelconque.» (*Art. 5.*)

Quoique dans le quatorzième siècle, ce commerce d'usures ne parût point aussi révoltant qu'il le seroit aujourd'hui, les articles qu'on vient de lire indiquent cependant qu'il étoit contraire aux mœurs publiques. Ces produits usuraires étoient comptés au nombre des revenus ordinaires de la couronne, comme il est prouvé par le premier article de l'ordonnance du dernier février 1378. «Tous les deniers qui isteront des eaux et forez, avec les rachats, quins deniers, amortissemens, finances de francs fiez, compositions ordinaires des Juifs, anoblissemens, amendes de parlement, et aussi les revenus des monnoyes avec les compositions des usuriers, passent et viegnent par nostre dit tresor en la maniere qui dessus est dit.» Ces usuriers étoient Juifs ou Italiens.

(*Tome 6, p. 477.*) Lettres-patentes du 2 juin 1380, accordées à cinq usuriers pour faire exclusivement, pendant quinze ans, l'usure dans la ville de Troye. On leur permet de prendre un plus gros intérêt qu'aux précédens. «Si aucunes femmes renommées estre de fole vie, estoient dedans les maisons des diz marchands, qui voulsissent dire et maintenir par leur cautelle et mauvaistié, estre ou avoir esté efforcées par les diz marchands ou aucun d'eulz, que à se proposer ycelles femmes ne fussent point reçues, ne les diz marchands ou aucuns d'eulz pour ce empeschier en corps ne en biens. (*Art. 25.*) S'il avenoit que aucuns mandemens ou prieres venissent à nous de part nostre saint père, d'aucuns legatz de court de Rome, ou d'autre personne de sainte église quelle que elle feust, pour prendre ou arrester les devant diz marchands, leurs compaignons, leurs menies, leurs biens ou aucuns d'eulz, et d'eulz faire vuider hors de ladicte ville ou de nostre royaume, nous ne ferons ou souffrerons faire audessus diz, ne à leurs biens aucuns arrest, destourbier ne empeschement, comment que ce soit, que ils ne ayent temps souffisant pour eulz partir, et leurs biens emporter hors de notre dit royaume.» (*Art. 26.*)

[227] Voyez dans le livre précédent la remarque 187 du premier chapitre.

CHAPITRE II.

[228] «AUQUEL nostre dit frere (le duc d'Anjou,) nous des maintenant pour lors donnons autorité et pleniere puissance de gouverner, garder et deffendre nostre dit royaume pour le temps dessus dit, de créer officiers pour le fait de justice, et pour toutes choses touchans les dictes gardes, defense et gouvernement, toutes fois qu'il sera besoingz et appartiendra a faire selon raison, tant en la maniere qui a esté accoutumé de faire ou temps passé donner et octroyer lettres de justice, de presentations et collations de benefices à nous appartenans tant à cause de regale comme autrement, lettres de remission de crimes, deliz et malefices, faire cuillir, lever et recevoir toutes les rentes et revenus, proffiz et emolumens ordinaires et extraordinaires du nostre dit royaume, et sur icelles prendre ou faire prendre ce qui sera nécessaire pour la dépense du gouvernement; garde et deffense d'icelui royaume. Saufs et exceptés parexprès les lieux, terres et pays par nous ordenez pour l'estat et gouvernement de nos diz enfans et de ceulx qui auront la garde et le gouvernement de eulx.» (*Ord. du mois d'octobre 1374.*) L'autorité du régent étoit absolument la même que celle du roi. Toutes les ordonnances, tous les actes, tous les ordres étoient donnés et intitulés au nom du régent, et scellés de son sceau particulier.

[229] Considerans aussi les grans griés, pertes, dommaiges, opresions, tribulacions et meschiez et quels nos diz subjés ont esté, et qu'ils ont soufferts, supportés et soutenus par nos ennemiz; et que ces choses non obstanz, ils ont toujours voulentiers paiés les diz aides, comme nos vraiz subjés et obéissans; et pour ce voulans et désirans yceulx aucunement relever et alegier des pertes, dommaiges et oppressions dessus dictes, par avis et meure délibéracion de nostre dit peuple, de nostre autorité royal, plaine puissance, certaine science et grace spécial, avons quiétés, remis et annullé, et par ces présentes quietons, remettons et annullons et mettons du tout au néant tous aides et subsides quelzconques qui pour le fait des dictes guerres ont esté imposez, cuilliz et levés depuis nostre prédécesseur le roi (Philippe-le-Bel que Dieux absoille,) jusqu'à ce jour d'ui, soient fouages, imposicions, gabelles, treiziemes, quatorzièmes et autres quelzconques ils soient et comment qu'ilz soient diz et nommés, et voulons et ordonnons par ces mêmes lettres que les diz aides et subsides de chacun d'iceux nos diz subjés soient et demeurent francs quictes et exemps dores en avant à tous jours, mais comme ils estoient par avant le temps de nostre dit prédécesseur le roi

(Philippe-le-Bel) et avec que ce avons octroié et octroyons par ces présentes à nos diz subgés que chose qu'ilz aient paié à cause de dessus diz aides, ne leur tourne à aucun préjudice ne à leurs successeurs, ne que ils puisient estre trait à aucune conséquence ores ne ou temps avenir.» (*Lettres-patentes du 16 novembre 1380.*)

Le lecteur sera peut-être bien aise de connoître quelques-uns des abus que Charles-le-Sage introduisit dans l'administration des finances, après qu'il eût ruiné l'autorité des états.

«Voulons et ordonnons, que dores en avant, en chacun diocèse ou les aydes ordonnées pour la defense de nostre dit royaulme ont cours, tous les deniers qui des dites aides isront, demeurent et soient gardées en iceulx dioceses, tant et jusques ad ce que nécessité soit de les prendre pour le payement de gens d'armes, hormis et excepté que de nécessité prendre en fauldra pour le faict de la provision et defense de nostre dit royaulme. (*Ordon. rendue en conséquence des états tenus à Chartres en 1367, art. 3.*) Avons accordé à iceulx gens d'eglise, nobles et gens de bonnes villes confirmé leurs privilleiges, et ordonnances royaulx à eulx donnez par nos prédécesseurs roys de France; et aussi les ordonnances faites par feu nostre dit seigneur et pere, toutes fois qu'il leur plaira. (*Ibid. art. 13.*)

Les personnes établies dans les provinces pour la levée des aides, feront passer tous les mois au receveur général à Paris les sommes qu'elles auront touchées. (*Règlement du 13 novembre 1372 sur les finances, art. 3.*) Les dons et graces qu'il plaira au roi à faire dores en avant, et les causes pourquoi, seront contenues et déclairées expressément es lettres qui seront faite sur ce; et il plaira au roy commander à ses gens de comptes que toutes lettres de dons fais à ses officiers et serviteur sur le fait des aides signées et vérifiées selon la teneur de ceste présente ordenance, ils alloent es comptes de ceulx à qui il appartiendra, sans difficulté aucune. (*Ibid art. 6.*) Les généraux conseillers verront chacun mois sans faillir l'estat du receveur general au tout et au juste, et ceux qui seront ordonné à aler par devers le roy, lui en porteront tous les mois un abrégié; lequel il retendera et fera garder par qui lui plaira. (*Ibid. art. 12.*) Les generaux auront déliberacion, les restraindront et modereront au mieux qu'ils pourront au proufit du roy.» (*Ibid art. 15.*)

«Sera par tout le royaume de France, l'imposition de 12 deniers par livre, et sera baillée par tous les dioceses, par les esleus commis à ce, à part. (*Ordon. du mois d'avril 1374, art. 1.*) Le treizieme du vin qui y sera vendu en gros, sera levé et baillé à part. (*Ibid. art. 2.*) Le quart denier du vin qui sera vendu à taverne, sera levé et baillé par les diz esleus à une autre part. (*Ibid. art. 3.*) Seront levés les fouaiges; c'est assavoir, es villes fermées, six francs par feu; et au plat pays deux francs pour feu; le fort portant le foible. (*Ibid. art. 4.*)

«Voulons et ordonnons que toutes les receptes de nostre royaume, viennent et soient reçues en nostre trésor à Paris; et que aucuns fors les tresoriers que nous y ordenerons, n'y ait aucune connoissance. (*Ord. du dernier février 1378. art 1.*) Nous aurons un signet pour mettre es lettres sans lequel nul denier de nostre dit domaine ne sera payé. (*Ibid. art. 4.*) Assignacions d'arrérages, dons, transports, aliennacions, changemens de terre, ventes et composicions des rentes à temps et à vie, à héritage ou à volenté, seront signées dudit signet, et ainsi auront leur effet, autrement non.» (*Ibid. art. 5.*)

[230] «Comme à la convocation et assemblée général que nous avons fait faire et tenir à Paris, des gens d'église, nobles, bourgeois et habitans des bonnes villes de notre royaume de la Languedoyl, pour avoir avis sur la défense et provision d'icellui; ilz se fussent complains des aides, subsides, &c.... Nous voulons nos dictes gens et subgiés en leurs dictes immunités, nobleces, franchises, libertés, priviléges, constitucions, usaiges et coustumes anciennes, remettre, ressaisir, restituer, maintenir et garder, et les relever en tout nostre povoir de tous griefs, charges et oppressions quelconques, par le conseil, avis, deliberacion de nos tres chiers et ames oncles et autres prouchains de nostre sanc, et de nostre conseil, voulons, ordonnons et octroyons de nostre plaine puissance, certaine science et autorité royal, que les aides, subsides, imposicions et subvencions quelconques, de quelque nom ou condicion qui soient, ou par quelque manière ils aient esté imposés sur nos dictes gens et peuple, qui aient eu cour en nostre dit royaume du temps de nostre dit seigneur et père et autres nos prédécesseurs, depuis le temps du roi Philippe-le-Bel, nostre prédécesseur, soient cassées, ostées et abolies, et quelles ostons, cassons et abolissons et mettons au néant par la teneur de ces presentes.»

Après avoir lu le préambule de cette ordonnance, on ne m'accusera pas, je crois, d'avoir reproché à Charles V des injustices, des rapines et des vexations qu'il n'a pas commises. Une nation qui a pu lui donner le surnom de sage, est elle-même bien insensée!

Une académie qui propose son éloge aux insipides boursoufflés orateurs qu'elle couronne, est bien ignorante ou bien dévouée à la servitude. On voit, par la teneur de cette ordonnance, que les lettres du 16 novembre 1380, que j'ai rapportées dans la note précédente, n'avoient pas été mises à exécution. Si en effet les impositions extorquées et levées contre toutes les règles, avoient été abolies, le conseil n'auroit pas fait cette ordonnance, ou du moins n'auroit pas manqué de faire valoir la fidélité avec laquelle il auroit rempli ses engagemens. Il n'est que trop vrai que le gouvernement n'avoit aucun égard aux ordonnances mêmes les plus solennelles. Il ne les regardoit que comme un piége tendu à la crédule simplicité du peuple. On donnoit des lettres-patentes pour calmer l'inquiétude des esprits; on promettoit de corriger les abus; et quand la tranquillité étoit rétablie, bien loin de penser à remplir ses promesses, on ne méditoit que de nouvelles fraudes. Je reprends la suite de l'ordonnance.

«Et voulons et decernons que, par les cours que ycelles imposicions, subcides et subvencions ont eu en nostre dit royaume nous, nos prédécesseurs, successeurs, ou aucuns de nous ne en puissions avoir acquis aucun droit, ne aucun préjudice estre engendrés à nos dictes gens et peuple, ne à leurs immunités, nobleces, franchises, libertés, priviléges, constitucions, usaiges et coustumes dessus dictes, ne à aucune d'icelles en quelque manière que ce soit; et oultre voulons et décernons de nostre dicte plaine puissance, certaine science et auctorité royal que toutes les immunités, droits, franchises, libertés, priviléges, constitucions, usaiges et coustumes anciennes et toutes les ordonnances royaux dont et desquelles jouissoient et usoient les dictes gens d'église, nobles, bonnes villes et le peuple de nostre dit royaume en la Languedoyl, ou aucun des eslus dessus diz, ou temps du roi Philippe-le-Bel, depuis jusques à ores, leur soient restitués et restablis; et nous par ces meismes presentes leur restituons et restablissons et de certaine science voulons et decernons qu'ilz demeurent en l'estat et fermeté qu'ils estoient lors, sans estre enfrains ou dommaigiés en aucune manière, et yceulz leur avons confirmés et confirmons par la teneur de ces presentes, nonobstant faiz, usaiges ou ordonnances fait ou faictes depuis le temps du d. feu roy Philippe-le-Bel à ce contraires; et en oultre voulons et decernons que si à l'encontre de ce aucune chose a esté faicte depuis ycellui temps jusques à ores, nous ne nos successeurs ne nous en puissions aider aucunement, mais les mettons du tout au néant par ces mesmes presentes.» (*Ordon. de janvier 1380.*) Cette ordonnance est postérieure aux lettres-patentes rapportées dans la remarque précédente, et qui sont en date du 16 novembre 1380. Car il faut toujours se rappeler que l'année commençoit à Pâques.

Si on a lu mes remarques avec quelque attention, on a dû y trouver une preuve bien suivie des libertés de la nation, au sujet des subsides, aides, impositions, &c. depuis que les rois, ne se contentant plus de leurs revenus ordinaires, ont demandé des secours extraordinaires à leurs sujets. J'ai rapporté fidèlement quelques lettres-patentes ou quelque déclaration de chaque prince, par lesquelles il reconnoît que les subventions qu'on lui accorde sont de purs dons gratuits, et qu'il n'en inférera aucun droit ni aucune prétention sur ses sujets. Cette suite d'autorités fait connoître quel étoit le droit public de nos pères; ces titres subsistent, et on peut toujours demander aux rois en vertu de quel pouvoir ils ont dépouillé la nation d'une immunité qu'elle n'a jamais voulu abandonner. Quand nous croupirions encore dans l'ignorance du quatorzième siècle; quand nous croirions encore stupidement qu'une première injustice donne le droit d'en commettre une seconde, il faudroit convenir que les rapines, les fraudes et les violences du roi Jean et de Charles-le-Sage n'ont point laissé à leurs successeurs le droit de les imiter;

puisqu'on vient de voir que ces rapines, ces fraudes et ces violences ont été condamnées, et qu'un nouveau traité entre la nation et le prince a rétabli l'ancien droit. Quel contraste les pièces que j'ai rapportées, vont former avec la conduite que tint Charles VI après son retour de Flandre!

[231] «Les esleus qui seront ordonnés sur ledit fait (des aides) auront la connoissance sur lesdits fermiers, et feront droit aux parties et de plain, sans figure de jugement; et en cas d'appel, parties seront renvoyées devant ceux qui auront la connoissance dudit fait, lesquels y seront ordonnés de par le roi nostre sire.» (*Ordon. du 21 janvier 1382, art. 16.*) «Si aucuns appelle desdits esleus, l'appellation viendra par-devant les généraux conseilleurs à Paris sur le fait desdites aides, pareillement qu'autrefois a été fait, et qui ne relèvera son appel dedans un mois, il sera decheu d'icelluy appel, et l'amendera de vingt livres parisis; mais ils pourront renoncer sans amende dedans huit jours; et s'ils poursuivent, et il est dit bien jugé et mal appelé, par les généraux conseilleurs dessus dit, l'amende ou quoi encourra l'appellant, sera de soixante livres parisis.» (*Ibid. art. 21.*)

Les généraux des aides et les élus avoient d'abord été, comme on l'a vu, des officiers nommés par les états mêmes pour exécuter leurs ordres, faire observer les ordonnances, et veiller aux intérêts de la nation dans le temps qu'elle n'étoit pas assemblée. A son retour d'Angleterre, le roi Jean les nomma, ainsi que le prouve le premier article de l'ordonnance du 5 décembre 1360, que j'ai rapporté dans la remarque 221 du livre précédent, chapitre 5. «Que dores en avant, dit le même prince dans son ordonnance du 5 décembre 1363, toutes les exécutions qui seront à faire, tant pour le fait de notre délivrance (c'est-à-dire des aides et subsides qu'il avoit établis pour payer sa rançon) comme autres quelconques soient faits par nos sergens royaux ou autres ordinaires du pays, et non par autres personnes: et nous mandons aux commissaires sur ledit fait et à tous autres à qui il appartiendra, que se ils ont ordonné aucuns députés sur ce autres que les diz sergens, ils les rappellent du tout, et nous, des maintenant les ostons des diz offices et les rappellons.» (*Art. 9.*)

Charles V nomma aussi les élus, mais comme plus habile ou plus adroit que les autres princes, il feignit quelques fois de permettre que ces officiers de finance fussent choisis dans le bailliage même dans lequel ils devoient exercer leurs fonctions. «Tous les eleuz, receveurs, grenetiers, controlleurs et autres officiers seront visités, et leurs euvres et gouvernement sceuz: et ceulz qui ne seront trouvés pour le fait suffisans en discretion, loyauté et diligence, ou ne exerceront leurs offices en personne, en seront mis hors, et y pourvoirons d'autres bons et convenables, que nous fairons eslire ou pays, ou seront ailleurs si le cas si offre.» (Ordon. du 21 novembre 1379, sur le fait des aides et gabelles, art. 1.)

[232] On trouve dans les ordonnances du Louvre, tom. 7, pag. 28, des lettres-patentes en date du 24 octobre 1383, qui portent que l'aide établie sera payée par toutes sortes de personnes, et notamment par ceux des habitants de Languedoc qui s'en prétendent exempts. Cette pièce est curieuse. La comtesse de Valentinois, le sire de Tournoy et plusieurs autres barons prétendoient exempter leurs terres en vertu des traités qu'ils avoient fait avec le roi ou des lettres-patentes qu'ils en avoient obtenues. Charles VI leur répond. «Nous considerons que les diz aides n'ont pas tant seulement esté octroyée pour la garde et deffense de ceulz qui ne sont taillables, mais aussi qui sont taillables, et de tous autres de quelconques estat ou condition qu'ils soient, demorans et habitans en nostre royaume; considerons aussi que les dittes aides ne sont pas par maniere de fouage, mais par maniere de imposition et gabelle; à quoi toute maniere de gens qui achetent ou vendent sont tenus, sans ce que ceulz de notre sanc et lignage ou autres en soient exceptés; et ainsi que du temps qu'ils se dient avoir les diz privileges, n'estoient mu les guerres ainsy comme elles sont, et que d'une chose feroit que ceux qui sont frans (c'es-à-dire sont sujets à payer la taille à leurs seigneurs) feussent de pire conditions que les autres.» Le roi défend, par ces mêmes lettres-patentes, à son parlement de connoître des appellations faites au sujet des aides par ceux qui se croient exempts en vertu de quelque titre.

«Combien de grandes finances fussent exigées, tant de taille que gabelles quatrieme et impositions, toutes fois elles estoient mal distribuées et les appliquoient les seigneurs, et ceux qui en avoient le gouvernement à leurs plaisirs et profits, tellement qu'à grande difficulté le roy et la reyne en avoient-ils, ou pouvoient avoir pour leur dépense ordinaire, et aussi leurs enfans pour leurs necessitez. (Hist. de Charles VI, par Jean Juvenal des Ursins, arch. de Rheims, p. 181.) En ce temps (1406) c'étoit grande pitié de voir le gouvernement du royaume: les ducs prenoient tout, et le distribuoient à leurs serviteurs, ainsi que bon leur sembloit; et le roi et monseigneur le Dauphin n'avoient de quoy ils pussent soutenir leur moyen état.» *(Ibid. p. 186.)*

«A laquelle taille (celle qui fut levée au sujet de mariage de la fille de Charles VI avec le roi d'Angleterre), nous voulons et ordonnons que toutes les personnes de quelque estat qu'ils soient, contribuent, soient nos diz officiers et de nos diz oncles et frere et des autres de nostre sang ou autres, excepté nobles estrais de noble lignée, non marchands ne tenans fermes et marchiés, mais frequentans les armes ou qui les ont frequentées au temps passé, et de present sont en tel estat par bleceures, maladies ou grant aage, que plus ne le pevent frequenter, et aussi exceptés gens d'église et poures mendians.» *(Ord. du 28 mars 1395, art. 14.)*

(Ordon. du Louvre, tom. 7, p. 524.) Voyez l'instruction du 4 janvier 1395, sur le fait des aides. Il y est dit que les nobles issus de noble race vivant noblement, qui portent les armes, ou qui ne seront plus en état de les porter, seront exempts des aides pour les fruits de leurs terres qu'ils vendront en gros à Paris; mais qu'ils payeront le quart pour les fruits qu'ils vendront en détail. Si les nobles afferment leurs terres sous la condition qu'ils recueilleront une partie des fruits, et que l'autre partie appartiendra au fermier, ils ne payeront point l'aide pour la portion qui leur reviendra, et le fermier la payera pour celle qui lui appartiendra. «S'aucuns abbés ou prieurs conventuels s'en veulent exempter (de l'aide) que leurs temporels soient prins et mis en la main du roy ou leurs biens saisis.»

[233] Jusqu'à cette époque, les ecclésiastiques n'avoient contribué que de concert avec les autres ordres assemblés pour représenter la nation, ou en conséquence de quelque bulle par laquelle le pape accordoit au roi une ou plusieurs décimes. «Lesquels prelatz et clergié communaument et comme représentans l'église de nostre dit royaume, comme dit est, par grant et meure deliberacion pour les causes dessus dictes, le nous aient ainsi consenti et accordé (les aides) pourveu que ce feust sans préjudice des libertés et franchises des églises et des personnes ecclésiastiques, et que ce ne feust trait à conséquence ou temps à venir, et aussi que les exécucions qui se feroient pour le payement d'iceulx aides, sur les personnes d'église, cessant toute contrainte de justice laie, et ne feussent tenus de payer à nostre prouffit autres aides les ditz trois ans durans. Nous, considérées les choses dessus dictes, et que les provisions sur ce requises par les dictes gens d'église sont raisonnables, avons accepté et acceptons l'octroy et consentement dessus diz des diz prelaz et clergié par forme et maniere qu'ils le nous ont consenti et accordé, et leur avons octroié et octroions par ces présentes, que ce soit senz préjudice de leurs libertés et franchises, et aussi de nous et de nos droitz.» (*Let. pat. du 2 août 1398.*) Le clergé étoit bien aveugle, s'il croyoit que ces lettres-patentes lui conservoient ses immunités, et que ses assemblées particulières seroient une barrière plus forte que les états-généraux contre les entreprises du gouvernement le plus indigent et le plus avide. Ces dernières paroles, et aussi de nous et de nos droits, devoient l'effrayer, et lui faire prévoir quelles seroient les prétentions des ministres.

Pour ne laisser aucun doute sur l'origine de nos assemblées particulières du clergé, j'ajouterai ici d'autres lettres-patentes en date du même jour que les précédentes, et adressées aux élus sur le fait des aides. «Sçavoir vous faisons que...... de l'accort et consentement des prelaz et autres gens d'église de nostre dit royaume, qui pour certaines causes ont n'agaires esté assemblées à Paris par devers nous, avons ordonné et voulons que iceulx aides soient mis sus et aient cours par-tout nostre dit royaume pour l'année avenir... et que à iceulx aides contribuent toutes personnes quelconques, tant gens d'église comme autres, de quelque estat et condicion qu'ils soient, actendu que à ce sont consenti les diz prelaz et autres gens d'église».

- 249 -

En imposant arbitrairement la noblesse et le tiers-état, le gouvernement n'avoit eu quelque condescendance pour le clergé, que parce qu'il redoutoit son pouvoir sur l'esprit du peuple, et sur-tout ses interdits et ses excommunications. Si les évêques avoient été assez bons patriotes ou assez éclairés pour se servir de leur autorité, ils auroient pu rendre à la nation sa liberté, ses franchises et ses états-généraux. Un peu de fanatisme, quoi qu'en puissent dire nos petits philosophes d'aujourd'hui, nous auroit été d'une grande ressource. Le clergé ne s'est pas bien trouvé de sa lâche politique, puisqu'à l'exception de la capitation et des vingtièmes ou dixièmes, il est soumis à toutes les mêmes charges que les autres citoyens, et qu'il ne conserve cette exception qu'en l'achetant par des dons gratuits souvent répétés. Voyez les remontrances qu'il fit, il y a quelques années, lorsque, sous le ministère de Machault, contrôleur-général, on voulut l'assujettir à payer le vingtième qui subsista après la paix d'Aix-la-Chapelle. On attaqua alors, dans plusieurs écrits, les immunités du clergé. Il censura les lettres *Ne repugnante*, &c. Voyez encore cette censure, et vous jugerez que les évêques conservent toujours les mêmes maximes, ne songent qu'à eux, et sont toujours prêts à sacrifier la nation entière à leurs intérêts particuliers; mais si le clergé conserve son même esprit, le gouvernement, de son côté, conserve son même caractère, et Machault aura un successeur plus heureux que lui.

CHAPITRE III.

[234] «*Nos considerantes attentè gratiam et liberalitatem dicti domini et fratris nostri regis, et amorem specialem quem ad nos in hoc et in aliis genere precipimus et habemus, insuper quod naturaliter ad ipsum et ejus regnum, à quibus honores nostros suscepimus, multipliciter afficimur, impositiones et cetera subsidia quacumque valeant nomine nuncupari, quæ in regno Franciæ nunc levantur, et quæ ibidem in futurum per dictum dominum et fratrem nostrum regem, vel successores suos pro liberatione dicti domini genitoris nostri, pro facto guerrarum et aliis dicti regni et reipublicæ necessitatibus levabuntur, consentimus ex nunc pro vobis et vestris heredibus et successoribus, universas quatenùs nos et successores nostros tangit et tangere poterit, colligi et levari in toto ducatu prædicto, dùm tamen in his imponendis nos et successores nostri evocemur, si alios pares Franciæ contigerit evocari.*» (Lettres-patentes de Philippe, duc de Bourgogne, du 2 juin 1364.)

FIN DU TOME SECOND.